KB260785

던질까? 참을까?
사표 사용 설명서

[1. 실전편]

던질까? 참을까? 사표 사용 설명서 [1. 실전편]

초판 1쇄 인쇄일 2014년 11월 11일
초판 1쇄 발행일 2014년 11월 18일

지은이   황진규
펴낸곳   도서출판 유심
펴낸이   구정남
총괄   이헌건
일러스트 정유리
마케팅   최진태

주소   서울특별시 구로구 공원로 41, 805(구로동, 현대파크빌)
전화   02.832.9395
팩스   02.6007.1725
URL   www.bookusim.co.kr
등록   제2014-000098호(2014.7.8)

ISBN   979-11-953260-0-6 13320
값   15,000원

던질까? 참을까?

사표 사용 설명서

1 실전편

황진규 지음

도서출판 USim

땀과 눈물로
직접 겪어낸
'진짜 이야기'

- 1 -

'직장을 멋지게 그만두려면 어떤 준비를 해야 하나?'

지난 몇 년간 내 인생의 화두였다. 하루 열두 번도 넘게 지긋지긋한 직장을 때려치우고 싶었다. 그때마다 나의 발목을 잡은 질문은 '직장을 그만둘 준비가 되었나?'였다. 그 의구심 때문에 '사표' 직전까지 갔다가 주저앉은 적이 한두 번이 아니었다. 누구 하나 시원하게 말해주는 이가 없었다. 직장을 그만두려면 '무엇을' '얼마나' 준비해야 하는지 말이다. 아니, 시원하게 말해주는 사람들은 많았다. 그들은 확신에 차서 말했다. 직장을 떠나기 전에 준비해야 할 '무엇을'은 '돈'이고 '얼마나'는 '많이'라고.

아, 설득되었다. '그래 돈이 있어야지'라고. 그런데 문득 이런 생각이 들었다. '참, 난 월급쟁이지?!' 월급은 빤하고 애들 둘은 점점 더 커갈 것이고 갚아야 할 대출금은 여전히 그대로일 것이다. 결국 직장을 그만두기 위해 '돈'을 '많이' 준비하기는 힘들 것 같다는 결론에 도달했다. 매달 급여가 내 통장을 잠시 스쳐 어디론가 사라져가는 상황은 앞으로도 전혀 나아질 것 같지 않았다.

젠장! 그때 알게 되었다. 나는 절대 직장을 그만두지 못할 거라는 사실을. 그때 느낀 분노와 좌절, 허탈, 불안은 말로 다할 수 없을 정도였다. 매주 일요일 저녁마다 우울한 채 잠들어야 하는 지긋지긋한 생활을 끝낼 방법이 없다니!

가만, 처음부터 다시 생각해보자. 정말 '돈'을 '많이' 준비하지 못하면 직장을 떠나지 못하는 것일까? 정말 그렇다면 청각장애를 겪으며 평생을 살아온 부모를 모시고 사는 내 친구는 직장을 어떻게 그만뒀지? 둘째 아이가 조금 있으면 태어난다고 했던 김 과장은? 주택전세자금 대출을 아직 반도 못 갚았다던 친한 형은 그 좋은 대기업을 왜 그만둔 것이지?

만약 내가 알고 있는 답이 정답이라면 내 친구는, 김 과장은, 친한 형은 현실감각이 없는 '또라이'거나 정신병자임이 분명하다. 하지만 그들과 만나 이야기를 나누면서 '혹시 내가 또라이거나 정신병자가 아닐까?'라는 의구심이 점점 커져갔다.

그리고 알게 되었다. 중요한 어떤 것을 놓치고 있다는 사실을.

이 책은 '아, 뭐지? 뭘까? 도대체 내가 무엇을 놓치고 있는 거지?'라는 질문에 대한 답이다. 즉 '직장을 그만두고 행복한 밥벌이로 가기 위해 준비해야 할 것은 무엇인가?'라는 질문에 답하기 위해 이 책을 썼다. 나는 학자도 아니고 교수도 아니고 '아직은' 전문 작가도 아니다. 따라서 지금부터 할 이야기 역시 정답이 아닐지도 모른다. 하지만 분명한 것은 땀과 눈물로 직접 겪어낸 '진짜 이야기'를 할 거란 사실이다. 우리가 발을 딛고 서 있는 그 팍팍하고 치사한 직장을 벗어나 마치 '존재하지 않을 것 같은' 행복한 밥벌이로 가는 길을 이야기해보자.

참 많이도 읽었다. 인정받는 학자, 출중한 교수, 전문 작가들이 쓴 책들 말이다. 그 많은 책을 읽고 느낀 것은 딱 하나다. '너희들은 좋겠다. 똑똑해서!' 하지만 직장이라는 현실에 적용해서 삶의 변화를 모색할 수 있을 만한 책이나 나의 일상을 혁명할 수 있는 이야기는 없었다. 짜증이 났다. 전부 '그들'만의 이야기를 하는 것 같아서. 그들은 말했다. 삶과 일의 균형을 잡으라고, 자신의 경력을 위해 꾸준히 자기계발을 하라고, 직장을 다니더라도 꿈을 놓지 말라고.

나는 정말 묻고 싶었다. "팀장이 매일 아침마다 지랄을 하는데 일과 생활의 균형을 잡을 수 있어요?" "잔뜩 쌓인 업무를 겨우 마무리하고 퇴근하니 밤 11시인데, 경력 관리를 위해 자기계발을 하라고?" "눈만 껌벅거리면 일주일이고 한숨 한 번 몰아쉬면 한 달이 지나가는데, 이미 내 꿈이 무엇이었는지도 잊었는데 꿈을 위해 쉬지 않고 노력하라고?"

똑똑한 사람들은 그게 되는지 모르겠지만 나는 그게 안 되더라. 팀장이 밑도 끝도 없이 지랄을 하면 하루 종일 스트레스 때문에 씩씩대느라 '일과 삶의 균형'은 이미 안드로메다로 가 있었다. 11시까지 야근을 하는 날이면 경력 관리는 고사하고 토끼 같은 애들도 한 번 안아주지 못한 채 집에 오자마자 퍼져서 자기 바빴다. 꿈은 서랍 제일 밑칸에 넣어둔 지 오래고, 켜켜이 먼지가 쌓여 형체도 알아볼 수 없는 지경이었다.

이제 '그들'의 이야기가 아니라 '우리들'의 이야기를 한번 해보자. 답답한 직장을 근사하게 떠나 기어코 행복한 밥벌이로 갈 수 있는 가슴 설레는 여행에 관한 '우리들'의 이야기. 직장에서 흘린 절절한 땀과 눈물이 '회사 발전'의 밑거름으로만 쓰이게 둘 수는 없지 않은가? 회사의 발전은 그냥 회사의 발전일 뿐이다. 우리는 이미 알고 있다. 회사는 발전하고 성장했지만 우리의 삶은 전혀 만족스럽지도 행복하지도 않다는 사실을.

나는 진심으로 바란다. 이 글을 읽는 단 한 사람이라도 행복한 밥벌이로 갈 수 있는 자신만의 대안을 찾고, 지금의 자리에서 과감하게 한 발 내딛는 용기를 낼 수 있기를. 이제 더 이상 일요일 저녁마다 보는 '개그콘서트'가 유일한 낙이 되는 삶을 살지 말자. 일요일 저녁이 설레는, 행복한 밥벌이를 하는 삶을 준비하자.

노파심에 미리 일러두건대 우리가 가진 알량한 직업윤리, 착한 사람 콤플렉스 따위는 일단 냉장고에 넣어두자. 그리고 까칠한 독설 정도는 웃으며 들을 수 있을 정도의 배짱을 준비하시라. 이제 간다! 준비들 단단히 하시길!

2014년 8월 8일
잠시 무더위도 힘을 빼는 이른 새벽

황 진 규

▌ CONTENTS ▌

PART 3
결국 우리에게 필요한 건 시간이다

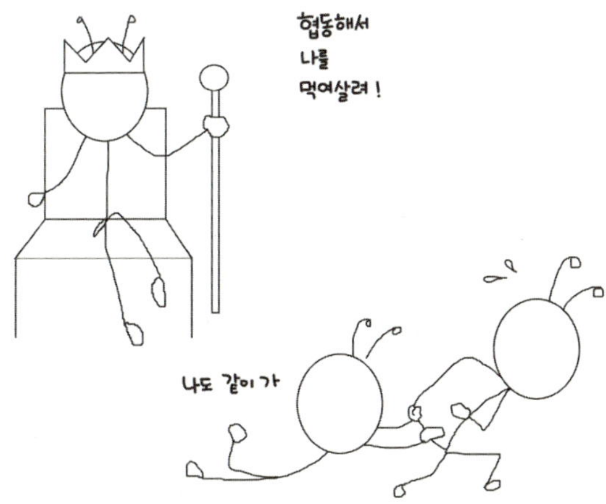

PART 1

행복한 밥벌이 개론

01

행복한 밥벌이가
드문 이유

'나는 지금 직장에서 행복한가?' 이번 장에 들어가기 전에 이 질문부터 한 번 던져보자. 당신은 지금 다니는 직장에서 충분히 행복한가? 아니 앞으로

라도 그럴 가능성이 보이나? 만약 자신 있게 '그렇다'라고 답할 수 있는 사람이라면 이 책을 지금 덮으시라. 당신에게 전혀 도움이 되지 않는 책일 테니까. 차라리 집으로 가서 아내와 아이들과 행복한 시간을 보내시라. 지금 밥벌이가 충분히 행복하다면 여러분들을 더 행복하게 할 수 있는 다른 일들을 찾는 것이 이 책을 읽는 것보다 훨씬 훌륭한 선택이다.

하지만 지금 직장에서 행복은커녕 하루하루 짜증만 쌓여가고, 직장에만 가면 답답하고 숨이 막히는 사람 혹은 지금은 그럭저럭 버틸 만하지만 앞으로 행복해질 기미가 전혀 보이지 않는 사람이라면 차분히 이 글을 읽기 시작하시라. 모든 직장인이 불행하다고 할 수는 없지만 이것만은 분명하다. 대부분의 직장인들은, 행복한 삶을 살기에는 상당히 힘든 조건에 처해 있다.

얼마 전 '꿈의 직장'이라 선망해 마지않는 '애플'에서 모바일 디자이너로 일하다가 그만둔 사람의 글을 읽은 적이 있다.

거의(내가 여기서 쓴 거의라는 단어는 곧 '한 번도'라는 의미이다.) 일주일 동안 딸을 볼 수 없었다. 근무시간이 너무 빡빡했기 때문이다. 소득 또한 줄었지만, 이렇게 훌륭한 회사에서 일한다는 것은 곧 미래를 위한 투자라고 생각했다. 일 자체를 시작하는 것도 순탄치 않았다. 애플에는 너무나 많은 비밀번호와 계정, 로그인 창이 있었다. 이러한 것들이 생산성에 악영향을 미치고 있지만, 모든 과정은 최첨단 제품을 가진 회사에 꼭 '필요한 악마'로 여겨졌다. 불편했지만 나의 밝은 미래를 생각하면 가벼이 여겨졌다.

나의 직속 상사는(애플에서는 '프로듀서'라고 불린다.) 아랫사람들에게 농담으로 포장한 심한 말로 모욕감을 주는 사람이었다. 그는 직접 혹은 간접적으로 내게 모욕을 주기 시작했다. 그는 내가 특정한 일을 하거나 혹은 하지 않으면 재계약은 물 건너갈 것이라고 상기시켰다. 그는 나의 뒤를 딜버트(미국 S. 아담스의 신문 연재만화 주인공으로, 늘 승진·실직에 대한 우려로 전전긍긍한다.)의 보스처럼 맴돌며, 초기 단계의 디자인을 아주 급한 듯이 당장 끝내라고 재촉했다. 그는 다른 사람들을 깔보거나 무례한 발언을 하는 데 거리낌이 없었지만 나는 그가 내 팀원들에게 그런 행동을 할 때마다 불쾌했다. 나는 세계에서 가장 뛰어난 기술을 보유한 회사에서 일하는 전문가가 아니라 보잘것없는 작은 소매점에서 일하는 사춘기 소년처럼 느껴졌다.

(출처, 벤처스퀘어)

많은 사람들이 꿈의 직장이라고 선망하는 바로 그곳, '애플'조차 지금 우리가 발을 딛고 있는 고되고 치사스러운 직장과 다를 바가 없다. 일은 언제

나 너무 많아 가족들을 볼 수도 없고, 업무 효율을 떨어뜨리는 보안체계에 숨이 막히고, 나를 못 잡아먹어 안달이 난 지랄 맞은 상사까지. 어찌 그리 우리네 직장과 비슷한지 놀랍기만 하다. 어쩌면 '직장'이라는 공간에서의 행복은 애초에 존재하지 않는 파랑새인지도 모르겠다.

나는 행복한 밥벌이에 대한 이야기를 하고 싶다. 필요하다면 설사 직장을 그만두더라도 행복한 밥벌이를 할 수 있었으면 좋겠다. 직장을 다니기 위해 행복이 필요한 것이 아니라 행복을 위해 직장이 필요한 것이니까.

이번 장에서는 오랜 시간 고민했던 두 가지 물음에 답하고 싶다.

첫 번째 질문은 '행복한 밥벌이란 도대체 무엇인가?'이다.

물론 정답은 없다. 행복이라는 가치 자체가 다분히 개인적이고 주관적이기 때문이다. 하지만 분명한 것은 지금의 직장이 우리를 전혀 행복하게 해 주지 않는다는 사실이다. 불행인지 다행인지 모르겠지만, 자의는 타의는 우리는 언젠가 직장을 떠나야 할 것이다. 그때 대부분의 직장인들은 '멘붕'에 빠진다. 멘붕의 근본적인 원인은 월급이 더 이상 입금되지 않아서도, 명함이 없어져서도 아니다. 문제는 행복한 밥벌이에 대한 고민을 단 한 번도 해본 적이 없기 때문이다. 아니, 밥벌이가 행복할 수 있다는 것을 생각조차 해본 적이 없어서다.

더 늦기 전에 행복한 밥벌이가 무엇인지 고민해보자. 직장인으로서 이보다 중요한 일은 없다. 지긋지긋한 직장을 때려치우고 싶지만 도대체 어떤 일을 해야 하는지 모르기 때문에 늘 같은 자리에서 좌절하는 것이다. 내가 이야기하는 행복한 밥벌이에 동의하지 않는 부분이 있을 수도 있다. 상관없다. '동의하지 않는다는 것'이 중요하다. 동의하지 않기 위해서는 '나의 행복한 밥벌이는 무엇일까?'라는 질문을 해보아야 할 테니까 말이다. 중요한 것은 나의 행복한 밥벌이 철학이 아니라 여러분의 행복한 밥벌이다.

그리고 또 하나 던지고 싶은 질문은 '우리는 행복한 밥벌이를 어찌 생각하는가?'다. 우리가 지금의 직장에 머물 수밖에 없는 이유는 행복한 밥벌이가 아예 존재하지 않는다고 암묵적으로 생각하기 때문이기도 하다. 좋아하는 일을 하면서 밥벌이를 하는 것은 신문과 TV에나 나오는 일이라고 여기는 직장인이 태반은 넘을 것이다.

이제 행복한 밥벌이를 꿈꾸는 몇 가지 유형의 사람들을 통해 질문에 답해보자. 행복한 밥벌이로 가는 여정은 생각보다 길고 힘들지 모른다.

제일 처음 해야 할 일은 지금 어디에 있는지를 아는 것이다. '행복한 밥벌이란 도대체 무엇인가?' 그리고 '우리는 행복한 밥벌이를 어찌 생각하는가?'라는 두 개의 질문에 답할 수 있다면 워밍업은 끝났다고 보아도 좋다. '시작이 반이다.' 그러니 두 개의 질문에 답을 할 수 있다면 행복한 밥벌이에 이미 반쯤은 도달한 셈이다.

02

행복한 밥벌이란
무엇인가

일의 두 가지 측면

A는 대기업 광고회사에서 일하는 7년차 직장인이다. 그녀가 하는 일은 전시 기획이다. 그녀는 자신의 일을 좋아한다. 신입사원 때는 일을 배우는 것이 즐거웠고, 3년차까지는 좋아하는 일을 할 수 있는 직장이 정말 좋았다. 하지만 어느덧 7년차 직장인이 되고 보니 가끔은 남자친구와 여행도 가고 싶고, 주말에는 나들이라도 가고 싶은데 바쁜 업무 탓에 여의치 않다. 업무는 만족스럽지만 결혼은 자꾸만 뒤로 밀리고, 연애도 삐걱거리는 것 같아 무엇인가 잘못되어가고 있는 것은 아닌지 찜찜하기만 하다.

D는 변호사다. 문과였고 공부를 제법 했기 때문에 법대로 진학했다. 부모도 법대를 가는 것이 좋겠다고 종종 이야기를 했으니 자연스런 선택이었다. 두 번 사법고시에 좌절하고 세 번째 합격했다. 대형 로펌에서 몇 차

레 제의가 왔으나 너무 바쁜 일상과 관료적인 분위기가 싫어 모두 거절했다. 그리고 동네에 작은 변호사 사무실을 차렸다. 사실 소설과 문학을 좋아했던 D는 논리적으로 일해야 하는 변호사 업무를 그다지 좋아하지는 않는다. 하지만 사무실을 원하는 모습으로 꾸미고 일도 원하는 만큼만 할 수 있는 지금이 꽤 만족스럽다.

일이란 무엇일까? 단순히 먹고살기 위한 수단이라고 생각지 말고 조금 더 깊이 들여다보자. 광고회사를 다니는 A와 변호사 D는 '일의 두 가지 측면'을 선명하게 보여준다. 일은 크게 '내용'과 '형식'으로 구성된다. 모든 일은 이 두 가지의 조합으로 이루어진다. A의 경우, 일의 내용은 '전시기획 업무'고 형식은 '임금 노동자'다. D의 경우 일의 내용은 '변호사 업무'가 될 것이고, 형식은 '자영업'이 될 것이다.

현실에서는 일의 두 가지 측면을 나누어 생각하기 힘들다. 두 가지 측

면이 항상 뒤엉켜 다가오기 때문이다. 대부분의 직장인들은 '일이 싫다'고 말하면서도 사실은 내용과 형식 중 어디에 문제가 있는지 파악하지 못한다. '그냥 일하기 싫다. 짜증난다.' 정도의 이야기만 반복할 뿐. 하지만 두 가지 측면을 구분해서 일을 바라보는 것은 행복한 밥벌이를 하는 데 아주 중요하다.

예를 들어보자. 만약 A가 남자친구와 문제가 점점 더 심각해져서 전시 기획 업무와 전혀 관계없는 다른 업무를 하는 직장으로 이직을 하게 된다면 어떻게 될까? 자충수도 그런 자충수가 없을 것이다. A를 불편하게 만들었던 일의 속성은 내용이 아니라 형식이었으니까 말이다. D 역시 마찬가지다. 개업한 변호사 사무실 상황이 여의치 않아 대형 로펌으로 들어가게 된다면, 삽질도 그런 삽질이 없다. 그다지 좋아하지 않는 일을 좋아하지 않는 환경에서 하게 될 테니까 말이다. 즉 내용과 형식 모두 자신에게 직힙히지 일을 하게 되는 셈이다.

이제 일의 내용과 형식, 두 가지 측면을 알아두는 것이 중요한 이유를 알게 되었을 것 같다. 이 정도만 되어도 어처구니없는 자충수나 삽질은 더 이상 하지 않게 된다.

직장인은 대체로 일이 싫다. 하지만 조금 객관적으로 들여다보자. 내용과 형식 중 어느 부분에 문제가 있는 것인지, 아니면 둘 다 문제가 있는 것인지. 행복한 밥벌이를 찾기 전에 가장 먼저 점검해야 할 것이 바로 이 부분이다.

행복한 밥벌이는 '내용'과 '형식' 모두가 행복한 일이다

'행복한 밥벌이란 무엇인가?' 일단 심플하게 정의하고 가자. 행복한 밥벌이란 '원하는 일을 하면서 밥 먹고 살 수 있게 해주는 직업'을 의미한다. 정의는 심플했지만, 깊게 들어가면 조금 복잡하다. 우선 '원하는 일'이란 부분부터 간단치가 않다. '원하는 일'이란 내용과 형식의 측면을 포괄적으로 이야기하는 것이기 때문이다. 정리해서 말하자면 행복한 밥벌이는 '좋아하는 일'을 '좋아하는 방식'으로 할 수 있어야 한다는 이야기다.

A와 D는 모두 반쪽짜리 행복한 밥벌이를 하고 있는 셈이다. A는 내용의 측면에서는 행복하지만 형식의 측면에서는 그렇지 못하다. 반면 D는 형식적인 측면은 만족하지만 내용적인 측면에서는 그렇지 못하다. 조금 더 현실적으로 이야기해보자. 현실적인 삶에서는 두 가지 중 하나라도 만족할 수 있다면 충분한 것 아니냐고 말하는 사람도 많을 것이다. 하지만 우리가 불행해지는 이유는 항상 최선 대신 차선을 선택하기 때문이라는 사실을 잊지 말자.

A와 D는 나름 괜찮은 밥벌이를 하고 있는 것은 사실이지만 참된 의미에서 행복한 밥벌이를 하고 있는 것은 아니다. 반복하건대, 행복한 밥벌이는 자신이 좋아하는 내용의 일을 하면서 자신이 일정 정도 통제할 수 있는 형식이 되어야 한다. 당장은 A와 D가 훌륭한 밥벌이를 하는 것처럼 보일 수도 있다. 대부분의 직장인들은 극심한 취업난 때문에 좋아하지 않는 '내용'의 일을 하고 있고, 출퇴근 시간을 통제할 수 없는 것은 물론이고 좋아하지 않는 일을 하면서도 직장 상사의 눈치를 보아야 하는 형식 속에 있으니까 말이다.

인생은 100미터 달리기가 아니라 마라톤이다. 그러니 조금 길게 볼 필요가 있다. 일의 내용과 형식 중 하나라도 만족하는 일은 꽤 괜찮은 밥벌이인 것은 분명하지만, 언젠가는 삶의 곳곳에서 삐걱대는 소리가 들려올 것이 자명하다.

일의 형식을 포기하고 내용에 만족하는 A는 결국 어떻게 될까? 좋아하는 내용의 일을 하므로 지금까지는 일에 만족감을 가지고 있다. 하지만 결국에는 '월급쟁이'라는 일의 형식 때문에 삶의 균형이 무너질 것이다. 남자친구와 문제가 점점 더 깊어지게 되면 "지금 내 사정 알잖아? 좀 이해해주면 안 돼?"라며 자신의 상황을 이해해주지 못하는 남자친구를 원망하게 될지도 모른다. 그렇게 A의 삶은 조금씩 삐걱대기 시작할 것이다. 자신의 일을 통제할 방법이 전혀 없는 형식의 직업을 가진 사람은 결국 자신의 삶까지 모조리 일의 영역에 잠식당하게 될 수밖에 없다. 우리네 대부분의 직장인들이 그렇듯이.

D 역시 다르지 않다. 하고 싶지 않은 내용의 일을 하면서도 지금 어느 정도 만족하는 이유는 일을 완전히 자신이 통제할 수 있기 때문이다. 하지만 언제까지 책상이나 컴퓨터, 복장, 출퇴근 시간 같은 일의 형식적인 면으로 본질적인 내용의 불만족을 커버할 수 있을까? 길어봐야 10년을 넘기지 못할 것이다. 근본적으로 자신이 좋아하는 일을 하는 것이 아니라면 삶 전반에 회의가 찾아들 수밖에 없다. 그 회의감을 대충 퉁치고 미봉하면서 살 수는 있겠으나 온전히 행복한 밥벌이를 할 수는 없다. 시간이 훨씬 지나 중년의 변호사가 된 D는 혼자 읊조리듯이 이렇게 말할지도 모른다. '그때, 신춘문예에 도전이라도 해봤어야 했는데…….'라고 말이다.

시간이 좀 걸리고 힘이 들더라도 정말 행복한 밥벌이를 하고 싶다면 일의 내용과 형식 모두를 잡아야 한다. 어쩌면 과도한 욕심인지도 모른다. 하지만 그 정도 욕심은 내어도 좋은 것 아닌가? 나는 그렇게 생각하는 부류다. 어차피 한 번밖에 살지 못하는 것이 인생이고, 일은 한 번뿐인 삶의 절반 이상을 차지하는 것이니 행복한 밥벌이만큼 인생에서 소중한 것도 없을 것이다. 각자가 처한 척박한 삶의 현실적 조건들 때문에 시간이 걸리고 다소 준비가 필요할 수 있겠으나 행복한 밥벌이를 위해서는 일의 내용과 형식을 모두 잡아야 한다. 자신의 깊은 내면에서 분출되어 나오는 욕망에 충실한 일의 내용을 찾아야 하고, 또 그 일을 어느 정도까지는 스스로 통제할 수 있는 형식으로 만들어야 한다.

A가 진정으로 행복한 밥벌이를 하고 싶다면 '전시기획 업무'라는 내용만이 아니라 일의 형식적인 면에서도 만족할 수 있는 다른 직장을 찾아야 한다. 달리 말하자면 조금이라도 더 자신의 일을 통제할 수 있는 권한을 인정해주는 직장으로 옮겨야 한다. 아니면 전시기획 업무를 할 수 있는 작은 사무실을 열고 창업하는 것도 좋다. D 역시 마찬가지다. 변호사 업무는 그대로 하면서 개인 사무실을 열거나 대형 로펌에 취업을 하는 것 같은 일의 형식을 바꾸는 방법은 큰 의미가 없다.

행복한 밥벌이는 밥벌이가 되어야 한다

조금 정직하게 말해보자. 일의 내용, 형식 같은 것은 전혀 상관없이 돈만 많이 벌 수 있으면 '장땡'이라고 생각하는 것이 일반적인 시각이다. 부정할 수 없다. 그렇다면 정말 돈만 많이 벌 수 있는 일이라면 그것이 어떤 일이든 우리를 행복하게 해줄까? 여기서 절대 잊으면 안 되는 것이 하나 있다. 돈 없이 살 수 없는 것도 사실이지만, 주구장창 오직 돈만 버는 일을 하며 살 수 없는 것도 명백한 사실이라는 점이다. 돈에만 천착할 경우 삶이 얼마나 비극적으로 끝나게 되는지는 지금 당장 신문 사회면만 가볍게 훑어보아도 어렵지 않게 알 수 있다.

행복한 밥벌이를 다시 한번 정의해보자. '원하는 일을 하면서 밥 먹고 살 수 있게 해주는 직업'이 바로 행복한 밥벌이다. 방점은 '원하는 일'에 있는 것이 분명하지만, 인간이기 때문에 '밥 먹고 살 수 있게 해주는 직업' 역시 간과할 수 없는 부분이다. 최소한 밥은 먹어야 행복할 것 아닌가? 극단적으로 말하자면 생존에 위협을 받는 상황이라면 좋아하는 일은 사치에 불과하다. 좋아하는 일이건 나발이건 간에 일단 먹고살 수 있는 일을 해야 한다. 하지만 조금만 준비하면 이런 극단적인 상황을 피하면서 얼마든지 행복한 밥벌이를 할 수 있다.

혹시 우리는 이런 편견에 갇힌 것은 아닐까? '좋아하는 일은 밥벌이가 안 되는 일, 싫어하는 일은 밥벌이가 되는 일'이라는 어리석은 편견. 조금만 시야를 넓혀 주위를 둘러보면 좋아하는 일을 하면서 밥벌이를 하는 사람들을 얼마든지 만나볼 수 있다. 넉넉하지는 않지만 최소한 먹고사는 문제는 걱정하지 않으면서 좋아하는 일을 좋아하는 방식으로 하면서 행복하게 사는 사람들이 많다. 멀리 갈 것 없이 내 주위에도 그런 사람이 많다. 설계를 좋아해서 직장을 그만두고 작은 설계 사무실을 열어 행복한 밥벌이를 하는 사람도 있고, 자신이 좋아하는 목공예로 밥벌이를 하는 사람노 있나. 이런 건강한 사람들을 많이 보지 못하는 이유는 우리의 시야와 사고방식이 그만큼 협소해진 탓일 게다.

대체로 우리는 '밥'이라는 의미를 과도하게 사용하는 경향이 있다. 출근하기 싫다는 투덜거림을 입에 달고 사는 직장인들에게 왜 일을 하냐고 물어보면 십중팔구는 '먹고살려고'라고 답한다. 거짓말이다. 적지 않은 수의 월급쟁이들은 유행하는 옷을 사 입고, 최신 스마트폰을 사고, 남부럽지 않은 자동차와 아파트를 사려고 일을 하는 것이다.

우리는 어느 사이엔가 '밥'이라는 단어를 너무 과도하게 사용한다. 불필요한 사치를 은근슬쩍 끼워 넣어 더욱 불평불만을 하고 있는 것은 아닌지 진지하게 스스로에게 되물어보아야 한다. 불필요한 사치를 걷어내고 진짜 '밥벌이'를 대면할 수 있다면 행복한 밥벌이에 한층 더 가까워질 수 있을 것이다.

이제 조금 엄격해지자. 좋아하는 일을 하는 것이 행복한 밥벌이지만 무작정 좋아하는 일만 하는 것이 행복한 밥벌이는 아니다. 최소한 나와 가족의 생계를 책임져야 한다. 그래서 어쩌면 행복한 밥벌이는 행복한 동시에 아주 무거운 것일지도 모른다. 우리는 대체로 그 무거움에 미리 겁을 집어먹고는 "처자식 먹여살리려고 일한다."라고 말하며 행복한 밥벌이로부터 도망을 치곤 한다.

자신에게 조금 엄격해질 필요는 있지만 지레 겁먹을 필요는 없다. 밥벌이는 미천한 동물들도 다 하는 것이니까. 다람쥐는 도토리를 따고, 물소는 풀을 찾아 걷고, 사자는 토끼를 사냥하기 위해 내달린다. 미물들도 다 하는 일을 만물의 영장인 인간이 하지 못할 까닭은 없다.

이제 행복한 밥벌이를 다시 이렇게 정리할 수 있겠다. '좋아하는 내용의 일을, 좋아하는 형식으로 하면서 나와 가족의 생계를 책임지는 것'이라고 말이다.

지금은 행복한 밥벌이가 아주 먼, 그래서 불가능한 이야기라고 생각할지 모르겠다. 하지만 이 책을 놓지 않고 찬찬히 함께 이야기를 나누다 보면 행복한 밥벌이가 불가능한 일도, 그리 어려운 일도 아니라는 놀라운 사실을 알게 될 것이다.

행복한 밥벌이는 놀이다

노동 VS 놀이

대학 시절에 평소 좋아하던 SF 영화를 보러 갔다. 그런데 상영시간 내내 그렇게 지겨울 수가 없었다. 얼마 전 주말에 TV를 이리저리 돌리다 우연히

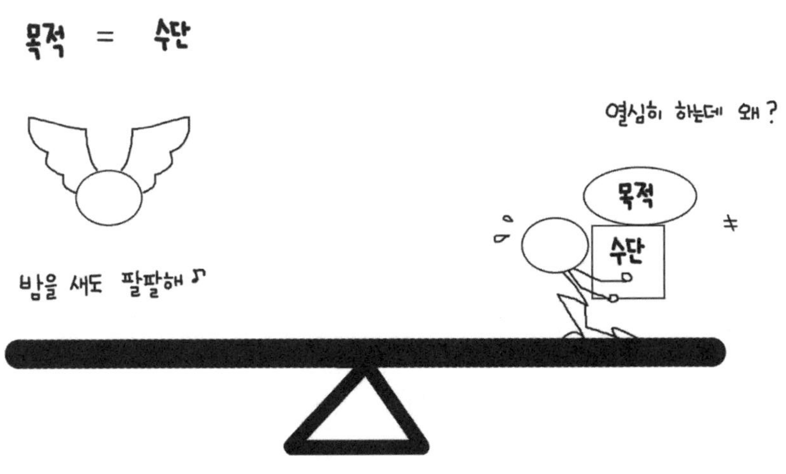

대학 시절 그 지겨웠던 SF 영화를 다시 보게 되었다. 그런데 '저 영화 진짜 재미없었는데……'라는 생각이 채 끝나기도 전에 영화 속으로 빨려 들어가 버리는 것이 아닌가. 리모컨은 어느새 손에서 놓아버렸고, 소파에 기대고 있던 등이 떨어져 몸은 점점 TV 쪽으로 향하고 있었다. 나른한 주말 오후, 정말 재미있게 영화를 다 보고 나서야 문득 의문이 들었다. 대학 시절에는 이 영화가 왜 그리도 지겨웠던 것일까?

나는 잠시 대학 시절로 돌아갔다. 기억이 났다. 왜 그 영화를 보러 갔었는지. 기계공학개론 교수 때문이었다. 모든 개론이 그렇듯 기계공학 개론도 공학이 무엇인지, 어떻게 배워야 하는지 알려주는 딱딱하고 재미없는 강의였다. 교수는 나름 고민을 한 끝에 레포트 과제 하나를 내주었다. 당시 가장 유행하던 SF 영화를 보고, 영화 속에서 아직 상용화되지 않은 공학 기술이 몇 개인지 찾아오는 것이었다. 그리고 또 기억이 났다. 그날 극장에 내 옆에 앉았던 사람이 예쁜 여자친구가 아니라 시꺼먼 남자 동기들이었다는 사실이.

대학 시절 이야기를 꺼낸 이유는 노동과 놀이의 차이를 이야기하기 위해서다. 이 차이를 명확히 아는 것은 매우 중요하다. 결국 행복한 밥벌이는 노동이 아니라 놀이에 가까운 것이니까.

노동과 놀이의 구분은 생각보다 간단하다. 우선 노동부터 이야기해보자. 수단과 목적이 일치하지 않는, 수단과 목적이 유리되어버린 일체의 행동은 모두 노동이다. 직장에서 하는 일이 오직 특정한 목적, 즉 돈이나 명예나 존경을 달성하기 위한 '수단'이 될 때는 지겹고 고된 노동이 된다. 회식 역시 마찬가지. 동료들과 술 한잔하는 자리가 상사의 비위를 맞추기 위한 수단이나 승진을 하기 위한 수단으로 전락할 때 회식 역시 명백한 업무의 연장이자 노동이다.

반면 놀이는 목적과 수단이 일치되는 행동이다.

어린 시절 우리집은 해변 바로 옆이었다. 그래서 자주 해변에 나가서 놀곤 했다. 우리는 해가 지는 줄도 모르고 모래로 집도 짓고, 모래 위에 글자도 쓰곤 했다. 이것이 놀이의 전형이다. 꼬맹이들이 모래장난을 치는 이유는 돈을 벌기 위해서도, 명예를 얻기 위해서도, 존경을 받기 위해서도 아니다. 말 그대로 그냥 '놀이'를 하는 것이다. 어떤 목적을 위해 혹은 누가 시켜서 하는 것이 아니다. 모래장난 자체가 바로 목적인 셈이다. 그러니 그저 즐거울 수밖에.

이제 알겠다. 그처럼 재미있는 SF 영화가 대학 시절 그렇게도 지겨웠던 이유를. 영화는 분명 놀이다. 머리가 아플 때, 휴식을 취하고 싶을 때 영화 자체를 즐기니까. 하지만 대학 시절에 그 영화를 보는 일은 노동이었다. 기계공학개론 교수 덕분에 레포트를 쓰기 위한 수단으로 전락해버렸기 때문이다. 돌아보니 영화를 보는 내내 한 손에 노트를 손에 쥔 채 새로운 공학 기술이 무엇인지에만 정신이 팔려 있었다. 그러니 영화를 놀이처럼 즐길 수 있었을 리 만무하다.

우리는 대체로 어떤 특정한 일은 노동으로 존재하고, 또 어떤 특정한 일은 놀이로 존재한다고 생각하는 경향이 있다. 근본적으로 틀린 생각이다. 일반적으로 노동이라고 생각하는 것이 특정한 상황에서 누군가에게는 놀이가 될 수 있고, 또 우리가 놀이라고 생각하는 것이 특정한 상황에서 누군가에게는 노동이 될 수 있다.

고등학교 시절 햄버거 가게에서 아르바이트를 꽤 오래 한 친구가 있다. 한번은 그 친구에게 "어떻게 2년 동안 아르바이트를 한 번도 안 빼먹고 할 수 있었냐?"라고 물은 적이 있다. 친구는 "재미있었어. 사람들한테 새로운 메뉴 소개해주고, 새로운 사람들 만나는 게 진짜 정말 재미있었어."라고 답했다. 그는 돈을 벌려고 아르바이트를 한 것이 아니라 해변의 꼬맹이들이 모래장난을 하는 것처럼 아르바이트를 한 셈이다. 그렇다면 그는 노동을 한 것인가, 놀이를 한 것인가? 또 내가 기계공학개론 레포트를 쓰기 위해 스펙터클한 영화를 본 것은 노동인가, 놀이인가?

노동과 놀이에 대한 일반적인 규정은 아무런 의미가 없다. 사람들이 모두 노동이라고 생각하는 어떤 일을 하더라도 목적과 수단이 유리되지 않는다면 그것이 바로 즐거운 놀이다. 반면에 목적을 달성하기 위한 수단으로 어떤 행동을 하게 되면, 세상 사람 모두가 그 행동을 놀이라고 생각하더라도 정작 그 행동을 하는 사람에게는 지겨운 노동이 될 수밖에 없다. 노동과 놀이는 어떤 속성이 이미 정해져 있는 것이 아니라 목적과 수단의 일치 혹은 불일치의 관점에서 상대적으로 규정될 수 있을 뿐이다. 분명한 사실은 우리의 행복은 노동이 아니라 놀이에 있다는 점이다. 그러니 가능한 한 노동을 줄이고 놀이를 늘려나가는 삶을 선택해야 한다.

'놀이를 한다'는 것이 '열심히 하지 않는다.'는 것을 의미하지는 않는다

어쩌면 우리는 목적과 수단이 일치되는 놀이의 경험을 너무 일찍 잃어버린 것인지도 모른다. 모래성을 쌓고, 신나게 공을 차고, 좋아하는 음악을 듣고, 좋아하는 영화를 보고, 소설책을 읽을 때 부모나 선생, 사회는 항상 우리에게 이렇게 말했다. "그거 하면 쌀이 나오냐, 밥이 나오냐?" 그런 덕분에 목적과 수단이 일치되는 소중한 놀이의 경험이 이제는 기억도 나지 않게 된 것이다. 이해 못할 것도 없다. 1997년 IMF 외환위기 이후 우리 모두는 심한 경제적 쪼들림을 당할 수밖에 없었으니까.

우리는 즐거운 놀이를 잃어버렸다. 자신이 진정 좋아하는 놀이가 무엇인지 잘 알지 못한다. 하지만 지금 와서 "내가 무엇을 좋아하는지 모르겠어요.”라고 투덜거릴 필요는 없다. 너무 어린 시절부터 지금까지 ‘노동’만이 소중하고 중요한 일이라고 여기고, 정작 우리를 행복하게 해주었던 ‘놀이’는 폄하하고 부정한 대가를 지금 치르고 있는 것이니까. 오늘날 우리네 직장인들에게 놀이의 이미지는 어떤 것인가? ‘나태, 태만, 무책임, 낭비’ 같은 이미지 아닌가?

이쯤에서 놀이에 대한 해묵은 오해 하나를 바로잡고 가야겠다. 우리는 놀이를 ‘열심히 하지 않음’으로 받아들이는 경향이 있다. 그러니 놀이에 나태, 태만, 무책임, 낭비 같은 이미지가 뿌리 깊게 박혀 있는 것이다. 하지만 오히려 그 반대다. 놀이는 노동보다 더 열심히 하는 것이다. 해변에서 모래성을 짓고 있는 꼬맹이들의 표정은 자못 진지하다. 밥을 먹으라는 엄마의 목소리에도 아랑곳하지 않고 모래장난에 사활(死活)을 건다. 어린 시절 친구들과 축구를 할 때 발바닥에 물집이 잡히는 것쯤은 예삿일 아니었나? 좋아하는 음악을 듣고, 영화를 보고, 소설책을 읽을 때는 밤을 새는 것이 기본이었다. 누가 놀이를 ‘열심히 하지 않는 것’이라 했단 말인가.

우리네 직장인들 역시 마찬가지다. 허리가 아파서 일은 대충 하지만 야구 동호회에 참석한 날은 허리가 아픈 줄도 모르고 열심이다. 놀이는 목적과 수단이 일치되는 일이지 열심히 하지 않는 일이 아니다. 놀이를 부정할 필요가 없다. 놀이만큼 우리네 삶을 풍성하고 행복하게 해주는 일도 없으니까. 노동이 괴로운 이유는 육체적, 정신적으로 고되기 때문이기도 하지만 한편으로는 목적과 수단이 불일치하기 때문이기도 하다. 가만히 앉아서 비교적 편한 일을 하는 사람에게도 직장이 괴로운 이유는 그 일이 오직 돈을 벌기 위한 노동이기 때문이다. 정상적인 사람이라면 아무 의미도 없는, 오직 돈을 벌기 위해 하는 노동이 어찌 괴롭지 않을 수 있겠나?

놀이는 밥벌이가 될 수 없다?

놀이에 대한 해묵은 오해가 하나 더 있다. 그것도 바로잡자. 놀이로는 밥벌이를 할 수 없다는 것이다. 이것 역시 놀이는 낭비다 혹은 무책임하다는 인식 때문에 발생한 오해다. 밥벌이를 하려면 다른 사람에게 쓸모를 주어야 하지만 놀이로는 그렇게 할 수 없다는 이야기다. 일정 부분 동의한다. 취미 생활로 돈을 벌기는 어려운 것이 사실이니까. 야구 동호회에서 아무리 열심히 해도 당장 프로야구 선수가 될 수는 없다. 하지만 반대로 생각해보자. 그동안 억지로 했던 노동들은 '안정적인 밥벌이'가 되었던가?

여기서 잠시 철학자 강신주의 이야기를 들어보자. 그는 《철학이 필요한 시간》에서 이렇게 말했다.

흔히 적성이란 표현을 많이 사용한다. "나의 적성은 무엇인가?" "내 아이의 적성은 무엇이지?" 이것은 어떤 일을 했을 때 다른 일을 했을 때보다 탁월한 업적을 이룰 수 있는지 묻는 것이다. 그렇지만 적성은 어떤 개인에게 숨겨진 잠재성 같은 것이 결코 아니다. 그것은 어떤 사람이 어떤 일을 할 때 가장 놀이의 상태에 근접하게 되느냐와 관련된 것이다.

한마디로 어떤 일을 잘할 수 있는 적성 혹은 소질이란 결국 그 일을 얼마나 놀이처럼 즐길 수 있느냐 하는 것과 깊이 관련되어 있다는 이야기다.

학창 시절로 돌아가보자. 아주, 정말 아주 드물었지만 공부 자체를 즐기는 돌연변이가 한 명씩은 있지 않았나? 그 돌연변이와 대학을 가기 위한 수단으로 공부했던 아이 중 누가 더 공부를 잘했나? 단연 돌연변이가 압도적으로 공부를 잘할 수밖에 없다. 마찬가지로 스티브 잡스가 탁월한 성취를 낼 수 있었던 것도 근면하게 노동을 했기 때문이 아니라 자신의 팀을 '해적'

이라고 자처하며 일을 놀이처럼 즐길 수 있었기 때문이다. 수많은 스티브 잡스 '따라쟁이'들이 별 볼 일 없는 이유는 스티브 잡스의 성취를 추앙하면서 근면하게 '노동'만을 하기 때문이다. '열심히 하는 자는 즐기는 자를 이길 수 없다.'는 수사가 괜히 나온 것이 아니다.

한 분야에서 두각을 나타내고 탁월한 성취를 이룬 사람들의 면면을 한번 살펴보자. 그들 중 근면하게 '노동'을 한 사람은 거의 없다. 노동으로는 결코 탁월해질 수 없다. 당연하지 않나? 노동은 목적과 수단이 유리된 일이다. 그러니 수단을 가리지 않고 목적만 달성하면 되는 노동으로 어찌 한 분야에서 탁월해질 수 있겠는가? 한국의 정치, 경제계 주류 계층에서 논문 표절이 끊이지 않는 이유도 같은 맥락으로 이해할 수 있다. 학문이 정말 좋아서 논문을 쓰는 사람은 결코 표절을 하지 않는다. 학문 자체가 이미 즐거운 놀이인데, 왜 남의 것을 베끼면서 즐거움을 스스로 박탈하는 바보 같은 짓을 하겠나? 오직 박사학위라는 목적만 달성하면 그만인 사람들이 수단과 방법을 가리지 않고 표절을 하는 것이다.

산을 타는 것을 좋아하지 않는 사람은 '엄홍길'이 될 수 없다. 즉 등산으로 밥을 먹고 살 수 없다는 말이다. 왜냐? 산을 타는 것을 좋아하지 않는 사람이 등산을 할 때는 어김없이 케이블카를 타고 정상으로 올라가려고 할 테니까. 매번 케이블카를 타고 정상으로 오르는 사람과 한 걸음 한 걸음 정상을 향해 내딛으면서 그 과정을 온전히 즐기는 사람 중 누가 더 등산으로 밥벌이를 할 확률이 높을까? 오래 생각할 필요도 없다.

스티브 잡스와 엄홍길처럼 대단해 보이는 사람들만의 이야기가 아니다. 예외적인 경우가 아니라면 결국 우리는 누군가에게 쓸모를 주고 돈을 벌어 생활할 수밖에 없다. 거꾸로 생각해보자. 우리는 같은 값을 지불해야 한다면 그중에서 가장 탁월한 상품을 사려고 한다. 마찬가지다. 우리도 누군가에게 쓸모를 주고 당당하게 돈을 벌려고 하면 일정 정도 탁월해져야 한다. 하지만 문제는 과정을 즐기지 못하는 노동으로 탁월해지는 것은 거의 불가능하다는 사실이다. 앞서도 말했지만 목적만 달성하면 그만인 노동을 해서는 한 분야에서 비범해지거나 탁월해질 수 없다. 비범해지지 않고 돈을 벌려고 할 때 비굴해지게 되는 것이다.

이것이 우리네 직장인이 비굴하게 직장을 다닐 수밖에 없는 이유이기도 하다. 마지못해 노동을 하느라 자신의 분야에서 탁월해지지 못하니 당당하게 돈을 벌지 못하게 되고, 그래도 먹고는 살아야 하기에 결국 누군가의 눈치를 보고 아첨을 해야 하는 악순환에 빠지는 것이다. 이 악순환이 바로 우리네 직장인의 서글픔 아니던가.

어쩌면 우리는 아주 심각하고 위험한 오해에 빠져있는 것인지도 모른다. 놀이가 밥벌이가 될 수 없는 것이 아니라 노동이 밥벌이가 될 수 없는 것인지도 모른다. 좋아하는 놀이를 했던 사람은 어느 순간에 좋아하는 일을 하며 밥벌이도 하고 있고, 직장에서 하고 싶지 않은 노동을 꾸역꾸역 했던 사람은 어느 순간 정리해고를 당해 기본적인 밥벌이마저 위협당하는 것이 우리네 현실이다. 차라리 노동 대신 놀이를 하자. 이리저리 생각해봐도 그것이 훨씬 남는 장사다.

생각만 해도 신나지 않나? 매일 해야 하는 일이 즐거운 '놀이'가 된다면 말이다. 꿈만 같은 일이 아니다. 그 일 자체로 의미있고 즐거운 일을 찾기만 하면 '놀이'를 하면서 일을 할 수 있다. 스스로에게 끈덕지게 물어야 한다. 돈이 안 되더라도 하고 싶은 일이 무엇인가? 타인에게 인정받지 못해도 하고 싶은 일이 무엇인가? 어떤 일을 하는 것 자체로 충분히 즐거운 일은 무엇인가?

행복한 밥벌이는 놀이다

돈만 벌기 위해 혹은 사람들에게 인정받기 위해서 하는 노동은 생계를 유지하는 밥벌이가 될 수 있을지언정 우리가 그토록 원하는 행복한 밥벌이가 될 수는 없다. 여기서 주의해야 할 것은 '노동과 놀이는 마음먹기 나름이야.'라는 헛소리에 속아 넘어가지 않아야 한다는 사실이다. 직장에서 많은 사람들 특히 상사나 사장은 일을 즐기라고 말한다. 완전 말도 안 되는 헛소리다.

누군가 일을 즐기라고 조언을 한다면, 그것은 나 자신이 그 일을 즐기지 못하고 있다는 이야기다. 그런데 이 이야기는 조금만 생각해보면 완전 난센스다. 놀이의 기본적인 속성은 능동이다. 그 일이 즐겁다면 누가 뭐라 하지 않아도 이미 능동적으로 그 일을 즐기게 된다. '놀이' 자체가 억지로 하는 행동이 아니니까 말이다. 정말 좋아하는 일이라면 스스로 인지하지도 못하는 사이에 이미 그 일을 근면하고 열심히 하고 있을 것이다. 정말 좋아하는 오락을 할 때, 영화를 볼 때, 만화책을 읽을 때, 축구를 할 때 우리는 얼마나 자발적으로 근면하고 열심히 했었던가.

강요된 근면은 폭력에 다름 아니다. 정말 좋아하는 일을 하면 자연스럽게 부지런해진다. 사장이든 상사든 누군가에게 '그 일을 즐겨'라는 말을 들었다면 그 일은 이미 놀이가 아니라 최대한 빨리 벗어나야 할 노동이다.

행복한 밥벌이는 분명 놀이다. 수단과 목적이 일치된 놀이가 우리의 생계를 책임지게 되었을 때 우리는 행복한 밥벌이에 도달하게 된다. 나는 행복한 밥벌이를 찾았다. 내게는 글쓰기가 행복한 밥벌이다. 나는 이 일 자체를 즐긴다. 누가 시키지 않아도 이 일을 계속할 것이고, 돈을 벌지 못해도 이 일을 계속할 것이고, 사람들에게 인정받지 못해도 이 일을 계속할 것이다. 나는 글을 쓰는 것 자체가 좋다. 꼬맹이들이 모래성을 짓는 것처럼, 어린 시절 축구를 했던 것처럼, 만화책을 읽었던 것처럼 이 일을 한다. 물론 힘들지 않다거나 열심히 하지 않는다는 뜻이 아니다. 결국 행복한 밥벌이란 즐거운 일로 생계를 책임질 수 있어야 하는 일이니까.

노동과 놀이의 균형

그런데 여기서 의문이 하나 생기지 않나? 행복한 밥벌이는 놀이라고 했다. 그런데 막상 이 이야기를 우리의 현실에 적용하면 석연치 않은 부분이 발생한다. 나의 예를 들어보자. 내게는 행복한 밥벌이가 글쓰기라고 했다. 글쓰기를 하는 것 자체가 목적이자 수단이다. 그것 자체로 이미 충분히 재미있는 놀이다. 하지만 그것 역시 밥벌이는 밥벌이 아닌가? 그렇다면 글쓰기는 돈을 벌기 위한 수단이 될 수밖에 없다. 글쓰기가 돈을 벌기 위한 수단이라면 그것은 놀이가 아니라 수단과 목적이 유리된 노동 아닌가? 사실이다. 나 역시 이 지점에서 한동안 혼란스러웠고 고민했다.

나의 이야기를 조금 더 해보자. 글을 쓸 때는 목적과 수단이 일치된다. 그것 자체에 흠뻑 빠져 충분히 즐길 수 있다. 하지만 그 글을 책으로 출간할 때는 이야기가 좀 달라진다. 책을 출간하면 인세가 나온다. 또 사람들에게 나를 알릴 수 있게 된다. 처음에는 헷갈리기도 했다. 내가 책을 썼기 때문에 돈을 번 것인지, 아니면 돈을 벌기 위해 책을 쓴 것인지. 또 책을 써서 사람들이 나를 알게 된 것인지, 아니면 사람들에게 나를 알리기 위해 책을 쓴 것인지. 만약 내가 인세를 벌기 위해 혹은 나를 알리기 위해 책을 쓴다면 그것은 이미 놀이가 아닌 것 아닌가? 만약 내가 글쓰기를 인세나 명성이라는 목적을 달성하기 위한 수단으로만 사용한다면 그것은 직장을 다녔을 때 했던 노동과 다르지 않은 것 아닌가?

노동과 놀이의 균형을 잘 잡아야 한다. 이것이 핵심이다. 결국 행복한 밥벌이는 좋아하는 일을 하는 것이기도 하지만 그 일로 돈을 벌어야 하는 것이기도 하다. 전자, 즉 좋아하는 일만 하는 완전한 '놀이'는 행복한 밥벌이가 될 수 없다. 또 후자, 돈을 벌어야만 하는 '노동' 역시 행복한 밥벌이가 될 수 없다. 분명 행복한 밥벌이는 놀이가 맞다. 하지만 그 놀이는 일반적으로 생각하는 취미와는 조금 다른 것이어야 한다. '놀이'로 밥벌이를 해야 하니까. 말하자면 행복한 밥벌이는 노동과 놀이의 균형점에 서 있는 것이다.

자칫 모호할 수 있으니 예를 들어 이야기하는 것이 좋겠다. 행복한 밥벌이를 하는 배우를 생각해보자. 그는 연기를 할 때는 아무런 목적도 생각하지 않고 연기 자체를 충분히 즐긴다. 연기를 하는 순간만큼은 돈을 벌기 위해, 명예를 얻기 위해 연기를 하는 것이 아니다. 하지만 연기라는 '놀이'를 끝내고 나서는 돈을 벌 수 있게 된다. 하지만 이것이 거꾸로 되어서는 안 된다. 말하자면 행복한 밥벌이는 '돈을 벌기 위해 하는 일'이 아니라 '돈을 벌게 되는 일'인 셈이다. 이것이 핵심이다. 단순한 발상난이 아니다. 돈을 벌기 위해 일하는 것과 좋아하는 일을 하면서 돈을 벌게 되는 것은 완전히 다른 차원의 문제다.

돈을 벌고, 명성을 얻기 위해 하는 연기는 행복한 밥벌이가 될 수 없다. 돈이 목적인 사람은 연기가 아니라 돈을 많이 벌 수 있는 다른 일이 나타나면 그 일을 따라갈 가능성이 아주 높기 때문이다. 또한 아이러니하게도 돈을 벌고, 명성을 얻기 위해 하는 연기는 탁월해지기도 어렵다. 탁월하지 않은 연기로는 돈을 잘 벌 수도 없으므로 행복한 밥벌이가 될 수 없다. 백번 양보해서 좋은 재능을 타고나 돈을 벌기 위해 했던 연기가 탁월해질 수 있다고 해도 달라질 건 없다. 그가 연기를 하는 것이나 우리가 직장에서 일을 하는 것이나 모두 그저 괴로운 노동일 뿐이니까 말이다.

조금 혼란스러울 수도 있으니 여기서 잠시 탁월했던 철학자 비트겐슈타인의 이야기를 그의 저서 《철학적 탐구》를 통해서 들어보자.

'놀이'란 개념은 테두리가 희미한 개념이라고 말할 수 있다. – "그러나 희미한 개념이 도대체 개념인가?" – 흐린 사진이 도대체 한 인물의 그림인가? 아니, 불명확한 그림을 명확한 그림으로 대체한다고 언제나 이득이 되는가? 불명확한 그림이 종종 우리가 필요로 하는 것이 아닌가?

'놀이'의 개념을 명확하게 정의할 수 없다는 비트겐슈타인의 이야기는 옳은 것 같다. 그리고 놀이의 개념을 명확히 한다고 해서 이득이 되는 것이 아니라는 그의 이야기도, 결국 불명확한 그림이 종종 우리가 더 필요로 하는 것이라는 그의 이야기 역시 모두 옳은 것 같다. 신나게 놀이를 하고 있는 아이에게 물어보자. '놀이가 무엇인가?'라고. 아이들은 놀이가 무엇인지 명확하게 설명하지 못하겠지만 이미 신나게, 충분히 즐기고 있다. 중요한 것은 행복한 밥벌이를 설명하는 것이 아니라 실제로 우리의 삶에서 행복한 밥벌이를 하는 것이다. 그러니 어쩌면 노동과 놀이의 경계를 명확하게 구분하려는 시도 자체가 아무런 의미가 없는 것인지도 모른다.

분명한 것은 실제로 행복한 밥벌이를 찾으면 알게 될 것이다. 명확하게 설명하기 애매한 행복한 밥벌이라는 '놀이'가 어떤 것인지 말이다. 수단과 목적이 일치되는 경험을 하게 된다면, 그 '놀이'를 명확하게 설명할 수는 없어도 이미 모래성을 짓고 있는 해맑은 해변의 아이들처럼 즐겁게 그 일을 하고 있을 테니까. 이렇게 말해도 좋다. 어떤 일을 하는 동기가 그 일 자체가 아니라 그 일을 함으로써 얻게 되는 어떤 것이라면 그 일은 놀이도 행복한 밥벌이도 아니라고 말이다.

제대로 놀자

거두절미하고, 행복한 밥벌이는 '놀이'다. 그러니 제대로 놀자. 제대로 노는 것은 대체 어떻게 노는 건가? 밥벌이에 대한 무거운 부담감은 고스란히 짊어진 채 자신이 하는 일을 즐기는 것이 바로 제대로 노는 것이다. 이 부분이 꼬맹이가 모래성을 쌓거나 축구를 하는 것과 행복한 밥벌이가 다른 지점이다. 놀이는 즐거운 것이지만 무책임도, 나태도 아니다.

나는 매일 앉아서 서너 시간씩 글을 쓴다. 그럴 때면 눈이 침침해지고, 어깨도 아프고, 허리도 아프다. 그뿐인가? 작가로서 사는 것이 가족들의 밥벌이를 챙길 수 있는 일인지 의구심이 수시로 찾아든다. 하지만 그 모든 것이 글을 쓰려고 컴퓨터를 켜는 순간 거짓말처럼 사라지고 글쓰기에 빠져든다. 이처럼 행복한 밥벌이라는 놀이는 무책임한 것도 열심히 하지 않는 것도 아니다. 정확히 그 반대다. 노동보다 더 무거운 책임감을 가지고, 노동보다 더 열심히 할 수밖에 없는 것이 바로 행복한 밥벌이라는 놀이다.

어렵게 생각하지 말자. 좋아하는 일을 하자. 그 일을 가지고 제대로 놀자. 가끔 찾아오는 불안감, 밥벌이에 대한 중압감은 고스란히 감당하자. 지긋지긋한 노동을 해도 미래에 대한 불안감, 밥벌이에 대한 중압감에서 벗어날 수 없는 것은 똑같은 것 아닌가? 그러니 이제 용기를 낼 때다.

야구가 좋다면 야구를 즐기자. 야구를 하는 것이 좋다면 하고, 보는 것이 좋다면 실컷 보자. 게임이 좋다면 게임을 실컷 하면서 제대로 놀자. 그리고 삶의 여건이 허락하는 한도 내에서 그것으로 밥벌이를 할 수 있는 방법을 차근히 찾아보자. 야구 칼럼니스트로 밥벌이를 하는 사람도 있고, 인터넷으로 게임 중계를 해서 밥벌이를 하는 사람들이 이미 존재한다.

나는 여러분의 구체적인 삶을 모르므로 구체적인 방법에 대해서는 설명해줄 수 없다. 하지만 이것만은 분명히 안다. 산을 넘고자 마음먹었다면 길은 분명히 보인다는 사실을.

04

행복한 밥벌이는
어떻게 만들어지는가

행복한 밥벌이는 '원하는 일을 하면서 밥 먹고 살 수 있게 해주는 직업'이라고 앞서 말했다. 하지만 이것만으로는 조금 부족하다. 이제 '행복한 밥벌이는 어떻게 만들어지는 것일까?'라는 질문을 해보자. 행복한 밥벌이라는 것이 어떻게 만들어지는지에 대해 이야기하다 보면 지금 여러분의 밥벌이에 어떤 문제가 있는지도 점검해볼 수 있을 것이다. '최소한 이런 것들은 만족되어야 행복한 밥벌이다.'라는 구체적인 이야기는 곧 우리가 가고자 하는 행복한 밥벌이의 방향이 될 것이다. 나침반 없는 여행은 얼마 지나지 않아 길을 잃게 마련이다. 이제 행복한 밥벌이를 이루는 몇 가지 요소를 구체적으로 하나씩 살펴보자.

1. 돈

밥벌이에서 가장 중요한 것은 단연 '돈'이다. 돈을 벌지 못하면 행복한 밥벌이는 공염불에 불과하다. 당장 밥을 굶는데 행복은 무슨 얼어죽을 행복이란 말인가. 자본주의 체제에서 살고 있는 한 돈은 아주 중요하다. 밥벌이에서 자유로운 사람은 없으니까. 하루 종일 숨만 쉬고 살 수 있는 사람은 없다. 예술가든, 정치가든, 사업가든, 직장인이든 '나는 돈을 벌지 않고 고고하게만 살고 싶다.'고 말하는 것은, 솔직하지 못한 위선이거나 밥벌이를 할 수 없을지도 모른다는 불안함에 기인한 소심한 자기 도피일 확률이 높다.

전혀 즐겁지 않고 아무 의미도 없는 지겨운 밥벌이도 문제지만, 생계를 책임지지 못하면서 행복하기만 한 밥벌이 역시 문제다. 무슨 일을 하건 생계를 책임질 정도의 돈은 벌어야 한다. 그러니 일을 하며 돈을 버는 것은 행복한 밥벌이의 기본이자 필수다. 하지만 문제는 좋아하고 원하는 일을 하면서 직장을 다니는 것처럼 안정적으로 돈을 벌기는 쉽지 않다는 점이다.

이렇게 보아도 좋다. 어떤 일이건 처음부터 돈이 안정적으로 잘 벌어진다면 그 일은 자신이 진정으로 원하는 일이 아니라고 말이다. 그러니 행복한 밥벌이로 가기 위해서는 당분간의 궁핍함을 각오하거나 가족이 있는 경우라면 일정 정도의 돈을 미리 모아두는 것이 좋다. 좋아하는 일로 밥벌이를 할 수 있을 때까지 버텨야 하니까. 아주 예외적인 경우가 아니라면 행복한 밥벌이에서 돈은 반드시 벌어야 한다. 그 정도 삶의 무게조차 감당하지 않고 행복한 밥벌이를 하려고 하는 것은 도둑놈 심보다.

2. 재능

또 하나 행복한 밥벌이에서 빠질 수 없는 것이 바로 재능이다. 아무런 재능도 없는 일을 직업으로 하게 되면 좌절감과 열패감에 빠져 지내는 것은 물론 자칫하면 기본적인 생계마저 위협받을 수 있다. 행복한 밥벌이를 하기 위해서는 기본적으로 잘할 수 있는 일을 해야 한다. 생각해봐라. 키가 160센티미터인 사람이 농구나 배구를 직업으로 하려고 할 경우 그가 겪어야 할 수많은 고난과 상처를. 음악에 아무런 자질도 없는 사람이 작곡가가 되고자 할 경우 현실적으로 그 일이 행복한 밥벌이가 될 가능성은 현저히 낮다. 어쩌면 얼마 지나지 않아 자신의 직업을 저주하게 될지도 모른다.

나는 기본적으로 어떤 직업을 위해서 태어난 사람은 존재하지 않는다고 생각한다. 그런 운명론자 같은 태도는 건강하지 못하다. 올림픽 해설자의 "박태환 선수는 정말 수영을 위해서 태어난 사람이에요!"라는 표현이 싫다. 내가 박태환이라면 불쾌하기 짝이 없을 것 같다. '박태환은 수영을 위해 태어난 사람'이라는 말은 곧 '박태환은 수영을 그만두면 존재가치가 없는 사람이다.'라는 의미이기도 하기 때문이다. 그 누구도 어떤 특정 직업을 갖기 위해 태어난 사람은 없다.

단언컨대 어떤 일을 하기 위해 태어난 사람은 없지만 누구에게나 자신에게 가장 자연스러운 일은 있게 마련이다. 김연아는 피겨스케이팅을 하려고 태어난 사람은 아니지만 스케이트를 타는 것이 가장 자연스러운 사람이기는 하다. 이 자연스러움이 바로 재능이다. 행복한 밥벌이에 재능이 반드시 필요한 이유는, 일을 하면서 성취감을 느끼고 생계를 책임질 정도로 잘하기 위해서다. 그리고 그것만큼 재능이 중요한 이유가 하나 더 있다. 재능에 따라 밥벌이를 하는 것이 가장 자연스럽고 편안한 옷이기 때문이다. 불편한 옷을 입고 행복할 수는 없는 노릇이다.

행복한 밥벌이를 하고 싶다면 반드시 본인의 재능을 찾아야 한다. '내가 무엇을 잘하지?'라는 질문을 끊임없이 스스로 묻고 끈덕지게 답을 찾아야 한다. 평범한 직장인들이 직장에서 벗어나지 못하는 이유 중 하나가 자신이 정말 잘할 수 있는 일을 찾지 못했기 때문이다. 많은 월급쟁이들이 소주 한잔하며 하는 흔한 한탄이 '내가 뭘 잘하는지만 알아도 이놈의 직장 당장 때려칠 텐데'다.

3. 욕망

행복한 밥벌이를 위해서 가장 중요한 요소를 딱 하나만 꼽으라고 한다면 나는 주저하지 않고 '욕망'이라고 답하겠다. 돈도 중요하고, 재능도 중요하고, 또 뒤에 이야기할 몇 가지 요소들 모두 중요하다. 하지만 가장 중요한 것은 단연 '욕망'이다. 행복한 밥벌이의 심플한 정의를 다시 한번 생각해보자. '원하는 일을 하면서 밥 먹고 살 수 있게 해주는 직업'이 바로 행복한 밥벌이다. 원하지 않는 일을 하더라도 밥은 먹고 살 수 있다. 대부분의 직장인처럼. 하지만 행복한 밥벌이의 방점은 '원하는 일'에 찍어야 한다.

그렇다면 '원하는 일'이란 무엇인가? 여러분은 무엇을 원하는가? 우리는 모두 우리가 좋아하는 것을 원한다. 싫어하는 것을 원하는 사람은 없다. 직장을 때려치우고 싶어 하는 것도 결국은 직장에서 진정으로 원하는 일을, 원하는 방식으로 할 수 없기 때문이다. 직장은 사장이 원하는 일을 사장이 원하는 방식으로 해야 하는 곳, 본질적으로 남의 일을 해주러 가는 곳이다. 물론 그 대가는 받지만. 행복한 밥벌이를 위해서 가장 중요한 것은 좋아하는 일을 해야 한다는 사실이다. 내면의 진정한 욕망을 따를 때만 행복한 밥벌이를 할 수 있다.

여기서 또 하나의 문제에 봉착하게 된다. 사실은 자기 자신의 욕망을 잘 모른다는 서글픈 진실이다. 밤낮으로 일에 치이고, 사장과 상사들 눈치 보느라 지쳐버린 직장인들이 좋아하는 일은 '자고 싶다.' '쉬고 싶다.' 정도일 뿐이다. 이제는 수단, 방법 가리지 말고 진정으로 좋아하는 일을 찾아야 한다. 가슴 두근거리고 설레게 하는 일들을 반드시 찾아내야 한다. 바로 그 지점이 행복한 밥벌이가 시작되는 곳이다.

우리가 지긋지긋한 밥벌이를 하는 이유는 '욕망'의 자리에 너무 빨리 그리고 너무 쉽게 '돈'과 '안정'이 들어왔기 때문이다. 행복한 밥벌이의 과정은 '좋아하는 일'을 '밥벌이가 되는 일'로 만드는 과정이다. 그러니 행복한 밥벌이의 시작은 반드시 욕망에서 우러나오는 것이어야 한다. 내면에 있는 순수한 욕망을 찾지 못한다면 행복한 밥벌이는 시작도 하지 못할 것이다.

많은 월급쟁이들이 괴로운 직장을 때려치운 뒤 행복한 밥벌이는 고사하고 이내 더 하기 싫은 일만 가득한 또 다른 직장으로 옮겨가는 까닭은 행복한 밥벌이가 존재하지 않기 때문이 아니다. '내가 그만둬봤는데, 행복한 밥벌이 따위는 없어!'라는 냉소적인 이야기에 신경 쓸 필요 없다. 잊지 말자. 그들이 행복한 밥벌이를 찾지 못한 이유는 자신이 진정으로 좋아하는 일, 자신의 욕망을 찾지 못했기 때문이다. 그들이 직장을 그만둔 이유는 대개 돈을 더 많이 벌고 싶었거나 조금 더 편한 생활을 하기 위해서였을 뿐이다.

4. 자유

인간의 다양한 욕구의 무게를 달 수 있다면, 가장 무거운 것은 바로 '자유'일 것이다. 유사 이래 인류가 흘린 피는 대부분 자유를 얻기 위해서였다는 것은 별다른 부연 설명이 필요 없다. 모든 인간은 자유롭기를 원한다. 행복한 밥벌이에서도 자유는 필수다. 직장이 행복한 밥벌이가 되지 못하는 이유 중 하나는 자유가 없기 때문이다. 언뜻 보면 직장은 자유로워 보인다. 담배 한 대 정도는 언제든 피울 수 있고, 한 달에 한 번 정도 연차를 사용할 수 있는 직장도 있다. 또 언제든 자신의 의견을 자유롭게 말할 수 있는 직장도 있다. 하지만 그런 것들은 엄밀한 의미에서의 자유는 아니다.

깨알 같은 그런 자유는 언제든 철회 가능하다. 담배 한 대 피우는 자유도 사장의 긴급회의 소집에 의해 언제든 철회될 수 있고, 한 달에 한 번 쓰는 연차 역시 회사 매출이 떨어져 사장의 심기가 불편하다면 언감생심 말도 꺼낼 수 없다. 그리고 자유로운 의사개진 역시 상사의 승진에 도움이 되거나 사장에게 돈을 벌어줄 수 있을 것 같은 이야기에 한정될 뿐이다. 직장은 애초에 자유 따위는 존재하지 않는 곳이다. 언제든 철회될 수 있는 자유는 자유가 아니다.

하고 싶은 일을 할 자유

일이라는 관점에서 자유는 몇 가지로 나누어 생각해보아야 한다. 우선 '하고 싶은 일을 할 자유'가 있어야 한다. 직장에서는 하고 싶은 일을 할 자유가 없다. 당연하다. 입사를 하면서 이미 우리는 일종의 노예계약을 한 셈이다. 사장이 원하는 일을 해주고 돈을 받기로 한 것이니까. 그러니 하고 싶은 일을 할 자유는 애초 없는 것이고, 자유를 달라는 순진한 이야기를 할 필요도 없다. 만약 직장에 자유가 존재한다면 그것은 사장이 시키는 일을 얼마나 더 많이 할 것이냐 정도일 뿐이다. 행복한 밥벌이를 위해서는 하고 싶은 일을 할 근본적인 자유가 있어야 한다.

일하지 않을 자유

행복한 밥벌이는 일하지 않을 자유도 있어야 한다. 직장이 괴로운 이유는 일 자체가 고되기 때문이기도 하지만 정말 일하고 싶지 않은 날조차 꾸역꾸역 나가야 한다는 사실 때문이기도 하다. 노파심에서 말하자면 일하지 않을 자유가 있다는 것이 방만함이나 나태함을 의미하는 것은 아니다. 농사를 예로 들면 오늘 막걸리를 한잔하고 싶으면 그냥 그래도 된다. 농사를 짓는 사람들은 실제로 그렇게 한다. 오늘 못한 모내기는 내일 조금 더 하면 되니까 말이다. 일을 하면서 최소한의 '일하지 않을 자유'를 누릴 수 있을 만큼은 일을 통제할 수 있어야 한다.

일할 자유

일하지 않을 자유만큼 일할 자유도 중요하다. 직장에서는 '일할 자유'가 충분히 아니 넘치게 존재하는 것 같지만 역설적이게도 직장은 '일할 자유'도 없다. 다만 사장이 원하는 일을 사장이 원할 때까지만 할 수 있을 뿐. 직장생활을 하면서 수많은 명예퇴직, 권고사직을 목격했다. 그들 중 '이제 이 지긋지긋한 직장에서 탈출이다.'라며 행복해 하는 사람은 단 한 명도 보지 못했다. 그들은 '일하지 않을 자유'를 얻은 것이 아니라 '일할 자유'를 박탈당한 것이었다. 행복한 밥벌이는 건강이 허락하는 한, 내가 원할 때까지 일할 수 있는 자유가 있는 일이다.

좋아하는 사람들과 일할 자유

어떤 일이든 완전히 고립되어 혼자 할 수 있는 일은 없다. 싫든 좋든 누군가와 함께 일해야만 한다. 여기에 중요한 자유가 하나 있다. 결이 비슷한 같은 '꽈'들과 일할 자유. 직장이 행복한 밥벌이가 되지 못하는 이유는 꼴도 보기 싫은 인간들과 매일 함께 일해야 하기 때문이다. 결이 맞지 않는 사람들과 많은 시간을 보내는 것은 정말 에너지가 많이 드는 일이다. 다들 한 번쯤 경험해보지 않았나? 얼굴만 봐도 짜증나는 인간들과 같은 팀에서 일하는 것이 얼마나 피곤한지 말이다. 행복한 밥벌이를 위해서는 전부는 아니지만 일정 정도는 결이 맞지 않는 사람들을 걸러내고 비슷한 '꽈'들과 일할 자유가 있어야 한다.

일하고 싶은 곳에서 일할 자유

조금 더 욕심을 내보자면, '일하고 싶은 곳에서 일할 자유'까지 있으면 금상첨화다. 미리 말해두었지만 '일하고 싶은 곳에서 일할 자유'는 욕심이다.

장소까지 통제하면서 일한다는 것은 현실적으로 조금 힘들지도 모른다. 하지만 '원하는 곳에서 일하는 자유'까지 담보된다면 그 일은 정말 행복한 밥벌이가 될 것이다.

'동네 변호사'로 알려진 이미연 변호사를 만난 적이 있다. 그녀는 대형 로펌에 가는 대신 의정부 시장통에 카페 겸 변호사 사무실을 열었다. 그녀는 업무는 고되지만 자신이 좋아하는 공간에서 일할 수 있어 행복하다고 말했다. 일하는 공간을 통제함으로써 행복한 밥벌이를 하고 있는 셈이다. '원하는 곳'에서 일한다는 것은 '하고 싶은 일'을 하는 것만큼이나 소중하다.

5. 최종 생산물과의 거리

드물기는 하지만 직장일을 재미있어 하는 사람들을 간혹 만나게 된다. 그런 사람들의 면면을 살펴보면 재미있는 공통점을 발견하게 된다. 직급이 높아질수록 일을 재미있어 하는 사람들이 많아진다는 사실이다. 사원보다 과장이 일을 재미있어 하고, 과장보다는 부장이, 부장보다는 전무가 일을 재미있어 한다. 왜일까? 그 일에 더 익숙해졌기 때문이기도 하지만 더욱 근본적인 이유는 직급이 높을수록 최종 생산물과 거리가 가깝기 때문이다.

쉽게 이야기해보자. 휴대폰을 만드는 회사의 최종 생산물은 바로 휴대폰이다. 그 회사의 전무는 신제품 휴대폰의 전체 콘셉트를 총괄한다. 그러면 생산부 부장은 휴대폰 생산만을 총괄하게 되고, 과장은 휴대폰의 일부인 배터리 생산만을 책임지게 된다. 그리고 사원은 휴대폰 케이스만을 만들게 된다. 누가 최종 생산물에서 가장 가깝나? 바로 전무다. 그리고 휴대폰 만드는 일에 재미를 쉽게 느끼는 사람 역시 전무다. 자신이 하는 일이 어디에 어떻게 쓰이는지도 모르는 사람이 자신의 일에 흥미를 느낄 수는 없다. 그

때 유일한 흥미는 월급뿐이다.

최종 생산물과 거리가 멀어질수록 행복한 밥벌이와도 멀어진다. 직업만족도 조사를 하면 예술가들이 항상 상위권에 있다. 돈도 잘 벌지 못하는 예술가들이 직업 만족도가 높다는 것이 의아스럽지 않나? 하지만 이제 그 이유를 알 것도 같다. 그 어떤 직업보다 예술가들은 최종 생산물과의 거리가 가깝다. 소설가의 최종 생산물은 소설이고, 화가의 최종 생산물은 그림이다. 그리고 조각가의 최종 생산물은 조각품이다. 소설가-소설, 화가-그림, 조각가-조각품 사이의 거리는 거의 없다고 느껴질 정도로 가깝다. 예술가들의 직업만족도가 높은 것은 그들이 고고한 일을 하기 때문이 아니라 최종 생산물과 거리가 짧아 자신의 일의 대부분을 직접 통제할 수 있기 때문이다.

이제 행복한 밥벌이의 핵심이 보인다. 내가 만들 최종 생산물과의 거리를 좁혀야 한다. 최종 생산물 쪽으로 내가 다가가든지 아니면 내 쪽으로 최종

생산물을 당겨와야 된다. 직장의 임원들은 전자인 셈이고, 작가로 살기로 한 나는 후자인 셈이다. 어떤 방식이든 행복한 밥벌이의 핵심은 최종 생산물과 거리를 좁혀나가야 한다는 점이다. 최종 생산물에서 내가 통제할 수 있는 영역을 넓혀가는 것이 행복한 밥벌이의 관건이다.

6. 사회적 지위

'직업에는 귀천이 없다.'고 배웠다. 하지만 이것보다 현실과 괴리된 말이 또 있을까? 정말 직업에 귀천이 없나? 대통령과 청소부를 같은 무게로 생각하는 사람이 얼마나 될까? 정말 괜찮은 사람이 아니고서야 대체로 대통령 앞에서 머리를 조아리고 청소부 앞에서 우쭐할 것이다. 그런 의미에서 바람이 하나 있다. 나는 대통령을 경외의 대상으로 보지 않고, 청소부를 연민의 대상으로 보지 않는 사람이 되고 싶다. 하지만 우리 사회에 나와 같은 바람을 가진 사람이 얼마나 될지 모르겠다.

그러니 행복한 밥벌이를 위해서는 기본적인 '사회적 지위'를 획득할 수 있어야 한다. 사회적 지위가 없다면 아무리 돈을 많이 벌어도 근본적으로 직업적 자존감을 가질 수 없으니까. 하지만 주의해야 할 점이 하나 있다. 어떤 내적 만족감도, 성취감도 없이 오직 사람들에게 인정을 받기 위해 일을 해서는 안 된다는 점이다. 그렇게 되면 행복한 밥벌이는 고사하고 최악의 밥벌이를 하게 될지도 모른다.

사회적 지위란 어떤 조직의 직급이나 직위를 의미하는 것이 전혀 아니다. 내가 말하는 사회적 지위는 훨씬 더 근본적인 것이다. 오히려 특정 직급이나 직위는 엄밀한 의미에서 사회적 지위라고 할 수 없다. 부장, 전무라는 직위는 직장을 그만둠과 동시에 휘발되어버릴 테니까. 우리가 추구해야 할 진정한 사회적 지위는 어떤 상황에서도 쉽사리 휘발되지 않는 어떤 것이어야 한다.

일을 하면서 반드시 사회적 지위를 얻어야 한다. 누군가에게 인정받고 존중받아야 한다. 하지만 '누군가'가 불특정 다수여서는 안 된다. 그 누군가는 바로 여러분이 인정하고 존중하고 존경하는 사람들이 되어야 한다. 바로 그들을 통해서 얻는 인정과 존중과 존경만이 행복한 밥벌이를 위한 사회적 지위다.

작은 IT 기업을 운영하는 사장을 한 명 알고 있다. 그는 매출의 가장 많은 부분을 직원들의 복지를 위해 투자하는 흔치 않은 사장이다. 그는 함께 일하는 직원들을 인정하고 존중하고 존경한다. 바로 그 직원들이 함께 일하는 사장을 진심으로 인정하고 존중한다. 그 인정과 존중은 그가 사장직에서 물러나더라도 변함없을 것이다. 진정한 사회적 지위는 '사장직'이 아니라 함께 일하는 직원들의 진정 어린 인정과 존중이다. 그것이 진정한 사회적 지위다.

7. 사회적 기여

이제 마지막으로 사회적 기여에 대해서 이야기해야겠다. 이것을 제일 마지막에 이야기하는 것은 이유가 있다. 당장 밥벌이를 고민하고 있는 시점에서 사회적 기여에 관한 이야기는 공허하게 들릴지도 모르기 때문이다. 그래서 내심 걱정이 된다. 성인(聖人)이 아닌 다음에야 자신의 밥벌이도 챙기지 못하면서 사회적 기여를 논하는 것은 명백한 허영이다. 그러니 사회적 기여는 행복한 밥벌이의 가장 마지막 단계인 셈이다. 정직하게 말하자면 나 역시 이 단계에 도달했는지 모르겠다. 내 일을 하면서 사회적 기여를 하고 있는지 확신할 수 없기 때문이다. 하지만 나는 분명 일을 하면서 사회적 기여를 할 수 있는 방향을 지향한다.

인간은 매우 이기적인 동물이기도 하지만 한편으로는 이타적인 동물이기도 하다. 혼자만 잘 먹고 잘사는 것만으로는 2퍼센트 부족하다. 그것만으로 진정 행복한 밥벌이라고 할 수 없다. 우리가 하는 일 자체로 혹은 그 결과물로 사회적 기여를 할 수 있었으면 좋겠다. 그럴 때 정말 행복한 밥벌이의 남은 2퍼센트가 채워질 것이라고 믿는다. '나만' 행복한 것이 아니라 '우리가' 행복할 수 있는 아주 작은 실천들을 할 수 있었으면 좋겠다. 욕심이라면 욕심이다.

자기계발 첫 책을 내고 기업 강연이 많이 들어왔다. 기업 강연은 보수가 좋다. 하지만 기업 강연을 계속하려면 직원이 아니라 사장이 원하는 이야기를 해주어야 한다. 갈등했다. '내가 보았던 직장의 진실을 조금 왜곡해서 계속 기업 강연을 할 것이냐? 아니면 정직하게 있는 그대로의 직장의 모습을 이야기할 것이냐?'를 한동안 고민했다. 결정했다. 있는 그대로의 이야기를 하기로.

어느 기업 신입사원 강연장에서 나는 이렇게 말했다. '조금 일해보고 정 안 맞으면 그만둬요.' 아직도 기억난다. 일그러지던 인사팀장의 표정이. 세 번 강연하기로 했던 계획은 취소되었고, 나는 앉은 자리에서 거의 300만 원을 날린 셈이 되었다. 그 뒤로 기업 강연은 점점 줄었고 이제는 요청이 거의 안 들어온다. 솔직히 가끔 후회가 되기도 한다.

왜 그랬을까? 우선 할 말은 해야 하는 직선적 성격 탓이 컸다. 하지만 또 한편으로는 직장의 모습을 있는 그대로 이야기하는 것이 사회적으로 기여하는 것이라 생각했기 때문이다. 대부분의 기업 강사들은 직원을 위해서 교육하지 않는다. 아니 사장이 허용하는 한도 내에서 직원을 위할 뿐이다. 그랬다가는 나처럼 그 일로 밥벌이를 하지 못할 테니까. 강연 대상은 직원이지만 정작 강연료는 사장이 주기 때문이다.

내가 직장인이었던 시절, 단 한 사람이라도 진정으로 직원들을 위한 이야기를 해주는 사람이 있었으면 좋겠다고 생각했다. 직장생활 7년 동안 수도 없이 많은 사내·외 교육을 들었지만 행복한 밥벌이에 대한 진술하고 근본적인 이야기를 해주는 사람을 단 한 사람도 만나지 못했다. 그래서 나는 조금 힘들어질지 모르지만 내가 그런 사람이 되기로 했다. 그것이 미약하나마 사회적으로 기여하는 길이라 생각했기 때문이다.

나는 지금 행복한 밥벌이라는 마지막 단추를 채우고 있다. 크든 작든, 일 자체로든 아니면 일의 결과물로든 간에 사회적 기여를 하고 싶다. 오해는 마시라. 세상을 바꾸고 싶다는 거창한 욕심은 없다. 나는 그럴 만한 그릇이 못 된다는 것을 너무 잘 안다. 나는 여전히 먹고사는 문제를 걱정하는 소시민이다. 하지만 어느 시인이 그러지 않았던가? 이타심은 이기심이라고. 사회적으로 기여한다는 이타심은 사실 이기심인지도 모른다. 사회적 기여를 하면서 나의 자존감이 더 단단해지고 싶다는 이기심을 충족하고 있으니까 말이다. 여러분 역시 행복한 밥벌이의 마지막 단추를 끼워가면서 건강한 이기심을 충족할 수 있기를 바란다.

05

행복한 밥벌이를
부정하는 사람들

행복한 밥벌이를 비웃고 냉소하는 사람

"차장님은 무슨 일 할 때 행복하세요?"

"행복? 행복은 무슨, 일하는 데 그런 게 어디 있어? 그냥 일하고 돈 벌면 되는 거지."

직장에서 가끔 동료들에게 행복한 밥벌이에 대해 이야기하곤 했다. 주위 동료들 중 절반 정도는 비웃고 냉소했다. 아주 당연한 일이었다. 그들은 행복한 밥벌이란 애초에 존재하지 않는 신기루 같은 것이라 여겼으니까. 그들을 이해 못할 것도 없다. 앞서 살펴본 대로 행복한 밥벌이는 꽤 많은 조건들이 갖추어져야 할 수 있다. 그러니 얼핏 보면 행복한 밥벌이는 이론상으로만 존재할 뿐 현실에서는 전혀 존재하지 않는 것처럼 느껴질 수도 있다.

하지만 행복한 밥벌이는 분명히 존재하고, 또 생각보다 멀리 있지 않다. 조금만 준비해서 직장을 그만두면 행복한 밥벌이를 하며 살 수 있다. 그 방법에 대해서는 차후에 다시 이야기하기로 하자. 정말 행복한 밥벌이를 찾고 싶다면 일단 그것이 존재한다고 믿어야 한다. 좋아하는 일을 하며 밥벌이를 할 수 있다는 사실을 믿지 못하면 지금의 직장을 그만두지도 못할 것이고, 행복한 밥벌이를 찾지도 못할 것이다. 그저 우리를 갉아먹는 지금의 일을 저주하며 하루하루를 때우듯 살 수밖에 없을 것이다.

사실 이런 부류의 사람들은 정말 대책이 없다. 존재하지 않는 허상을 위해 자신의 많은 부분을 걸고 이런저런 시도를 할 사람은 존재하지 않으니까. 밥벌이는 늘 고되어야 하고 싫어하는 일만 잔뜩 하는 것이라고 믿는 사람에게는 더 이상 할 말이 없다. 한때는 행복한 밥벌이를 부정하는 사람들과 참 많이 다투었다. 특히 내가 애정을 가진 사람일 경우에는 끈질기게 그를 설득하려 했다. 하지만 결과는 늘 좋지 않았다. 그래서 이제는 안다. 행복한 밥벌이를 비웃고 냉소하는 사람들에게 해줄 수 있는 것은 본인 스스로 만든 고정관념과 선입견을 깨고 나올 때까지 기다려주는 것밖에 없다는 것을.

문제는 행복한 밥벌이 따위는 없다고 여기고 싫은 일이라도 계속하고 살 수 있으면 좋으련만, 그조차도 여의치 않다는 것이다. 언젠가는 삶과 일이라는 근원적인 질문에 봉착할 수밖에 없다. 선택의 문제가 아니다. 필연적으로 그리 될 수밖에 없다. 인생에서 적게는 3분의 1, 많게는 2분의 1의 시간을 써야 하는 것이 일인데, 그 많은 시간을 즐겁지도 않게, 돈을 버는 것 외에는 어떤 의미도 없이 보낸다면 어느 순간 깊은 회의감이 밀려들지 않을 도리가 없다. 얼마 지나지 않아 '내가 지금 하는 일이 무슨 의미가 있지?' '내가 지금 잘살고 있는 걸까?' '이렇게 살다 죽어도 좋은 걸까?' 하는 근원적인 물음 앞에 서야 할 때가 올 것이다.

누구도 피할 수 없다. 다만 시기의 차이가 있을 뿐. 너무 늦지 않게 행복한 밥벌이가 존재한다는 사실을 깨달아야 하고, 행복한 밥벌이를 찾으려는 노력을 해야 한다. 인생은 한 번뿐이고 그 시간 역시 유한한 것이니까. 너무 늦어버리면 좋아하는 일을 찾고도 현실적인 문제들 때문에 오도가도 못하는 신세가 되어버릴 수도 있다.

행복한 밥벌이를 비웃고 냉소하는 사람들에게 당부하고 싶은 이야기는 최소한 그 존재 자체를 부정하지는 말아야 한다는 것이다. 그래야 희망이라도 있다. 그리고 혹시 독자 여러분 역시 행복한 밥벌이에 대한 확신이 없다면, 행복한 밥벌이를 부정하는 사람들로부터 최대한 빨리 그리고 멀리 떨어져야 한다. 근묵자흑(近墨者黑)이란 사자성어를 잊지 말자.

행복한 밥벌이를 도피처로 생각하는 사람

"J 대리님은 꿈이 뭐예요?"

"꿈이요? 저는 회사를 그만두는 게 꿈이에요."

내성적인 성격에다 경쟁을 불편해하는 성향 때문이었는지 모르겠지만 J 대리는 직장에 잘 적응하지 못했다. 동료들과 잘 어울리지도 못하고 자주 혼자 있는 그가 안쓰러웠다. 퇴근 후 그와 소주를 한잔 마셨다. 이런저런 이야기를 나누다 그의 꿈이 무엇인지 궁금해졌다. 그는 회사를 그만두는 것이 꿈이라고 이야기했다. 냉소적인 대답이 아니었다. 정말 직장을 그만두는 것을 상상하기라도 했는지 이내 입가에 옅은 미소가 번졌기 때문이다. 대답은 진솔했지만 표정은 애잔했다.

꿈이란 무엇인가? 가슴속에 담아둔, 언젠가는 꼭 이루고 싶은 것 아닌가. 그런데 J의 꿈은 직장을 그만두는 것이란다.

그래, 생각해보니 그럴 것 같다. 상사들은 밑도 끝도 없이 짜증을 부리지, 승진은 동료들에게 밀린 지 한참이고, 후배들은 만만하다고 무시하기 일쑤다. 그렇다고 J 대리가 동료들에게 딱히 뭐라고 이야기하는 성격도 못되었다. J에게 직장은 참 불편한 옷이었던 셈이다. 그러니 그의 꿈이 퇴사라는 이야기에 절절하게 공감이 되었다. 하지만 이제 9년차 직장인인 J는 여전히 꿈을 이루지 못하고 있다. 내가 사표를 썼을 때, J의 표정이 유독 잊혀지지 않는다. 대부분의 동료들이 걱정 어린 눈빛이었던 반면 J 대리는 부러운 듯한 표정을 짓고 있었다.

J 대리는 행복한 밥벌이가 있다고 믿는 사람이다. 그것이 무엇인지는 모르지만 언젠가는 자신도 행복한 밥벌이를 하고 싶다고 말했다. 그러니 그의 꿈이 퇴사였던 것은 당연한 일이었다. 그는 알고 있었다. 직장을 다니는 동안에는 행복한 밥벌이의 근처에도 갈 수 없다는 사실을. 문제는 항상 꿈만 꾸고 있다는 점이다. 그렇다면 그의 꿈이 늘 좌절되는 이유는 무엇일까? 퇴사를 꿈꾸는, 행복한 밥벌이를 꿈꾸는 많은 사람들이 좌절하는 이유는 무엇일까?

중학교 시절로 돌아가보자. 가수가 꿈인 친구가 한 명 있었다. HOT에 깊은 감명을 받아 가수가 되는 것이 꿈이라고 이야기하고 다니던 친구였다. 그는 야간자율학습을 빼달라고 선생과 부모에게 말했다. 이유를 묻자. 그는 "가수가 될 거니까, 야자시간에 노래, 춤 연습하는 것이 더 도움이 되니까요."라고 말했다. 그는 몇 주간 떼를 써서 야간자율학습에서 공식적으로 면제되었고, 시험공부도 하지 않았다. 그럼 그는 그 시간에 무엇을 했을까? 가수가 되기 위해 춤과 노래를 연습했을까? 안타깝게도 아니다. 그는 일찍 하교해서 당구장, PC방, 만화방을 원 없이 다녔다.

우리 모두가 눈치 챘듯이 그는 가수가 꿈이었던 것이 아니고 가수라는 도피처가 필요했을 뿐이었다. 빡빡한 인문계 고등학교 생활과 입시/시험 스트레스를 피하고 싶었던 것이다. 꿈이 가장 조잡해질 때가 현실의 도피처로 이용될 때다. 가수를 꿈꾼 내 친구를 유치하다고 여길 것 없다. 직장을 그만두는 것이 꿈인 사람이나 행복한 밥벌이가 꿈인 사람들 역시 비슷한 심리상태인 경우를 많이도 보았으니까. 어쩌면 우리 역시 '가수' 자리에 '퇴사'나 '행복한 밥벌이'를 넣어두고 사는 것인지 모른다.

'나는 곧 창업할 거야.' '올해까지만 직장생활하고 세계일주 갈 거야.' '지긋지긋한 직장생활 접고 귀농할 거야.'라는 이야기를 직장 다닐 때 참 많이도 들었다. 디테일만 다를 뿐 자신만의 행복한 밥벌이를 꿈꾸고 있다는 말을 했다. 재미있는 사실은, 그런 이야기를 하는 시점은 유독 직장생활이 힘들 때였다는 점이다. 월말에 일이 과도하게 밀리거나, 상사와 마찰을 빚거나, 권고사직의 위험을 느낄 때 그들은 자신의 꿈에 대해 목청 높여 말했다.

하지만 일찍 하교를 한 내 친구가 노래나 춤 연습은 전혀 하지 않고 당구장과 만화방을 전전했던 것처럼 우리네 직장인도 마찬가지다. 행복한 밥벌이를 꿈꾸는 그 어떤 사람도 희망찬 미래를 이야기만 할 뿐 실제적인 변화는 모색하지 않았다. 그저 주어진 업무를 꾸역꾸역 끝내고 삼삼오오 모여 소주 한잔을 하면서 희망찬 꿈 이야기나 하는 것이 고작이었다. 가수를 꿈꾼 내 친구나 퇴사를 꿈꾸는 J 대리는 본질적으로 다를 바가 없다. 둘 다 모두 꿈을 도피처로 사용하는 것일 뿐이니까.

퇴사나 행복한 밥벌이를 직장생활에 지치고 힘들 때 마시는 피로회복용 상상으로 전락시켜서는 안 된다. 삶을 바꾸려는 근본적인 실천 없이 꿈만 꾸는 것은 우리를 더 피폐하게 만들 뿐이다. 다른 사람은 다 속일 수 있어도 본인마저 속일 수는 없다. 노래 연습도 춤 연습도 가수가 되기 위한 그 어떤 노력도 하지 않고 시간만 때우고 있다는 사실을 본인은 알고 있다.

퇴사, 창업, 세계일주, 귀농 모두 마찬가지다. 직장의 답답함, 불안함을 잊으려는 헛된 백일몽은 아닌지 스스로에게 아프게 물어야 한다. 내가 원하는 행복한 밥벌이가 진짜 꿈인지 헛된 백일몽인지를 구별하는 것은 전혀 어렵지 않다. 창업을 꿈꾸는 사람은 창업을 하기 위해 어떤 구체적인 실천을 하고 있는지 검증하면 되고, 세계일주를 꿈꾸는 사람은 돈을 얼마나 모으고 있는지 보면 되고, 귀농을 꿈꾸고 있다면 한 달에 몇 번이나 귀농할 장소를 방문해보는지 세어보면 된다. 구체적인 실천이 결여된 그 어떤 희망도 망상에 다름 아니다.

직장생활이 너무 바쁘다는 변명은 하지 마시라. 정말 원하는 꿈이라면 누가 시키지 않아도 그 행동을 이미 하고 있을 테니 말이다. 이렇게 보아도 좋다. 꿈의 간절함은 그 꿈을 이루기 위해 넘은 장애물의 크기와 수에 비례한다고 말이다. 창업, 세계일주, 귀농을 하기 위해 얼마나 많은 장애물을 넘었는가를 먼저 점검해야 한다. 그렇지 않으면 우리에게 행복한 밥벌이는 죽을 때까지 이리저리 도망만 다니는 도피처로 기능하게 될 것이다.

행복한 밥벌이를 비웃고 냉소하는 사람이나 그것을 도피처로 사용하는 사람은 근본적으로 별반 차이가 없다. 두 부류 모두 지금의 불안하고 답답한 직장에서 한 걸음도 빠져나오지 못할 테니까. 행복한 밥벌이를 꿈꾸고 있다면 그것을 현실 도피처로 사용하고 있는 것은 아닌지 먼저 검증해야 한다. 행복한 밥벌이라는 꿈은 반드시 거기서부터 시작해야 한다.

타인의 행복한 밥벌이를 이루려는 사람

이제 조금 미묘한 부류의 이야기를 해야겠다. 행복한 밥벌이를 비웃는 것도 아니고, 그것을 도피처로 사용하는 것도 아닌 사람들에 대한 이야기다. 꿈을 위해 현실을 바꾸려는 실천을 하고 있다는 점에서는 긍정적이지만 결코 행복한 밥벌이를 할 수 없는 부류가 있다. 바로 타인의 행복한 밥벌이를 꿈꾸는 부류다.

졸업을 3학기 남겨둔 시점이었다. 다들 취업을 위해 토익이다 학점관리다 정신이 없었다. 그런데 S는 꿈을 찾기 위해 다시 수능을 보겠노라고 했다. 친구들 중 반쯤은 미친놈이라고 했고, 나머지 반은 그의 용기에 박수를 보내주었다. 나는 후자였다. 나는 그때도 어렴풋이나마 알고 있었던 것 같다. 졸업을 3학기 남겨둔 20대 후반의 우리는 어디로 가는지도 모른 채 그저 앞으로만 질주하려고 애쓰고 있다는 사실을. 그래서 더 늦기 전에 자신의 꿈을 찾기 위해 떠난다는 그의 용기에 감동했고, 격려를 보내주었던 것 같다.

S는 지금 한의사다. 꽤 오래 공부해서 자신이 원하는 행복한 밥벌이를 이루어냈다. 하지만 과정까지 순탄했던 것은 아니다. 졸업을 하고 취업을 한 뒤 가끔 S를 만나면 다시 그 지옥 같은 고3이 된 것 같아 여간 안쓰러워 보이는 것이 아니었다. 하지만 그는 꿈을 이루기 위해 그 외롭고 고된 시간을 묵묵히 견뎌내었다. 그는 행복한 밥벌이를 부정한 것도 아니고 그것을 도피처로 이용한 것도 아니었다. 자신의 꿈을 위해 포기하지 않고 한 설음 한 걸음 걸었고 기어코 그 꿈을 이루어냈다.

여기서 이야기가 끝났어야 했는데, 슬프게도 문제는 여기서 시작되었다. 남들보다 사회생활은 늦었지만 한의사가 된 S는 안정적이고 높은 급여, 사회적 지위를 갖게 되었다. 이 때문에 S는 행복한 밥벌이를 하고 있다고 스스로를 무던히도 설득하려고 했지만 여전히 무엇인가 답답하다고 했다.

그렇다. S는 행복한 밥벌이를 이룬 것이 아니다. 고등학교 때 공부를 잘했던 S의 부모는 지금이라도 의대를 가는 것이 어떻겠느냐고 종종 이야기했단다. 자신에 대해 깊이 고민해본 적이 없는 S는 돈도 잘 벌고 안정적이고 사람들에게 인정받는 직업이 행복한 밥벌이라는 이야기에 설득당한 것이다. 부모의 꿈이 자신의 꿈이라고 믿게 되어버린 것이다. 불행의 시작이다.

비단 S만의 이야기는 아닐 것이다. 우리가 꿈꾸는 행복한 밥벌이는 정말 우리가 원하는 행복한 밥벌이가 아니라 대체로 부모, 선생, 사회가 주입한 것일 확률이 대단히 높다. 행복한 밥벌이를 위해 구체적인 실천은 하지만 잘못된 방향으로 가는 셈이다.

타인으로부터 주입된 행복한 밥벌이는 저주다. 행복한 밥벌이를 이룰 때까지 그것이 나의 꿈인지 타인의 꿈인지 알 수 없다. 행복한 밥벌이라고 철석같이 믿었던 꿈을 이룬 뒤에도 헛헛한 느낌이 들 때 우리는 비로소 알게 되는 것이다. 우리가 진정으로 원했던 것이 아니었다는 사실을 말이다. 그러니 어찌 이것을 저주라고 말하지 않을 수 있을까?

일단 저주에 걸리면 답이 없다. 저주에 걸리기 전에 미리미리 대비해야 한다. 대비하는 방법은 자신에 대한 진지한 탐색을 꾸준히 하는 것밖에는 없다. '자신이 무엇을 좋아하는지, 무엇에 설레는지, 어떤 것에 두근거리는지' 본인의 욕망에 집중해야 한다. 그리고 타인과 구별되는 나만의 욕망이 무엇인지 알아내야 한다. 그런 순수한 자신의 욕망의 경계가 또렷해졌을 때 우리는 타인의 행복한 밥벌이의 저주에 빠지지 않을 수 있다.

쉽게 말하자면, 누군가 당신에게 "행복한 밥벌이는 뭐니뭐니해도 변호사지."라고 했을 때, 이렇게 당당하고 의연하게 말할 수 있으면 된다. "나는 그림 그리고 조각하는 것을 좋아하니까 그걸 하면 될 것 같아요." 자신의 욕망에 대한 경계가 또렷한 사람은 결코 타인의 꿈에 휩쓸리지 않는다. 타인이 원하는 밥벌이에 휘둘리지 않는다.

행복한 밥벌이를 부정해서도 안 되고, 도피처로 사용해서도 안 되고, 타인이 원하는 삶에 휩쓸려서도 안 된다. 이 세 가지 늪에 빠지면 좋아하는 일로 밥벌이할 기회는 이미 요단강을 건너갔다고 봐야 된다. 시행착오와 실수는 한 사람의 성장을 이끈다는 점에서 분명 좋은 것이지만 그것을 줄일 수 있다면 더 좋다. 예상 가능한 지뢰는 최대한 미리 제거하고 가자. 행복한 밥벌이는 쉽지 않다. 하지만 낙담하지는 말자. 어느 철학자의 말처럼 우리를 진정으로 행복하게 해주는 것들 중 쉽게 얻을 수 있는 것은 단 하나도 없으니까 말이다.

06

행복한 밥벌이를 찾는 사람들

복싱 선수를 꿈꾼 소년의 이야기

복싱 선수를 꿈꾼 한 소년이 있다. 아버지 품에 안겨서 복싱 시합을 자주 보아서였을까? 그는 어린 시절부터 자연스레 복싱 선수를 꿈꾸었다. 하지만 소년은 나이가 들어가면서 알게 되었다. 복싱으로는 최소한의 밥벌이조차 할 수 없다는 현실을. 시간이 흘러 소년은 군대를 전역했다. 여전히 복싱 선수라는 꿈을 포기하지 못한 채. 청년이 되어 세상을 알아버린 이후에도 꿈과 현실 사이에서 계속 갈등했다. 생활비 문제부터 운동 선수로서의 암울한 미래까지, 현실의 높은 벽 앞에서 흔들리고 있었다.

이상한 것은, 청년은 이제 복싱 시합을 보지 못하게 되었다는 점이다. 아무리 바빠도 좋아하는 선수들의 시합은 반드시 챙겨보곤 했던 그였지만 이제 복싱 시합 자체를 보지 못하게 되어버린 것이다. 방황하는 것은 이해가 되지만 TV로 복싱 시합조차 보지 못할 이유는 뭐란 말인가?

알겠다. 그 이유를. 복싱 시합을 보고 있으면 사각의 링이, 그가 좋아했던 선수들이 이렇게 조롱하는 것처럼 느껴졌기 때문이다. "네가 진짜 복싱을 좋아한다고? 그럼 링으로 올라와봐 새끼야!" 청년은 사각의 링과 존경하는 선수들의 무언의 조롱 혹은 다그침이 너무 불편했던 것이다.

꿈이든 현실이든 상관없다. 어떤 고민이든, 그 고민에 대한 결정을 직접 하지 못하면 세월이 대신 결정해버리게 마련이다. 청년 역시 마찬가지였다. 자신의 꿈을 딱히 포기한 적은 없지만 그냥 그렇게 시간이 흘러 월급쟁이가 되어버렸다. 직장인을 선택한 것이 아니라 복싱 선수가 되는 것을 선택하지 않았을 뿐이다.

결정하지 않는 사람들의 장점은 주어진 환경에 잘 맞추어 산다는 것이다. 청년 역시 마찬가지였다. 직장에서 주어진 일을 열심히 하며 바쁘게 살아내었다 아니, 자신의 푸른 꿈이 현실에서 다시 튀어나오지 않도록 바빠야만 했던 것인지도 모른다.

직장인이 된 청년은 또 한 번 이상한 경험을 했다. 일요일, 아무 생각 없이 채널을 돌리다 복싱 중계에 멈추었다. 한때 진정으로 존경했던 선수였다. 내리 1시간을 완전히 빠져들었다. 그런데 이상하다. 시합을 보는 동안 사각의 링도, 존경했던 선수도 더 이상 아무런 조롱도 다그침도 하지 않는 것이 아닌가? 예전에 청년을 불편하게 만들었던 내면의 소리가 전혀 들리지 않았다. 이제 철이 든 것일까? 나이가 들어 성숙해져서 불필요한 내적 갈등이 생기지 않게 된 것일까?

행복한 밥벌이를 진지하게 꿈꾸면 현실이 두려워진다

뜬금없는 복싱 소년의 이야기에 당황했는지도 모르겠다. 바로 그 소년의 이야기 속에 행복한 밥벌이를 찾아가는 태도가 있다. 복싱 시합을 보지 못하는 소년과 복싱 시합을 즐길 수 있게 된 청년, 둘 중 누가 더 행복할까?

아마 대부분은 후자라고 답할 것이다. 안정적인 직장을 가지고 여유롭게 여가를 즐기는 것이니 말이다.

우선 이 이야기부터 해보자. 행복한 밥벌이란 뭔가 밝고 즐거운 것으로 생각하는 사람들이 많다. 맞다. 하지만 그것은 행복한 밥벌이를 하게 된 이후의 이야기다. 행복한 밥벌이로 가는 과정은 밝고 즐거운 이미지가 아니다. 오히려 고되고 힘들고 어둡고 불안한 이미지에 가까울 것이다.

행복한 밥벌이를 진지하게 꿈꾸기 시작하면 현실이 정말 두려워진다. 만약 행복한 밥벌이를 꿈꾸면서도 지금 주어진 현실이 전혀 두렵거나 불안해지지 않는다면 헛다리를 짚고 있는 것일 확률이 아주 높다. 행복한 밥벌이를 현실 도피용으로 사용 중이거나 아니면 모두에게 사랑받을 수 있는, 타인이 원하는 행복한 밥벌이를 꿈꾸고 있는 것일 테니까. 지금 고된 현실을 잠시 잊게 해줄 즐거운 상상 정도로 행복한 밥벌이를 생각하는데 그것이 밝고 즐겁지 않을 리가 없다. 마찬가지로 타인이 원하는 밥벌이를 꿈꾸는 사람은 언제나 타인으로부터 인정받고 격려받을 텐데 그것이 어찌 밝고 즐겁지 않을 수 있을까.

진짜 자신의 행복한 밥벌이를 이루고 싶다면 잔인할 정도로 높은 현실의 벽이 보여야 한다. 또한 자신이 진정 좋아하는 일로 밥벌이를 하기 위해서는 그 높은 현실의 벽을 넘을 수밖에 없다는 두려운 진실을 여지없이 직감하게 될 것이다. 목공예를 하고 싶은 직장인은 주말마다 새벽에 일어나 그것을 배우러 지방으로 갈 수밖에 없다. 디자이너를 꿈꾸는 직장인은 디자인 학원에 가기 위해 일찍 퇴근하느라 팀장과 동료의 눈치를 볼 수밖에 없다. 그뿐인가? 멀쩡한 직장 놔두고 쓸데없는 짓 한다는 주위 사람들의 핀잔과 조롱을 견뎌야 한다.

이제 다시 복싱을 좋아했던 소년의 이야기로 돌아갈 수 있을 것 같다. 그 소년은 철이 든 것도, 성숙한 것도 아니다. 자신의 행복한 밥벌이로부터 도망친 것일 뿐이다. 청년은 복싱 시합을 보는 것조차 못하게 만들었던 '네가 진짜 복싱을 좋아한다고? 그럼 링으로 올라와봐 새끼야!'라는 내면의 다그침을 극복했어야 했다. 그 다그침이 야기하는 불편함, 오기 같은 것들을 감내했어야 했다. 그것이 진짜 행복한 밥벌이의 시작이니까.

소년은 이제 자신의 꿈을 마치 영화를 보듯이 관조하기 시작했다. 직장인으로서 충분히 의미 있게 잘 살아내고 있다고 믿으면서 어린 시절 꿈은 순진했었다고 너무 쉽게 포기해버렸다. 하지만 그 소년은 알고 있을 것이다. 마음속에 찜찜한 무언가가 여전히 가시지 않았다는 것을. 그리고 그 찜찜함은 앞으로도 영원히 가시지 않을 것이라는 것을.

여기서 서글픈 예언을 하나 해야겠다. 그 소년은 지금보다 더 나이가 많아져도 절대 복싱을 떠나지 못하고 언제나 유령처럼 복싱 주위를 배회할 것이다. 한때 뜨겁게 꿈꾸었던 복싱이라는 꿈을 가슴속에 늘 눌러놓고 살 것이다. 그리고 자신을 끈질기게 괴롭혔던 먹고사는 문제가 더 이상 문제가 되지 못할 때가 되면 소년은 뒤늦게 한탄하며 말할지도 모른다. "어차피 한 번 사는 인생, 해보고 싶은 것을 할 걸……"이라고. 그보다 더 많이 성공하게 되면 복싱 선수들에게 격려금을 전달하는 사람이 될지도 모르겠다. '나도 한때 복싱 선수가 꿈이었다.'는 후회, 미련, 한탄 섞인 서글픈 격려를 하면서 말이다.

행복한 밥벌이를 너무 순진하게 생각해서는 안 된다. 언젠가 여러분을 정말 행복하게 만들어줄 밥벌이를 발견하게 된다면 분명 알게 될 것이다. 그 절망을, 그 두려움을, 그 외로움을, 그 불안을, 그 고됨을. 그때가 와도 두려워하거나 뒤로 물러나지 말자. 당연한 수순이니까. 현실의 높은 벽을 넘지 못하고서는 행복한 밥벌이는 없다. 다들 알고 있지 않나? 척박한 지금 우리의 삶을. 언제나 바쁜 업무, 잦은 출장, 빤한 월급, 갚지 못한 대출금, 매달 청구되는 보험금, 늘 빠듯한 생활비……. 이런 현실적인 조건들 속에서 행복한 밥벌이가 막막하게 느껴지는 것은 너무 당연한 일 아닌가?

하지만 반드시 넘어야 한다. 그리고 넘어야 한다고 생각하면 길이 보일 것이다. 나는 여러분들이 처한 삶의 조건들을 모르니 구체적인 방법을 말해 줄 수는 없다. 하지만 행복한 밥벌이를 찾은 사람들을 많이 만나고, 나 역시 그 길을 걸으면서 하나 확신할 수 있는 것이 있다. 행복한 밥벌이를 정말 절실하게 원한다면 분명 그 방법이 보인다는 것. 아주 높고 견고해 보이는 현실의 벽이지만 시간이 지나 막상 그 앞에 서보면 생각만큼 두렵지 않을 수도 있다. 어쩌면 많은 고민들로 인해 정신적 키가 훨씬 커졌기 때문인지도 모른다. 어찌 되었건 분명 그 벽은 넘을 수 있다.

'행복한 밥벌이'라는 생각을 잊은 사람

이제 행복한 밥벌이를 하고 있는 사람들의 이야기를 해보자. 우리의 최종 목적지라고 생각해도 좋다. 행복한 밥벌이라는 것이 완전히 체화되어 우리의 것이 되었을 때의 이야기다. 행복한 밥벌이를 찾고 그것을 가꿔나가는 동안에는 '행복한 밥벌이'라는 단어에 빠져 있을 수밖에 없다. 당연하다. 목적을 위해 달려가고 있을 때는 목적지에서 눈을 뗄 수 없으니까.

여기서 의문점이 하나 생긴다. 행복한 밥벌이라는 목적지에 도착해서 좋아하는 일로 밥벌이를 하고 있는 사람들은 어떨까? 그들 역시 우리처럼 행복한 밥벌이라는 관념에 사로잡혀 있을까?

그 대답의 힌트를 19세기의 프랑스 작가, '프랑수아 르네 드 샤토 브리앙'이 주고 있다.

그가 말한 '진정한 삶의 고수'가 바로 행복한 밥벌이를 하고 있는 사람이다. 르네의 이야기는 옳다. 행복한 밥벌이를 찾은 사람은 재미있는 경험을 하게 된다. 그들은 일과 놀이, 노동과 여가, 몸과 머리, 공부와 휴식의 경계가 무너지는 경험을 하게 된다.

역설적이게도 행복한 밥벌이를 제대로 찾은 사람은 더 이상 행복한 밥벌이라는 관념을 의식하지 않게 된다. '좋아하는 일을 하면 지지시 않는다'는 진부한 표현은 사실 일과 놀이, 노동과 여가의 경계가 무너졌기 때문에 생겨난 현상을 거칠게 표현한 것인지도 모른다. 행복한 밥벌이를 찾고 그것을 가꿔나가는 마지막 단계는 '행복한 밥벌이'라는 관념 자체를 잊는 것이다. 그때 비로소 우리는 정말 행복한 밥벌이를 하고 있다고 말할 수 있는 것이다.

달리 표현하자면 행복한 밥벌이는 완전히 현재를 사는 것이다. 직장에서 일을 할 때는 전혀 현재에 살지 못한다. 우리의 생각은, 짧게는 이번 달 월급날에 가 있고, 길게는 은퇴 후 행복한 미래에 가 있다. 하기 싫은 일을 할 때는 언제나 미래에 가 있다. 당연한 결과다. 지금의 곤욕과 고됨을 미래에 보상받을 수 있다고 여기지 못하고서는 이처럼 지랄 맞은 직장을 견뎌낼 수 없으니까 말이다. 미래를 준비하고 걱정하는 삶이 현명하고 합리적이라고 생각하겠지만, 이보다 어리석은 생각은 없다. 늘 미래에 사는 사람은 결코 행복할 수 없다. 발을 딛고 있는 오늘이 내일을 위해 저당 잡혀 있을 테니 말이다.

진정으로 행복한 밥벌이를 하면 오늘을 살 수 있다. 행복한 가수는 노래를 부르는 동안 돈을 얼마 받고, 그 돈으로 보험료를 내야 된다는 생각을 하지 않는다. 행복한 화가는 그림을 그리는 동안 그림이 얼마에 팔릴지 생각하지 않는다. 그들은 그저 노래 부르고 그림 그리는 현재에 몰입할 뿐이다. 나 역시 마찬가지다. 나는 글을 쓸 때만큼은 오늘을 산다. 위대한 가수와 화가들만큼 완전하지 못해서인지 종종 미래가 걱정되기도 하지만 적어도 글을 쓰는 시간만큼은 온전히 그것에 몰입한다.

온전히 현재를 사는지 아닌지 검증할 수 있는 방법은 이미 르네가 말했다. 어떤 일을 할 때 '일과 놀이, 노동과 여가, 몸과 머리, 공부와 휴식이 명확하게 구분되지 않는' 것이 바로 현재를 살고 있다는 방증이다. 행복한 밥벌이를 찾는 또 하나의 방법이 있는 셈이다. '그 일을 할 때 나는 완전히 현재에 살고 있는가?'를 물으면 된다. 좋아하는 영화를 볼 때, 사랑하는 연인과 데이트를 할 때는 미래를 걱정하지 않는다.

나에게 글쓰기는 분명 행복한 밥벌이다. 글을 쓸 때 나는 일을 하는 것이고 동시에 노는 것이다. 글을 쓰는 것이 노동이기도 하지만 동시에 쉬는 것이기도 하다. 이제 여러분에게 물을 차례다. 여러분은 어떤가? 직장일을 할 때 일과 놀이, 노동과 여가의 경계가 무너짐을 느끼나? 아니면 어떤 일을 할 때 그런 느낌을 받은 적이 있나? 직장의 일이든 아니든 일과 놀이, 노동과 휴식 사이의 경계를 무너뜨리고 여러분을 온전히 현재에 살 수 있게 해주는 일들을 찾고 계발해야 한다. 그것이 바로 행복한 밥벌이일 것이다.

07

여러분은 지금 어떤 밥벌이를 하고 있나요

행복한 밥벌이의 단계

행복한 밥벌이를 어떻게 생각하는지에 따라서 5가지 유형으로 나누었다. '행복한 밥벌이를 냉소하는 사람' '행복한 밥벌이를 도피처로 생각하는 사

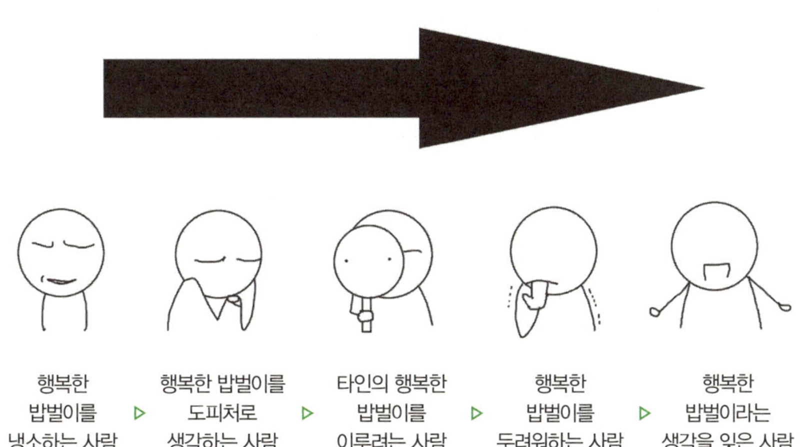

람' '타인의 행복한 밥벌이를 이루려는 사람' '행복한 밥벌이를 두려워하는 사람' '행복한 밥벌이라는 생각을 잊은 사람'

유형별로 나누긴 했지만 사실 여기에는 단계가 있다. 행복한 밥벌이로 가는 단계는 대략 앞 페이지의 일러스트와 같다. 예외적인 경우가 아니라면 대체로 이런 순서를 따라 행복한 밥벌이에 도달하게 될 것이다.

순서대로 하나씩 설명해보자. 일단 행복한 밥벌이를 냉소하는 사람은 설명할 것도 없다. 행복한 밥벌이 자체를 부정하는 사람이다. 하지만 스스로에 대한 애정이 조금이라도 있는 사람이라면 이 단계에 계속 머물 수는 없다. 자신을 사랑하는 사람이라면 좋아하지도 않고 의미도 없는 일만 계속하는 자신의 인생을 두고 볼 수만은 없을 테니까.

다음 단계는 행복한 밥벌이를 도피처로 여기는 사람, 즉 거짓 희망을 만드는 경우다. 한 번뿐인 인생, 하고 싶은 일을 해야 한다는 생각에 동의는 하지만 정작 실제적인 변화는 두려워하는 사람들이 주로 이 상태에 머문다. 이런 부류는 늘 '나는 곧 직장 그만두고 하고 싶은 일을 할 거야!'라고 말하지만 주어진 현실을 바꿀 그 어떤 변화나 실천을 도모하지는 않는다.

많은 직장인들이 이 두 개의 단계에 머문다. 내가 볼 때는 대략 70~80퍼센트의 직장인이 이 두 부류라고 보면 크게 틀리지 않은 것 같다.

다음 단계는 타인의 행복한 밥벌이를 이루려고 하는 경우 즉 행복한 밥벌이를 위해 실제적인 변화를 도모하지만 헛다리를 짚는 사람이다. 내가 아는 한 지인은 직장을 다니면서 밤잠을 줄여가며 MBA를 끝내고 마침내 그토록 원했던 컨설팅 기업으로 이직을 했지만 별로 달라진 게 없다는 사실을 토로했다. 그처럼 열심히 쫓았던 행복한 밥벌이가 사실은 타인의 행복한 밥벌이였음을 깨닫게 되는 경우다. 서글프다. 경력에서는 성공하고 인생에서는 실패하게 되는 경우니까. 서글픈 삶을 살고 싶지 않거든 전력 질주를 하기 전에 내가 가고자 하는 곳이 정말 내가 원하는 곳인지 반드시 점검해야 한다.

그 다음 단계는 행복한 밥벌이를 두려워하는 경우다. 진정으로 내가 원하는 행복한 밥벌이를 제대로 찾으면 일단 두렵다. 그 길을 먼저 간 선례를 찾기도 힘들고, 당장 현실적인 문제들이 눈앞에 속속 나타나기 시작할 것이다. 게다가 정말 운이 좋은 경우가 아니라면 애써 찾은 행복한 밥벌이를 인정하고 격려해줄 사람도 거의 없을 것이다. 하지만 너무 두려워할 필요는 없다. 아니 오히려 행복한 밥벌이 앞에서 깊은 두려움이 느껴진다면 환호를 해야 할지도 모른다. 제대로 길을 찾아 온 것이니까 말이다. 그러니 두려움을 감당하면서 그저 묵묵히 한 걸음씩 내디디면 된다.

마지막 단계는 행복한 밥벌이라는 생각을 잊어버리는 경우다. 정말 좋아하는 일로 밥벌이를 하게 되면 행복한 밥벌이라는 생각 자체를 더 이상 하지 않게 된다. 걸음을 걸을 때 '이번에는 오른발, 다음에는 왼발' 하는 식으로 인지하지 못하는 것처럼. 행복한 밥벌이가 삶으로 체화되면 '해야만 하는 일'이 '하고 싶은 일'이 되는 경험을 하게 된다. 행복한 밥벌이가 평범한 일상이 되는, 우리가 최종적으로 지향해야 되는 지점이다.

우리는 어디쯤 와 있을까?

책을 읽을 때 아니 적어도 이 책을 읽을 때만큼은 다른 사람 인생 구경하듯이 관조적으로 보지 않았으면 좋겠다. 그러면 정말 아무 도움도 안 된다. 그러니 이제 여러분에게 물을 차례다. 여러분은 행복한 밥벌이의 단계 중 어디쯤 와 있나?

각 단계별로 상세히 이야기한 이유는 지금 위치를 정확하게 인지시키기 위해서였다. 보조국사 지눌이 말하지 않았던가. "우리는 넘어진 곳에서 일어날 수밖에 없다."고. 우리는 지금 서 있는 자리에서부터 걸어나갈 수밖에 없다. 그러니 잔인하리만치 냉정하게 지금의 위치에 직면해야 한다.

에둘러 말하지 말자. 진정으로 행복한 밥벌이를 꿈꾼다면 최소한 그것이 두려워지는 단계까지는 와야 한다. 냉소하는 단계에 오래 있으면 '그래 내가 뭘 할 수 있겠어? 지금 직장이나 잘 다니지 뭐.'라는 냉소가 잠식해 들어올 것이고, 도피의 단계에 오래 머무르면 '내일은 어찌 잘 되겠지 뭐.'라며 거짓 희망이라는 모르핀에 중독되어 갈 것이다. 그리고 타인이 원하는 밥벌이를 하는 단계에 오래 머무르면 '아, 내가 원했던 것은 이게 아니었는데.'라며 때 늦은 후회를 하게 될 것이다.

진정 우리를 행복하게 해주는 일, 우리가 원하는 일을 시작하자. 그리고 기꺼이 불안과 두려움을 껴안자. 너무 불안하고 두렵다면 주저앉아 울어도 된다. 괜찮다. 눈물의 깊이만큼 더 성숙해져 있을 테니까. 진짜 행복한 밥벌 이는 불안과 두려움의 눈물 뒤에 숨어있다. 우리가 성숙해지지 못하고 늘 먹고사는 문제에 쫓기며 사는 이유는 그 절절한 눈물을 회피하려 하기 때 문이다. 감당해내자. 넘어야 할 현실이 있다면 담대하게 넘어서자.

행복한 밥벌이의 조건 중 몇 개를 만족하고 있을까?

우리는 지금 하는 일이 그다지 만족스럽지 못하다는 것은 어렴풋이 느 끼지만 구체적으로 어느 지점에서 행복하지 않은 것인지 명확히 알지 못한 다. 늘 바쁜 일상을 살아가느라 일을 총체적이고 종합적으로 바라볼 여유 가 없기 때문이다. 지금 하는 일 중 내게 어울리면서 만족스러운 부분과 그 렇지 않은 부분을 명확하게 구분할 필요가 있다.

지금 하는 일에서 배울 수 있는 것은 모두 다 배워야 한다. 그것이 앞으 로 행복한 밥벌이를 찾는 데 좋은 토대가 될 것이다.

일단 앞서 말한 행복한 밥벌이의 조건을 다시 한 번 찬찬히 살펴보자. 나는 행복한 밥벌이를 하기 위해서는 일곱 가지가 충족되어야 한다고 말했다. '돈, 재능, 욕망, 자유, 최종 생산물과의 거리, 사회적 지위, 사회적 기여'가 바로 그 일곱 가지였다. 하나씩 점검해보자. 어디가 문제인지.

우선 '사회적 지위'와 '사회적 기여'는 제외하자. 사회적 지위는 행복한 밥벌이를 찾고 어느 정도 시간이 지나야 획득할 수 있는 것이고, 사회적 기여는 행복한 밥벌이를 찾는 시점에서 고민하기에는 너무 뜬구름 잡는 이야기인 것 같으니까 말이다. 우선 남은 다섯 가지 조건으로 점검하는 편이 조금 더 현실적이다.

일단 돈부터. 가장 중요하지만 가장 심플한 문제다. 지금 직장에서 버는 돈으로 충분하다고 여기는 사람은 이 부분에 문제가 없는 것이고, 모자란다고 생각하는 사람은 이 부분에 문제가 있는 셈이다. 하지만 돈이라는 것은 아주 상대적이고, 자본주의 체제 내에서 사람들은 과도하게 탐욕적인 면이 있어서 이 부분은 조금 더 깊이 있게 논의해볼 필요가 있다. 우선 지금 하는 일로 버는 돈이 충분한지 아닌지만 점검하자.

다음은 재능을 한번 점검해보자. 행복한 밥벌이를 하려면 자신이 잘할 수 있는 일을 해야 한다. 지금 여러분은 잘할 수 있는 일을 하고 있나? 혹시 숫자라면 젬병인 사람이 회계팀에서 근무하고 있는 것 아닌가? 사람들과 커뮤니케이션을 잘하는 사람이 연구소에 처박혀 매일 설계나 연구만 하고 있는 것은 아닌가? 매일 열심히 하는 것 같은데 제대로 된 성과가 나오지 않는다면 자신의 재능을 잘 살릴 수 없는 일을 하고 있을 확률이 높다. 지금 자신의 일이 본인의 재능에 적합한지 점검해보고, 그것을 바탕으로 나의 재능은 무엇인지 고민해볼 필요가 있다.

이제 욕망이다. 우리는 모두 좋아하는 일을 해야 한다. 직장에서 자신이 하는 일을 좋아하나? 간혹 직장일을 좋아하는 사람도 있지만 대체로 자신이 좋아하는 일을 하지는 못한다. 직장이라는 공간은 태생적으로 사장이 원하는 일을 효율적으로 할 수 있게끔 만들어진 곳이니까. 하지만 지금 하는 일이 몽땅 마음에 들지 않는 경우도 드물다. 전체적으로는 싫지만 그중 일부 속성은 나의 욕망에 부합하는 것이 있을 수 있다. 예를 들자면, 보고서를 작성하는 것은 싫지만, 그 보고서를 사람들 앞에서 발표하는 것은 좋아하는 경우다. 자신이 하는 일 가운데 혹시 욕망과 부합하는 부분이 있는지 살피고, 만약 있다면 어떤 것인지 알아두는 것이 좋다.

자유에 대해서도 말해보자. 기본적으로 직장에는 자유가 없다. 직장인은 계약적 형식과 업무적 내용면에서 모두 노예의 그것과 흡사하다. 우리네 직장인은 사장이 원하는 일을 사장이 원할 때까지만 할 수 있을 뿐 일할 자유도, 일하지 않을 자유도, 일할 장소를 결정할 자유도 없다. 그럼에도 불구하고 직원들의 자유를 최대한 보장해주려는 꽤 괜찮은 직장이 아주 드물기는 하지만 있다. 그런 회사의 사장은 직원들에게 근본적이지는 않지만 주어진 조건 하에서 최대한의 자유를 보장해주려고 노력한다. 사실 이 정도만 되어도 직장이 어느 정도 만족할 만한 행복한 밥벌이가 될 수 있다. 그러니 여러분의 직장이 어느 정도의 자유를 인정해주는지 점검해야 한다.

최종 생산물과 거리가 어느 정도인지도 점검해야 한다. 내가 하는 일이 최종 생산물에 어떻게 쓰이는지 모르면 절대 행복한 밥벌이가 될 수 없다. 내가 하는 일이 바로 최종 생산물이 되지는 못하더라도 그 일이 어떤 영향을 미치는지 알아야 한다. 밥벌이의 행복 정도는 최종 생산물과의 거리에 반비례한다. 나의 일과 최종 생산물의 거리가 짧으면 짧아질수록 일은 즐거워지고 최종 생산물을 통제할 수 있는 범위만큼 일이 행복해진다.

행복한 밥벌이, 그 여행의 시작

자, 이제 답해보자. 위의 다섯 가지 중 몇 가지 정도를 만족하고 있나? 0~1개를 만족한다면 최악의 밥벌이를 하는 것이고, 두 세개 정도를 만족하면 대충 미봉할 수 있는 수준이고, 네다섯 개면 지금 하는 일이 행복한 밥벌이가 될 가능성이 아주 높은 셈이다. 여러분은 어떤가? 지금 하고 있는 일이 행복한 밥벌이가 될 수 있을 것 같나? 아니 희망은 보이나? 만약 그렇다면 지금 직장을 즐겁게 다니시라. 진심이다. 정말 운이 좋은 경우니까.

하지만 앞서 말한 다섯 가지 조건 중 하나도 만족하기 힘들다면 이야기는 조금 달라진다. 모르긴 몰라도 평범한 우리는 다섯 가지 조건들 중 하나도 제대로 만족하기 힘들 것이다. 박봉에 시달리면서 재능과 욕망? 이 무슨 얼어 죽을 이야기인가? 상사와 사장이 이 일을 시키면 이 일을 하고 저 일을 시키면 저 일을 해야 하는 것이 현실인데 말이다. 자유? 야근에, 주말 특근에 자유 같은 것은 월급에 퉁쳐버린 지 이미 오래다. 최종 생산물과의 거리? 그건 뭔 소린지도 모르겠다. 시키는 일만 하기도 급급한데 내가 하는 일이 회사가 만드는 제품에 어떻게 쓰이는지 알아서 뭘 한단 말인가.

이것이 아마 현실의 우리 모습 아닐까? 아주 운이 좋은 경우가 아니라면 대부분의 직장인들은 지금 자리에서 행복한 밥벌이를 하는 것은 불가능하다. 직설적으로 말하자면, 언제가 될지는 모르지만 행복한 밥벌이를 위해서는 지금의 직장을 버려야 한다는 것을 의미한다. 그럼 지금까지 우리가 검증한 것은 다 쓸데없는 짓이었나? 아니다. 지금의 직장을 점검해보라고 한 것은 지금 하는 일로는 결코 행복한 밥벌이에 도달할 수 없다는 잔인한 이야기를 다시 한 번 각인시키기 위해서만은 아니었다.

행복한 밥벌이의 다섯 가지 조건에 비추어 지금의 직장과 일을 점검하면서 우리는 아주 놀라운 사실에 직면하게 된다. 우리는 자기 자신을 잘 모른다는 사실이다. 정직하게 답해보자. 여러 가지 조건들을 점검하면서 '나는 이 정도 돈만 있으면 만족할 수 있는 사람이야!' '그래 나는 이런 것을 잘할 수 있는 재능을 가진 사람이었어!' '내가 정말 원하는 욕망은 이런 것이었어!'라고 스스로 속 시원하게 답할 수 있었던 것이 과연 몇 개나 있었나?

이것부터 인정해야 한다. 자기 자신에 대해서 잘 모른다는 사실 말이다. 우리는 돈이 얼마나 있으면 행복할 수 있는지 모른다. 무엇을 잘하는지, 무엇을 좋아하는지도 모른다. 게다가 자유의 제한을 어디까지 견딜 수 있는지도 모른다. 그러니 늘 참으며 사는 것이다. 직장을 떠나지 못하는 것도, 행복한 밥벌이를 찾지 못하는 것도 근본적인 이유는 자신을 잘 모르기 때문이다. '나'라는 비밀을 풀지 않고는 행복한 밥벌이는 요원하다. 내가 정작 하고 싶었던 이야기는 바로 이것이었다.

미로(Me路)를 따라서

01

미로를
찾아서

'직장에서는 행복할 수 없다!'라는 이야기를 할 때면 어김없이 나오는 질문이 있다. '그래서, 대안이 뭔데?' 때로는 분노 섞인, 때로는 냉소적인 뉘앙

스로 쏘듯이 하는 바로 그 질문에 답해보자.

맞다. 우리에게는 대안이 필요하다. 사실 직장이 우리를 행복하지 못하게 한다는 것쯤은 이미 다 알고 있는 이야기 아닌가. 로또가 당첨되든지 주식이 대박이 나든지 간에 그럴듯한 대안만 있다면 당장이라도 직장을 때려치울 수 있을 것 같다. 그러니 지긋지긋한 직장을 떠날 수 있는 대안이 무엇인지 한번 말해보자. 우선 '왜 직장을 떠나지 못하는지'에 대해서 말해보는 것이 좋겠다. 우리가 떠나지 못하는 이유가 바로 우리의 대안이 될 테니까.

대부분의 월급쟁이들이 직장을 떠나지 못하는 이유는 그놈의 '돈' 때문이란다. 인정한다. 하지만 돈만 있으면 이 꼴 저 꼴 안 보고 때려치울 거라고 말하는 사람은 장담컨대 직장을 그만두지 못할 거다. 왜? 일단 직장을 그만둘 만큼 넉넉한 돈이 생기지도 않을 테고, 그런 돈이 생긴다 하더라도 별달리 하고 싶은 일이 없으니 그냥 지금 직장을 다니게 될 테니까. 고민의 깊이가 겨우 그 정도인 사람은 단 한 번도 퇴사에 대해 진지하게 직면해보지 않은 사람이다. 기껏해야 관념적으로 '직장 그만두면 좋을 텐데' 정도의 허황된 망상을 하는 수준일 것이다. 절절하게 사표에 대해 직면해본 사람의 고민은 전혀 다른 지점에 있다.

직장을 그만두고 한참 지났을 즈음이었던 것 같다. 직장에서 함께 일했던 선배에게 느닷없이 전화가 왔다. 그 선배는 내가 직장을 그만둔다고 했을 때 마지막까지 걱정하며 만류했던 사람이다.

"좋냐? 직장 그만두니까?"
"그럼요. 직장 다니는 것보다 낫네요."
"그럼 다행이네."

"무슨 일이세요?"

"그냥……."

"무슨 일 있죠?"

"어……. 사실은 나도 직장을 그만두려고……."

"왜요?"

"매일 사람들하고 싸우는 것도 지쳤고, 뭐 하러 사나 싶기도 하고, 그래서."

"그만둬요, 괜찮아요."

"그렇겠지? 괜찮겠지? 지금은 네가 부럽다. 넌 네가 뭘 하고 싶은지, 뭘 좋아하는지 알잖아. 근데 나는 막상 그만두려고 하니까, 내가 뭘 좋아하는지, 뭘 잘할 수 있는지 도통 모르겠다. 그것만 알아도 조금 더 자신 있게 사표를 쓸 수 있을 것 같은데 말이다."

이제 2년 후면 불혹이 되는 그 선배의 고민이 바로 우리의 고민이다. 일요일 밤에 답답한 가슴을 부여잡고 베개에 눈물을 찔끔거리며 사표에 대해 고민해본 사람은 안다. 사표를 던지지 못하는 이유는 '내가 무엇을 좋아하고, 무엇을 잘할 수 있는가?'에 대한 질문에 답할 수 없어서라는 걸. 나이하고는 전혀 상관없는 문제다. 물리적 나이가 많다고 자신에 대해 잘 안다고 생각하면 심각한 오판이다. 그 선배는 40년이 다 되도록 자신과 살았는데 아직도 자신에 대해서 잘 모른다. 그나마 그 선배는 용감한 편이다. 어찌 보면 창피할 수도 있는 질문에 정직하게 직면했으니까. 대부분의 월급쟁이는 '나는 누구일까?'라는 중요한 질문을 매일 덮어두기에 바쁘다.

적어도 그 선배까지는 와야 된다. '내가 직장을 그만두지 못하는 이유는 정작 내가 누구인지 몰라서다.'라는 문제의식까지는 와야 된다. 내가 정말 좋아하는 일을 찾기만 하면 그 일을 하면서 돈을 좀 못 벌어도 상관없다는 '용기'가 생길 테고, 정말 잘할 수 있는 일을 찾기만 하면 한번 해볼 만하다는 '확신'이 생길 테니까 말이다. 용기에 확신까지 있다면 그놈의 사표로 종이비행기를 접어 꼴도 보기 싫은 팀장의 얼굴에 유유히 던질 수 있을 것이다. 상상만 해도 신나지 않나? 지긋지긋한 직장을 때려치우고 내가 좋아하고 잘할 수 있는 일을 하며 하루를 채운다는 상상.

우리는 정말 무엇을 하고 싶은지 모르기도 하지만 때론 이것저것 하고 싶은 것이 너무 많기도 하다. 다른 상태인 것 같지만 둘 다 이유는 같다. 자신을 잘 모르기 때문이다. 우리가 누구인지만 안다면 지금 겪고 있는 문제의 대부분은 해결될 것이다. 성공하기 위해서는 독창적인 사람이 되라느니, 유일한 사람이 되라느니, 창의력 있는 사람이 되라느니 하는 헛소리에 현혹될 필요 없다. 내가 어찌 생겨먹었는지를 알고 그대로 살아내면 된다. 그냥 '내'가 되면 된다. 사회가, 부모가 강요했던 '내'가 아니라 진짜 '내'가 될 수만 있다면 우리는 자연스럽게 독창적이고, 유일하고, 창의력 넘치는 사람이 될 수 있다. 바로 '내'가 세상에 유일무이한 사람이니까 말이다. 그리고 다른 사람 흉내 내는 삶, 이제 좀 지겹지 않나?

직장을 그만두고 행복한 밥벌이로 가기 위해서는 제일 먼저 나를 찾아가는 길에 올라서야 한다. 이제 그 길을 '미로'(ME-路)라고 하자. 나(ME)를 찾아가는 길(路). 일단 이 미로를 풀어야 한다. 돈, 돈, 돈이 전부라고 외치는 사회와 부모 때문에 복잡하게 엉켜버린 미로를 풀어보자. 그 미로 끝에 '내가 언제 행복했는지, 내가 언제 두근거렸는지, 나는 무엇을 좋아하는지, 나는 어떤 일을 잘했는지'에 대한 답이 있을 것이다. 행복한 밥벌이로 가는 여행은 바로 거기서부터 시작해야 한다. 우리의 대안은 로또도 주식도 아니다. 우리의 진짜 대안은 바로 미로에 있다.

02

나는 무엇을
잘할 수 있을까

재능은 무엇일까?

"신은 저에게 당신을 찬미할 음악에 대한 열정을 주시고 재능은 왜 주지 않으셨습니까?"

모차르트의 재능을 너무나 부러워했던 '살리에리'라는 사람이 자신의 재능 없음을 탄식하며 내뱉은 유명한 볼멘소리다. 살리에리는 이탈리아에서 세간의 찬사를 얻었던 음악가였다. 유년기 때부터 음악에 재능을 보여 1766년에는 빈 궁정으로부터 초청을 받았고, 빈에 머무르며 1788년에는 궁정작곡가로 임명되었다. 그러나 정작 후세에 살리에리라는 이름을 알게 된 것은, 안타깝게도 그의 음악적 역량이 아니라 당대 천재였던 볼프강 아마데우스 모차르트의 재능을 시기, 질투하며 각을 세운 대립 구도 때문이었다.

대체 한 사람을 이토록 좌절케 한 재능이란 대체 무엇인가?

재능은 어떤 일을 하는 데 필요한 자질이나 능력을 말한다. 어떤 사람에게는 행운, 또 어떤 사람에게는 불행이겠지만 우리는 어쩔 수 없이 부모에게 받은 몸으로 잘할 수 있는 것과 잘할 수 없는 것이 일정 정도 정해진다. 후천적인 노력으로 이 재능이라는 것을 습득할 수 있기도 하지만 근본적인 한계가 있다. 많은 노력에도 불구하고 자신의 재능 없음을 한탄했던 살리에리처럼 말이다.

잔인한 이야기일지 모르지만 좋은 지능을 물려받지 못한 아이는 주구장창 책상에 앉아서 공부해도 성적은 언제나 신통치 않고, 좋은 신체적 능력을 물려받지 못한 아이는 축구를 할 때 공이 지나가고 난 다음에 헛발질을 할 수밖에 없다. 명석한 학자들의 자녀가 공부를 잘하고, 운동 선수의 아이들이 운동을 잘하는 것을 단순히 우연이라고 볼 수만은 없다.

하지만 너무 상심할 필요는 없다. 세상 모든 일에 재능이 있는 사람도 없지만 단 하나의 재능도 없는 사람 역시 존재하지 않으니까 말이다. 아무리 평범해 보이는 사람도 자신이 잘할 수 있는 분야 하나 정도는 있게 마련이다. 다만 아직 그 분야를 찾지 못했을 뿐. 평범한 사람이 있는 것이 아니라 아직 자신이 잘할 수 있는 분야를 찾지 못한 사람들만 존재하는 것이다. 불행의 시작은 그다지 재능이 없는 분야에서 너무 과도한 욕심을 낼 때 발생하는 것이다.

자신이 잘할 수 있는 분야를 찾기만 하면 조금 더 쉽게 행복한 밥벌이로 다가설 수 있을 것이다. 당연하다. 자신이 잘할 수 있는 분야가 있다는 것을 알게 되면 지금의 괴로운 직장에 머무를 이유가 없으니까. 또 자신이 잘할 수 있는 분야를 알게 되면 조금 더 쉽게 용기를 내어 그 길을 걸어갈 수 있게 될 것이다. 행복한 밥벌이를 찾아가는 길에서 재능은, 불안은 덜어주고 확신은 더해줄 것이다.

우리는 우리가 무엇을 잘하는지 알 수가 없다

김연아 선수가 금메달을 따고 난 후 피겨 스케이팅 조기 교육 붐이 일었고, 박태환 선수가 금메달을 따고 난 이후에 아이들은 너나 할 것 없이 수영장으로 달려갔다. '혹시 우리 아이도 김연아나 박태환이 될 자질이 있는 건 아닐까?' 하는 부모들의 촌스러운 멘탈리티 때문이었다. 물론 자식들이 잘할 수 있는 일을 하루라도 먼저 찾아주려는 부모의 마음은 당연한 일이다. 하지만 그것을 부모의 사랑이라고 말하지는 말자. 그것은 그저 부모의 욕심일 뿐이다.

정직하게 말하자면 대부분의 부모가 아이들의 재능에 목을 매는 이유는 아이들의 자아실현이나 행복한 삶을 위해서가 아니다. 자식들을 스케이트장과 수영장으로 보낸 부모들은 아이들이 스케이트를 타고 수영하는 것이 정말 행복해 보여서가 아니라 조금 더 손쉽게 김연아와 박태환이 가진 돈, 명예 같은 것을 자식에게 물려주고 싶었던 것일 뿐이다. 그러니 그것이 어찌 촌스럽지 않을 수 있을까? 게다가 유행 따라가기 식으로는 자식들의 진정한 재능을 찾을 수도 없으니, 어리석은 일이기까지 하다.

우리는 우리가 무엇을 잘하는지 알지 못한다. 나이가 든다고 해도 변하는 건 없다. 왜 그런 걸까? 우리 사회가 돈이 될 것 같은 자질만을 재능이라고 너무 성급하게 규정해버렸기 때문이다. 돈이 될 것 같지 않은 재능은 쓸데없는 것이라고 치부하기 일쑤였다.

김연아가 있기 전에 한 여학생이 '저는 피겨 스케이팅을 잘하는 것 같아요.'라고 말했다면 쓸데없는 소리 말고 공부나 하라고 면박을 받았을 것이 분명하다. 전혀 돈이 안 되는 재능이라 여겼을 테니까. 예나 지금이나 부모가 그렇게도 싫다는 공부를 억지로 시키는 이유는 자식에게 재능이 있어서도, 학문의 즐거움을 알게 해주기 위해서도 아니다. 그나마 공부를 하는 것이 운동이나 예술을 하는 것보다 돈을 안정적으로 벌 확률이 높기 때문이라고 생각해서일 뿐이다.

맞다. 어차피 밥은 먹고 살아야 하니 자신이 가진 재능으로 돈을 버는 것은 당연한 일이다. 자질도 없는 일에 매달려 좌절감에 괴로워하는 삶보다 잘할 수 있는 일을 하며 인정받는 삶이 훨씬 낫다. 하지만 돈을 잘 벌게 해주는 도구의 측면에서 재능을 바라보는 것은 심각한 문제를 야기한다. 돈을 찍어내는 도구로서 재능에 천착하면 정작 자신만의 진짜 재능은 영영 찾을 수 없게 된다. 역설적이게도 돈을 벌기 위해서 재능을 찾다 보면 정작 그 재능을 점점 더 찾기 힘들어진다는 말이다.

재능은 지금까지 재능이라 이름 붙여지지 않은 것까지 재능이다

'당신의 재능은 무엇인가?' '당신은 무엇을 잘할 수 있나?' 여러분은 이 질문에 대체로 답할 수 없을 것이다. 짧지 않은 인생을 살았음에도 불구하고 여전히 잘할 수 있는 것을 찾지 못한 이유는 뭘까? 답은 간단하다. 세상이 재능이라고 정의해놓은 것들이 아주 협소한 탓이다.

처음으로 돌아가자. 도대체 재능이란 뭘까? 나는 재능을 이렇게 정의한다. '재능은 지금까지 재능이라고 이름 붙여지지 않은 것까지 재능이다.'라고. 우리는 협소하게 정의된 재능의 범위를 확장해야만 한다. 우리는 언제나 선례에 목을 맨다. '누가 이렇게 했다더라, 그래서 성공했다더라.'에 집착한다. 돌아보자. 옆집 아이가 공부해서 서울대를 갔다고 해서 우리도 열심히 공부하면 서울대 갈 수 있었나? 앞집 아이가 운동을 잘해서 특기생으로 대학을 갔다고 우리도 열심히 운동을 하면 특기생이 될 수 있었나? 죽도록 하면 못할 것도 없지만, 가능성은 아주 희박하다. 지금 우리 사회가 재능이라고 인정하는 것이 과연 몇 개나 있을까? 기껏해야 숫자를 잘 이해하는 수리력, 무엇인가를 잘 외우는 암기력, 언어를 빨리 읽고 이해하는 언어력 혹은 몸을 잘 움직이는 예체능적 능력들뿐이다.

어렵게 말할 것 없이 공부를 잘하거나 그림, 음악 혹은 운동을 잘하는 것 이외에는 재능이라고 인정받고 격려받을 만한 것이 별로 없다. 공부, 운동, 그림, 음악에 소질이 없는 평범한 사람들은 그저 중간만 하면 다행이라는 열패감에 시달리며 학창 시절을 보내야 했다. 나 역시 마찬가지였다. 공부와 운동은 늘 중간이었고 그림, 음악은 완전 젬병이었다. 단 한 사람도 내게 '너도 무엇인가 잘할 수 있는 것이 있을 거야.'라는 이야기를 해주는 사람이 없었다.

그렇다면 정말 나는 잘할 수 있는 것이 단 하나도 없는 사람이었을까? 앞서도 말했지만 나는 공부를 잘하지 못했다. 암기력이 떨어져 뭘 잘 외우지도 못했고 게다가 언어력이 떨어져 언제나 수능시험의 언어, 외국어 영역 시간은 지문을 반 정도 읽을 때쯤이면 종이 울렸다. 그런데 지금의 나는 전혀 다르다. 한 번 읽은 책의 줄거리와 요지를 술술 말할 수 있고, 글도 예전보다 훨씬 빨리 그리고 정확하게 읽어 낼 수 있다. 확신하건대 지금 다시 수능을 치면 언어와 외국어 능력 점수는 학창 시절보다 훨씬 높게 나올 거다. 내게 무슨 일이 생긴 걸까? 총명탕을 먹은 것도 아니고, 번개를 맞은 것도 아니고, 자고 일어나니 갑자기 머리가 좋아진 것도 아니다. 단지 내가 무엇을 잘하는지 알게 되었을 뿐이다.

나는 다른 사람들보다 '감정이입능력'이 좋다. 어린 시절 누군가와 이야기할 때 마치 내가 그 사람이 된 것처럼 그 사람의 감정을 느낀 적이 많았다. 그때는 그것이 나의 재능인지 몰랐다. 당연하다. 단 한 사람도 그런 것이 재능이 될 수 있다고 말해주는 사람이 없었으니까. 그런데 서른이 다 되어갈 때쯤 알게 되었다. 그것이 너무나 소중한 재능이라는 것을. 내가 잘할 수 있는 것이 무엇인지 알게 된 이후 내 삶은 급격하게 변했다.

지금 읽은 책의 요점을 술술 외우고, 예전보다 문장 독해력이 훨씬 좋아진 까닭은 책을 읽는 것이 아니라 그 책의 작가 속으로 들어가기 때문이다. 나는 결코 책을 읽지 않는다. 작가 속으로 들어가서 그 작가가 본 것을 나도 보고, 그 작가가 느꼈던 감정을 나도 느끼다 보면 그가 말하고 싶은 것이 자연스럽게 외워지고, 자연히 읽는 속도도 빨라지는 것이다. 마치 어렸을 때 친구들과 수다를 떨 때 그 친구 속으로 들어갔던 것처럼 말이다.

어린 시절 친구들과 이야기를 할 때 나는 그가 되었다. 친구 부모의 이혼 이야기를 들으면 나도 모르게 눈물이 고였고, 친구가 아버지와 함께 동물원에 갔던 이야기를 하면 슬며시 미소가 지어졌다. 그와 이야기를 나누는 동안 그가 본 것을 나도 보고, 그가 느꼈던 감정을 나도 느꼈던 것이다.

그때서야 알았다. 내가 학창 시절에 공부를 못했던 이유를. 그 어떤 교과서도 내가 들어갈 감정의 문을 열어두지 않았기 때문이었다. 감정이입을 해야 외우고 읽어지는데, 아무런 감정도 없는 무미건조하고 딱딱한 교과서는 일체의 감정이입을 허용하지 않았다. 그러니 교과서를 외우지 못했고, 빨리 읽지 못했다. 지금도 딱딱한 교재 같은 책은 읽지 못한다. 작가의 감정이 절절히 녹아나는 글을 잘 외우고 독해할 수 있을 뿐이다. 내 재능은 거기까지인 셈이다. 더 욕심내지도 않는다. 지금 내가 가진 재능만으로도 나는 충분히 행복하니까.

100명이 있으면 100개의 재능이 있다. 사람은 다 다르니까. 감정이입능력이 재능이 될 수 있다고 누구도 말하지 않는다. 그런데 그것이 내 재능이다. 선례에 얽매여 누군가가 되려고 하면 재능은 없다. 가끔 사회 선배들이 그런 말을 한다. "학교 우등생이 사회 열등생이 되기도 하고 학교 열등생이 사회 우등생이 되기도 한다." 학교에서 사용되는 재능은 매우 한정적인 반면 사회라는 곳에서 필요로 하는 재능은 아주 다양할 수 있다는 것을 경험으로 알게 된 사회 선배들이 거칠게 표현한 것일 테다. 세상을 살아가는 데 필요한 재능은 정말 다양하다. 학교 열등생이 사회에서 우등생이 된 것은, 말하자면 누구도 인정해주지 않았던 재능이, 자신조차 몰랐던 그 재능이 사회라는 다양한 환경을 만나 꽃을 피운 경우일 것이다.

비단 내 이야기만이 아니다. 세상에는 정말 밑도 끝도 없는 재능도 많다. 일본의 공포 만화 작가로 유명한 '이토 준지'라는 사람이 있다. 그가 가진 재능은 무엇일까? '이토 준지'는 사회의 통념적인 관점에서 보면 소심한 오타쿠이거나 정신병 환자일지도 모른다. 그는 밤에 무심히 커튼이 날리는 것만 봐도 그 뒤에서 괴물이 스물스물 기어 나오는 장면이 생생하게 상상된다고 한다. 정신병적 기질이라 불릴 만한 것이 바로 그의 유일무이한 재능이었던 것이다. 그는 그 재능으로 만화를 그렸고, 일본에서는 영화로도 만들어질 만큼 유명한 만화 작가가 되었다.

재능의 새로운 패러다임

정말 자신의 재능을 찾고 싶다면 사회가 협소하게 정의해놓은 재능이라는 틀을 깨부서야만 한다. 이것은 일정 부분 과학적으로도 증명된 이야기다. 데이비드 셴크가 쓴 《우리 안의 천재성》이라는 책 속으로 들어가보자.

2만 2,000개 정도 되는 유전자들은 하나의 완성된 청사진이라기보다는 볼륨 높낮이를 조절하는 손잡이나 스위치에 더 가깝다. 우리 몸속의 모든 세포 안에 거대한 조절판이 있다고 생각해보자. 이 많은 손잡이와 스위치들은 다른 유전자나 환경으로부터의 미세한 변화에 의해 켜지고, 꺼지고, 강해지기도 하고, 약해지기도 한다. 이런 활동은 지속적으로 일어난다. 아이가 잉태될 때부터 시작해서 죽기 바로 직전까지 지속된다. 유전자와 환경의 상호작용은, 어떻게 한 특성이 발현되어야 하는가를 알려주는 것이 아니라, 모든 개개인이 자신만의 유일한 발달 경로를 따라가도록 한다.

셍크는, 재능은 유전자와 환경의 상호작용으로 발현된다고 말한다. 2만 2,000개나 될 정도로 많은 유전자들이 상호작용을 하기도 하고, 심지어 환경의 영향을 받아 수없이 변할 수 있다고 말한다. 쉽게 말해 여러 가지 복잡직인 이유들로 인해 재능은 엄청나게 다양하고 그 범위가 아주 넓을 수밖에 없다는 이야기다. 그는 소수로 한정되는 '희소한 재능'이라는 기존의 '재능 패러다임'은 새로 발굴되는 여러 과학적 증거로 인해 한계에 봉착하고 있다고 말한다. 대신 수많은 변수에 의해 아주 다양한 재능이 생길 수 있다는 '풍족한 재능'(talent abundance)이라는 새로운 패러다임을 제시한다. 셍크 역시 '재능은 지금까지 재능이라고 이름 붙여지지 않은 것까지 재능이다.'라는 이야기에 동의하고 있는 셈이다.

코넬 대학의 발달 심리학자인 스티븐 세시는 "우리는 발현되지 않은 유전적 잠재성이 얼마나 존재하는지 알 수 없습니다."라고 말했다. 이는 곧 재능에 대한 사회적 통념을 받아들이기 시작하면 자신만의 재능을 찾을 기회는 영영 사라질 수밖에 없다는 이야기이기도 하다.

우리에게 재능이 없는 것이 아니다. 다만 아직 그것을 발견하지 못했을 뿐이다. 이것은 단순히 듣기 좋은 격려나 위로가 아니다. 분명한 사실이다. 그러니 여전히 우리가 잘할 수 있는 것을 찾지 못했다면 포기하지 말고 악착같이 잘할 수 있는 것들을 찾기를 멈추어서는 안 된다. 우리 속에 아직 발견되지 않은 보석이 얼마나 더 있을지 알 수 없으니까. 잊지 말자. 재능은 지금까지 재능이라 이름 붙여지지 않은 것까지 재능이라는 사실을.

재능은 당연한 것이라 여기기 때문에 찾기 어렵다

자신의 재능은 참 찾기 어렵다. 일단 사회가 돈이 될 것 같은 자질만 재능이라고 협소하게 정의한 탓도 있겠지만 중요한 이유가 또 있다. 자기 자신을 당연하게 여기기 때문이다. 무슨 말인고 하니, 인간은 다른 동물과 달리 자의식이 강한 탓에 자신이 세상의 중심이라고 생각하기 쉽다. 아울러 내가 생각하고 느끼는 것처럼 상대방도 그럴 거라고 생각하는 경향이 있다. 그래서 타고난 지능으로 공부를 잘하는 사람은 공부를 못하는 친구를 이해하지 못한다.

고등학교 시절, 전교 1등을 도맡아 하던 친구에게 어려운 수학문제를 물어보면 의아한 표정을 지으며 '이렇게 쉬운 걸 왜 못한단 말이야?'라고 말하곤 했다. 운동을 잘하는 사람도 마찬가지다. '달리기가 이렇게 쉬운데 쟤는 왜 저렇게 느린 거야?'라고 생각한다. 그때는 그 친구들을 재수 없는 놈이라 생각했지만 이제는 그 녀석들의 심정이 이해가 간다. 그들은 자신에게는 너무나 당연한 것을 다른 사람들이 하지 못하는 것을 진심으로 이해하지 못한 것이다.

사회에서 인정해주는 소수의 재능을 가진 사람은 운이 좋은 것이다. 사회적 통념에 부합되는 재능을 가진 사람은 언제나 상대적 우월감을 느끼게 되고 그 우월감은 이내 자신감이 되니까. 하지만 아직 재능이라 명명되지 않은 재능은 이야기가 다르다.

다시 내 이야기로 돌아가보자. 나는 세상 모든 사람들이 다른 사람들의 이야기에 쉽게 감정이입이 되는 줄 알았다. 그래서 가끔은 다른 연인들의 대화를 들으며 남자들이 답답하게 여겨진 적이 많았다. 속으로 '야 임마, 여자친구가 듣고 싶은 말은 그게 아니잖아. 걔는 웃고 있지만 지금 속상한 거야!'라고 느낀 적이 한두 번이 아니었다. 그것은 머리 좋은 아이들이 공부 못하는 아이를 볼 때 느꼈던 답답함이나, 운동을 잘하는 아이가 운동을 못하는 아이를 볼 때 느끼는 당혹감과 같은 것이었다.

이토 준지라면 아마 세상 모든 사람들이 커튼만 보면 뒤에서 괴물이 스물스물 기어 나올 것처럼 느낀다고 생각했을지도 모른다. 그리고 다른 사람들이 그렇지 않다는 것을 처음 알았을 때 그는 당혹스러웠을 것이다. 다행히 이토 준지는 그것을 재능으로 잘 승화시켰지만, 우리는 대부분 커튼 뒤에서 무엇인가 나올 것 같은 기분이 들면 그림을 그려볼 생각을 하는 것이 아니라 병원을 가보려고 할 것이다. 재능은 다른 사람과 근본적으로 다른 오직 나만의 것에 있다. 나에게는 당연한 것인데, 상대방에게는 당연한 것이 아닌 것, 내게는 자연스러운데 상대방에게는 전혀 그렇지 않은 것, 바로 그 지점에 우리의 재능이 있다. 그 지점을 끊임없이 고민해야 한다. 이것이 핵심이다.

재능은 완전한 자기다움이다

자신의 재능을 찾는 방법을 하나 더 말해보자. 그러기 위해서는 재능에 대한 정의가 하나 더 필요하다. 재능은 완전한 자기다움이다. 앞서 재능이라는 것이 나에게 자연스럽고 당연한 것인데 상대방에게는 그렇지 않은 것이라고 말했다. 그렇다. 재능은 흉내 내기가 아니다. 재능은 이미 내 속에 있는 것을 찾아 발현해야 하는 것이다. 다른 사람과는 다른 오직 나만의 것이 바로 재능이다. 달리 말하자면 완전히 자기다울 수 있다면 자신만의 재능을 찾을 수 있다는 의미다. 하지만 규격화, 표준화를 지향하는 자본주의 탓에 우리는 우리다운 개성을 많이 잃어버렸다. 지금 우리에게 개성은 없다. 나의 개성을 살린답시고 사 입는 옷은 이미 수만 명이 입고 다니고 있고, 하나뿐인 나를 표현하기 위해 하는 화장은 어제 드라마에 나온 여주인공이 했던 것과 같은 것이다.

우리는 사실 전혀 개성이 없는 사람들이다. 흉내 내기가 아니라면 기껏해야 명품 가방, 외제차, 성형수술, 식스팩으로 '나는 평범한 사람과는 다른 사람이야'라는 구별 짓기 정도 수준이다. 이건 개성도 뭣도 아니다. 돈과 약간의 의지만 있다면 누구나 가질 수 있는 흉내 내기, 구별 짓기 따위는 자기다움이 아니다. 교활한 자본이 양산한 흉내 내고 구별 지으려는 분위기 탓에 우리는 재능을 더 찾기 어려워졌다.

이렇게 말해보자. 자기답다는 것은 자연스럽다는 의미다. 나는 기본적으로 어떤 일을 하기 위해 태어난 존재는 없다고 생각한다. 자신이 살아가야 할 의미는 자신이 찾는 것이지 그 의미가 미리 존재하고 그 의미를 따라야 하는 것이 아니다. 하지만 어떤 일을 할 때 가장 자연스러운 것은 분명 존재한다. 말은 뛰기 위해 태어난 것은 아니지만 뛰는 것이 가장 자연스럽다. 물고기는 헤엄을 치기 위해서 태어난 것은 아니지만 헤엄치는 것이 가장 자연스럽다. 우리도 마찬가지다. 무엇을 하기 위해 태어난 사람은 아니지만 어떤 것을 할 때 가장 자연스러운 것이 있게 마련이다. 나 역시 타인에게 감정이입을 하려고 태어난 것은 아니지만 그것이 자연스럽다.

수영천재 마이클 펠프스 역시 수영을 하려고 태어난 것은 아니지만 193센티미터의 키, 일반적인 서양인에 비해 짧은 다리, 350밀리미터의 발 사이즈를 보면 수영을 하는 것이 가장 자연스러운 사람임은 분명하다. 펠프스가 가장 자기답게 할 수 있는 일이 바로 수영인 셈이다.

아직 재능을 찾지 못했다 해도 좌절할 필요는 없다. 재능은 거창한 것이 아니니까. 아무 보잘것없는 우리에게도 자연스러운 것 하나쯤은 있게 마련이다. 억지스러운 노력을 들이지 않아도 되는 그런 일. 재능을 찾고 싶다면 그냥 내버려두어도 물 흘러가는 것처럼 내게 자연스러운 것들을 찾아야 한다. 그런 자기다움을 온전히 회복할 때 우리만의 소중한 재능을 발견할 수 있을 것이다. 잊지 말자. 우리에게 재능이 없는 것이 아니라, 아직 그것을 발견하지 못했을 뿐이라는 사실을.

03

재능 찾기 사용 설명서
실천강령

1. 부모의 삶을 탐색하자

이제 재능이라는 것이 어떤 것이고, 왜 우리가 재능을 찾지 못했는지도 알았으니 이제부터는 재능을 찾기 위한 구체적인 실천강령을 말해보자.

재능은 완전한 자기다움이라고 앞서 말했다. 맞다. 재능은 이미 내 속에 있는 것이다. 조금 더 구체적으로 말하면 '재능이란 어린 시절부터 자연스럽게, 자신도 모르게, 무의식적으로 반복해왔던 행동 패턴'이라는 의미다.

그런데 이 자기다움은 어디서 온 것일까? 하늘에서 뚝 떨어진 걸까? 아니다. 자기다움은 우리의 피와 뼈 속에 각인되어 있는 것이다. 그럼 우리의 피와 뼈는 어디서 왔을까? 당연히 부모나 조상으로부터 온 것이다. 우리의 재능을 만들어준 사람은 바로 우리의 부모다. 피와 뼈라고 거칠게 표현했지만 현대 과학을 빌려 말하면 그것은 유전자일 것이다. 그러니 재능을 찾는 가장 현명한 방법은 부모를 살펴보는 일이다.

학자 부모를 둔 사람은 꼭 학자가 아니더라도 조용히 글을 읽거나 사색하는 것에 재능이 있을 확률이 높고, 농구 선수 부모를 둔 사람은 꼭 농구가 아니더라도 몸을 움직이는 운동에 재능이 있을 확률이 높다. 그러니 제일 먼저 부모의 직업을 살펴보자. 여러분의 부모가 한눈에 구별되는 직업을 가졌다면 운이 좋은 편이다. 부모의 직업이 음악가, 소설가, 운동 선수, 변호사 같은 것이라면 보다 손쉽게 재능의 흔적을 찾을 수 있을 테니까.

하지만 안타깝게도 우리는 대부분 운이 없다. 운이 없는 사람에게는 여전히 문제가 있다. 우리네 부모 세대의 대부분은 먹고사는 문제에 목을 매느라 자신의 자질이나 재능 따위는 고려조차 해보지 못했을 확률이 높다. 안타깝게도 그네들이 살았던 시대는 그런 시대였으니까. 부모의 직업이 평범한 회사원, 공무원이거나 치킨집 사장이라면 그네들의 직업을 통해서 어

떤 부분에 재능이 있는지 전혀 알 수가 없다.

그래도 남은 방법이 있다. 부모를 인터뷰해보시라. 시간을 내어 함께 여행을 가도 좋고, 조용한 카페에서 몇 시간 이야기를 나누는 것도 좋다. 찬찬히 그들의 삶으로 들어가보자. 어린 시절 무엇을 잘했는지, 어떤 것에 관심이 있었는지 말이다. 부모와 그처럼 오래 시간 함께 살았지만 사실 그네들을 잘 모른다. 진지하게 그들과 이야기해본 적이 거의 없으니까. 진지하게 부모를 인터뷰하다 보면 깜짝 놀랄 때가 있을 것이다.

어머니는 지금이야 집에서 밥하고 빨래를 하는 사람이지만 한때는 대학가요제에서 입상을 한 적이 있는, 가수를 꿈꾸는 연분홍 소녀였을지도 모른다. 또 아버지는 지금은 직장의 만년 차장이지만 한때는 신춘문예에 당선되었던 적도 있는, 소설가를 꿈꾸는 푸른 청년이었을지도 모른다. 그때가 되면 우리는 알게 될지도 모른다. 내가 왜 노래를 하는 것에 그토록 끌렸는지, 내가 왜 틈만 나면 무엇인가를 쓰고 싶었는지 말이다. 우리의 재능은 결국 부모에게서 물려받은 몸에 각인되어 있는 것이니까.

안다. 조금 어색할 수도 있고, 낯간지러울 수도 있다는 거. 안 해보던 짓이니까. 나 역시 무뚝뚝한 경상도 남자라 집에서는 생존에 필요한 것이 아니면 부모와 거의 대화를 하지 않는 편이었다. 하지만 목욕탕에 불이 났는데 옷가지를 챙길 여유가 어디 있나? 당시 나는 숨 막히는 직장을 벗어나고 싶었고, 그러기 위해서는 정말 나의 재능이 무엇인지 알아야만 했다. 어색하고 낯간지러움 정도는 아무것도 아니었다. 그래서 부모를 인터뷰했고, 나의 재능에 대해 나름 여러 가지 힌트를 얻었다. 이 방법은 투자 대비 효과가 뛰어나다. 다들 꼭 한번 시도해보시라.

그럼에도 불구하고 여전히 또 문제가 남는다. 부모를 인터뷰해도 딱히 이렇다 할 재능에 대한 힌트를 얻지 못할 수 있다. 수없이 많은 선조들의 다양한 유전자가 '짬뽕되어' 있어서 특출나게 두드러지는 단 하나의 재능은 없는 것처럼 보일 수도 있다. 게다가 생활의 곤궁함과 삶의 부대낌으로 자신의 재능이 발현될 단 한 번의 기회조차 없었을 수도 있다. 하지만 포기는 말자. 또 다른 방법이 있으니까.

2. 친구에게 메일을 쓰자

자신의 재능을 쉽사리 발견하지 못하는 이유 중 하나가 재능은 자연스럽기 때문이다. 나에게 쉽고 자연스러운 것은 다른 사람에게도 역시 그럴 것이라 생각하기 쉽다. 우리의 소중한 재능은 그렇게 우리를 스쳐 지나갔을 확률이 높다. 속절없이 스쳐 지나갔던 재능을 다시 부여잡을 방법이 있다. 어린 시절 오랫동안 함께했던 친구들에게 메일을 한 통 쓰면 된다. 길 필요도 없다. '어렸을 때 내가 다른 사람보다 무엇을 잘했던 것 같아?' '어렸을 때 내가 특별했던 것이 무엇이었지?' 정도면 된다.

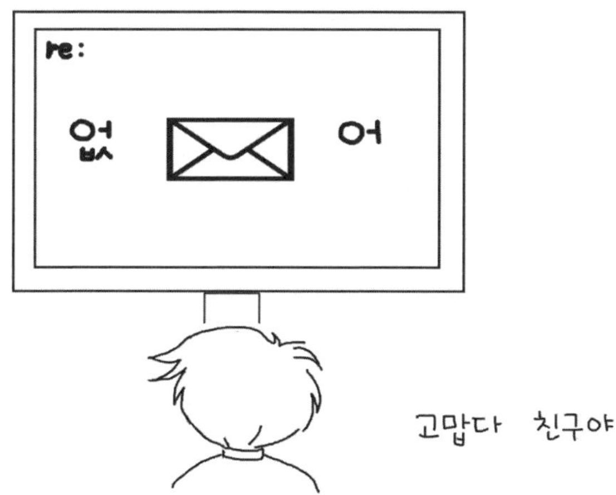

몇 가지 주의사항이 있다. 메일을 보내는 대상은 꽤 긴 시간 동안 함께
한 사람이어야 한다. 그래야 사소하지만 특별했던 나의 재능의 흔적을 찾
아줄 테니까. 나는 초등학교, 중학교, 고등학교, 군대로 그룹을 나누어서
메일을 보냈다. 물론 각 그룹에서 나와 친하게 지냈던 친구들에게.

그리고 또 하나, 최대한 많은 사람에게 메일을 보내는 것이 좋다. 그래야
크로스로 검증할 수 있으니까. 헤어진 여자친구에게도 메일을 보내면 참 좋
은데, 자칫 '찌질이'로 오해받을 수 있으니 아쉽지만 그건 건너뛰자.

이 방법, 생각보다 효과가 좋다. 어린 시절 발표를 잘해서 자주 칭찬을 받
았다는 사실을 나는 알지 못했었고, 친구들에게 편지를 자주 써주었다는
사실도 전혀 알지 못했다. 내 지인들이 그 메일의 답장을 해주기 전까지는.
그들의 답장에서 나는 스쳐 지나갔던 재능의 단초를 다시 부여잡을 수 있
었다. 여러분도 분명 그럴 것이다. 무엇 하나 특별한 것 없는 평범한 사람이
라 여기겠지만 돌아보면 여러분 역시 사소하지만 특별하고 잘하는 것이 하
나쯤은 있을 것이다. 다만 눈치 채지 못했을 뿐. 오랜 시간 함께했던 친구들
의 답장을 읽으며 행복한 유년 시절의 기억이 떠올라 미소를 짓게 되는 것
은 덤이다. 이래저래 남는 장사다. 당장 친구들에게 진심어린 메일을 한 통
씩 보내자! 쪽팔린다고 미루지 말고.

3. 혼자 있으면 재능을 발견할 수 없다

이제 절대로 자신의 재능을 찾을 수 없는 방법을 말해보자. 그것은 혼자
있는 것이다. 제발 자기를 찾는다고 혼자 여행을 가거나 절에 들어가지 마시
라. 자신을 알기 위해 혼자만의 시간과 공간을 허용하는 것은 반드시 필요
하지만, 타인과 자신을 충분히 비교하며 들여다본 이후에나 필요한 일이다.

자신의 재능을 찾고 싶다면 다양한 사람들과 만나야 한다. 친구들에게

메일을 보내는 것과 같은 맥락이다. 우리는 우리의 재능을 당연하다고 생각한다. 그러므로 나에게는 아주 익숙하고 자연스러운 것인데 다른 사람들에게는 그렇지 않은 부분을 끊임없이 탐색해야 한다. 일정 기간 동안 주위 모든 사람들에게 촉각을 곤두세우고 지켜보아야 한다. 그러다 보면 어느 순간 알게 된다. 나에게 아주 자연스러운 어떤 것이 다른 사람에게는 굉장히 부자연스럽게 보이는 지점을 발견하게 된다. 이것이 핵심이다. 아주 사소한 것이라도 상관없다.

매일 다니는 직장에서도 충분히 찾을 수 있다. 전반적으로 사람들은 업무를 할 때 전체 그림을 먼저 그리고 일하는 것을 자연스럽게 여기지만 나는 전혀 그렇지 않았다. 나는 처음부터 전체적인 구상을 하는 것이 아니라 구체적인 업무들을 하나씩 진행한 후에 전체를 맞추어 나가는 업무 스타일이 더 자연스러웠다. 즉 나는 구체적인 일들을 즉흥적으로 진행하는 것에 재능이 있는 사람이었다.

재능은 사소한 것에서 출발해야 한다. 조각조각의 사소함이 모일 때 비로소 재능이라는 퍼즐이 완성되는 것이다.

재능을 찾고 싶다면 많은 사람들과 함께해야 한다. 나에게는 자연스럽지만 타인에게는 부자연스러운 것들을 끈덕지게 찾아내야 한다. 번거롭고 피곤한 일이기는 하지만 재능을 찾기 위해서 꼭 필요한 일이다. 세상에 공짜는 없다. 일상생활의 혁명을 가능하게 해줄 재능을 쉽게 찾을 수 있을 거라 생각한다면 그건 도둑놈 심보다. 세상 모든 일이 그렇듯이 재능을 찾는 덕목 역시 단연 '끈덕지게'다.

4. 아무 생각 없이 놀자

재능을 찾고 싶나? 일단 놀자. 정말이다. 우리에게 숨겨진 재능을 찾고 싶다면 일단 놀아야 한다. 재능은 자연스러움이다. 자연스럽다는 것은 일체의 억지스러움을 벗어버린다는 의미다. 우리가 여태껏 재능을 찾지 못한 이유는 늘 목적, 목표를 위한 삶을 살아와서인지도 모른다. 재능 있는 화가가 처음 그림을 그린 이유는 돈을 벌거나 유명해지고 싶어서가 아니다. 그냥 그림을 가지고 논 것이다. 재능 있는 소설가가 처음 글을 쓰기 시작한 이유도 그냥 글을 쓰는 것이 재미있어서다. 자신의 재능을 찾는 사람들의 공통점은 일정 기간 동안 자연스럽게 놀았다는 점이다.

인생에서 한 번쯤은 의식적이고 억지스러운 노력에 대한 강박을 훌쩍 벗어던지고 온전히 놀아볼 필요가 있다. 그렇게 놀면서 자연스럽고 자기다운 것을 회복해야 한다. 어린 시절 아무 목적이나 목표 없이 끌렸던 것들을 다시 찾아내 복원해야 한다. '그거 하면 밥이 나오냐, 쌀이 나오냐?'라는, 지긋지긋하게 내면화된 목표의식을 제거하지 않는다면 재능을 찾는 일은 처음부터 불가능한 일이다. 자연스럽게 물이 흘러가게 두었을 때 물이 고이게 되는 지점을 인내하면서 찾아야 된다. 그곳이 바로 우리의 재능이 존재하는 곳이다.

유능한 프로그래머를 한 명 알고 있다. 업계에서 그를 따라올 사람이 없을 정도라고 한다. 그는 분명 프로그래밍을 하는 재능이 있는 것 같다. 하지만 그는 프로그래밍을 잘하고 싶다는 생각을 한 적이 없단다. 그냥 재미있단다. 그러니 프로그램을 더 잘해서 연봉을 올리고 싶다는 사람들보다 더 잘할 수밖에 없는 것이다.

그냥 놀아야 된다. 아이러니하게도 우리네 월급쟁이에게는 이것이 제일 어렵다. 휴식은 이미 또 다시 직장에서 일을 하기 위한 준비 과정이 되어버렸으니까 말이다. 마치 다 방전된 건전지를 충전하듯이 휴식에도 목적과 목표가 생겨버린 셈이다. 직장인에게 휴식은 정확하게 말해 충전일 뿐이다.

그래서 더 노골적인 '논다'라는 단어를 쓴 것이다. 최소한 노는 것에는 목적과 목표가 없으니까 말이다.

단 한 번이라도 아무런 목적이나 목표 없이 산 적이 있었던가? 일하는 것도, 쉬는 것도, 여행 가는 것도, 다 목적을 이루기 위해서 아니었나? 행선지를 정하지 않고 집을 나서본 적이 있나? 계획을 세우지 않고 여행을 나선 적이 있었나? 목적 없이 책을 손에 든 적이 있었나? 목적 없이 사람을 만난 적이 있었나? 아마 거의 없을 것이다. 이러니 재능을 찾지 못하는 것이다. 자연스러운 우리 내면의 목소리에 귀를 기울인 적이 없으니 재능을 찾지 못할 수밖에. 목적과 목표 없이 움직이는 것은 무책임한 행동이라는 노예의식에 사로잡혀서는 안 된다.

그것은 분명 노예의식이다. 여러분이 생각하는 목적과 목표는 결코 여러분이 원하는 것이 아닐 테니까 말이다. 정직하게 말하자면 우리 대부분의 목적과 목표는 '돈' 아닌가? 그런데 정작 돈을 벌고 싶은 것은 여러분 내면에서 나온 목소리가 맞는 걸까? 그것도 확신할 수 없다. 자본과 매체, 사회가 겁박하고 회유해서 강요된 목소리인지도 모른다. 그러니 그 알량한 목적, 목표 역시 진정 우리가 원하는 것이 아닐지도 모른다. 휴일에 쉬는 것도 다시 직장으로 가서 돈을 벌어야 하기 때문이고, 처세술 책을 읽는 것도 직장을 더 오래 다니면서 돈을 벌어야 하기 때문이고, 사람을 만나는 것도 인맥을 넓혀 돈을 벌고 싶기 때문이다.

이제 내면화된 그 지겨운 목표의식은 내려놓고 좀 놀자! 그냥 아무 생각 없이 좀 놀자. 서점에 가서 끌리는 책 한 권 집어서 그냥 읽자. 길을 가다가 끌리는 영화가 있으면 그냥 보자. 라디오에서 흘러나오는 노래가 좋다면 앨범을 사서 그냥 듣자. 그렇게 그냥 아무 생각 없이 놀다 보면 우리의 재능이 서서히 정체를 드러낼 것이다. 로또가 별 게 아니다. 내가 잘할 수 있는 일을 찾는 게 바로 로또다. 인생에 한 번 정도는 아무 생각 없이 놀 수 있는 시간을 주어야 되지 않을까? 고된 현실에서 매일 열심히 사는 우리에게 그 정도 선물은 해주어도 좋은 것 아닐까?

5. 재능을 찾고 싶다면 남의 평가에 휘둘려서는 안 된다

재능을 찾고 싶다면 남의 평가에 휘둘려서는 안 된다. 더 적나라하게 말하면 다른 사람에게 욕먹을 각오를 해야 한다. 우리 주위에는 내가 아무 재능도 없는 사람이라고 말할 준비가 되어 있는 사람들로 넘쳐난다. 당연하다. 나도 재능 없이 비루하게 살고 있는데 옆 사람이 인생을 뒤바꿀 재능을 찾는 것이 편할 리가 없다. 인간은 결국 남의 불행을 먹고 사는 존재들이니까 말이다. 그리고 우리 주변에 돈이 되는 재능만을 재능이라고 여기는 인간들은 또 얼마나 많은가? 처음으로 직장 선배에게 나의 재능에 대해 말했을 때가 아직도 기억난다.

"선배님, 전 다른 사람에게 감정이입을 하는 재능이 있는 것 같아요."

선배 왈. "지랄하네, 영어 공부나 해!"

우리 주위 사람들은 대충 다 이런 식이다.

아직 재능을 찾지 못했다 해도 그것이 당신에게 재능이 없다는 의미는 아니다. 다만 당신이 가진 재능이 현재의 기준으로 재능이라 분류되지 못한 재능이란 의미일 뿐이다. 그 말은 또한 당신만의 재능을 찾는 과정을 힐난하고 폄하할 사람들이 많다는 이야기이고, 당신만의 재능을 찾았다고 해도 그것을 인정하고, 응원하고, 격려해줄 사람은 거의 없다는 의미이기도 하다. 그러니 다른 사람들 신경 쓰지 마시라. 남들이 하는 비난과 폄하 정도는 가뿐히 무시하시라. 아니 오히려 그들을 위로해주시라. 그들은 죽을 때까지 자신이 무엇을 잘할 수 있는지 알지도 못한 채 삶을 마감할 테니까.

그리고 하나 더. 남의 칭찬에도 휘둘리지 마시라. 우리는 칭찬에 굉장히 취약하다. 우리 모두는 훌륭한 사람을 좋아하고 쓰레기 같은 인간들을 싫어하는 것 같지만, 사실은 그게 아니다. 우리를 칭찬해주는 사람이 곧 훌륭한 사람이 되고, 우리를 비난하고 욕하는 사람들이 곧 쓰레기가 된다. 돌아보라. 어제까지 쓰레기 같은 인간이라고 욕하던 부장도 다음 날 우리를 입이 마르도록 칭찬해주면 그는 훌륭한 상사가 되곤 하지 않았던가. 우리의 놀라운 허접함이 여기에 있다.

복잡하게 말할 것 없이 상사나 사장이 영어 공부하는 것을 칭찬해준다고 해서 그것을 하려고 하면 안 된다는 말이다. 타인의 칭찬에 이리저리 휘둘린다면 재능 찾기는 이미 물 건너갔다고 보아야 된다. 다른 사람이 칭찬하는 일에는 여러분의 재능이 없다.

아직 재능을 찾지 못했다면 그것은 아직 당신이 해보지 않은 것들 중에 당신의 재능이 있다는 의미다. 그러니 여러분만의 재능을 잘 찾아가고 있는지는 주위 사람들에게 얼마나 욕을 먹고 있는지를 보면 된다. 다시 한 번 말하지만 여러분 주위에 여러분의 재능을 찾아가는 과정을 응원해줄 사람은 없다고 생각해야 한다. 그 정도로 괜찮은 사람은 정말 드무니까. 차라리 여러분이 재능을 찾은 뒤에 그런 괜찮은 사람이 되는 것이 가장 빠른 방법일 것이다. 절대 욕먹는 것에 쫄지 마시라. 오히려 욕먹을 때마다 희열을 느끼시라. 여러분만의 재능을 잘 찾아가고 있는 것이니 말이다.

6. 위악을 실천해보자

위와 비슷한 맥락에서, 재능을 찾기 위해서는 위악(僞惡)을 해보아야 한다. 앞서 말한 것처럼 지금까지 재능을 찾지 못한 이유는 잘할 만한 일을 아직 만나보지 못했다는 의미다. 그렇다면 잘할 수 있는 그 일을 왜 여태껏 만나지 못한 것일까? 그 이유를 밝히는 것은 아주 중요하다. 철학자 강신주의 '위악이라는 비범한 의지'라는 글의 일부를 들여다보자.

이상(1910~1937)의 비범함은 바로 여기에서 찾을 수 있을 것 같습니다. 그는 위악의 방법론을 우리에게 가르쳐주기 때문입니다. 타자가 선(善)이라고 원하는 것을 그대로 자신도 선이라고 욕망한다면, 이 경우 선(善)은 진정한 선이 아니라, 위선(僞善)일 수밖에 없을 겁니다. 그렇다면 말입니다. 나 자신이 악(惡)이라고 생각하는 것을 직접 실천해보는 겁니다. 힘들지만 충분히 익숙해질 때까지 악을 실천해보는 겁니다. 다행스럽게도 우리에게 그것이 행복을 준다면, 우리는 나 자신이 소망하는 진정한 선을 발견할 수 있지 않을까요? "그대는 이따금 그대가 제일 싫어하는 음식을 탐식하는 아이러니를 실천해보아야 한다."고 이상이 말했던 이유도 바로 여기에 있습니다. (중략)
자신만의 선을 찾기 위해 당분간 위악의 제스처가 불가피한 것 아닐까요? 읽고 싶지 않은 책을 읽고, 읽고 싶은 책은 읽지 마세요. 싫어하는 사람을 사랑하고, 사랑하는 사람을 미워해보세요. 슬플 때 웃으려 하고 웃길 때는 울려고 노력해보세요. 이런 노력을 반복하다 보면, 우리는 점점 자신이 진정으로 원하는 것을 발견하게 될 것이고 당연히 그만큼 당당한 주체로 성장해나갈 수 있을 것입니다.

이 글을 통해서 우리는 이제껏 재능을 발견하지 못한 비밀을 풀 수 있다.
공부를 잘해서 의사가 된 친구가 있다. 그는 학창 시절에 틈만 나면 문제집 뒤에 그림을 그리곤 했다. 하지만 친구나 선생에게 자신이 그림을 그리고 있는 것을 들킬 때면 화들짝 놀라곤 했다. 공부를 잘해야만 하는 그 친구에게는 그림을 그리는 것이 악이었던 셈이다. 그는 사실 그림 그리는 것에 재능이 있었을지도 모른다. 하지만 그는 그것을 악이라 규정해버렸기에 자신의 재능을 사장시켰던 것이다. 우리들 역시 다른 사람이 선이라고 규정한 것들을 충실히 따라오느라 자신만의 재능을 잃어버렸던 것일지도 모른다.

서른이 훌쩍 넘어 고등학교 시절을 생각해보면 씁쓸한 기억이 많다. 운동을 할 때마다 발군의 능력을 뽐내던 친구가 '운동만은 절대 안 된다!'라고 말하는 부모 때문에 매일 책상에 앉아서 공부만 했다. 운동장에 나가서 농구를 할 때면 날아다니던 그 친구가 교실에 앉아서 《수학의 정석》을 공부하느라 괴로워하던 그 모습이 아직도 생각난다.

지금 돌아보면 훨훨 날아다닐 수 있는 새를 새장 속에 가둬 사육시킨 것은 아니었나 하는 생각이 든다. 부모에게 운동한 것을 들킬까 봐 늘 웃옷을 벗고 농구를 해야만 했던 그 친구에게 운동은 분명 악이었을 것이다. 지금은 연락이 되지 않는 그 친구가 너무 늦지 않게 운동이라는 위악을 '힘들지만 충분히 익숙해질 때까지 실천해보는' 용기를 낼 수 있었기를 바란다. 만약 그랬다면 자신의 재능을 훨훨 펼칠 수 있었을 테니까.

아직 재능을 찾지 못한 것은 강요된 선을 실천하느라 다양한 경험을 하지 못했기 때문이다. 그러니 지금 필요한 것은 위악을 충분히 실천해보는 것이다. "읽고 싶지 않은 책을 읽고, 읽고 싶은 책은 읽지 마세요. 싫어하는 사람을 사랑하고, 사랑하는 사람을 미워해보세요."라는 강신주의 말처럼 절대 해서는 안 된다고 생각하는 위악을 하나씩 실천해보자. 더 늦기 전에, 당장 오늘부터 우리가 악이라고 규정했던 악이 아닌 악, 위악들을 시도해보자. 그렇게 우리의 보석 같은 재능을 찾자.

7. 시도해보지 않으면 재능은 없다

가끔 광고로 쓰기에 아까울 만큼 좋은 광고 카피들이 있다. 그중 단연 압권은 'Just do it'이다. 이 광고 카피는 재능을 찾는 데도 아주 유용하다. 아니 필수적이다.

이제까지 재능을 탐색할 수 있는 여러 가지 구체적 방법들을 말했다. 그럼 위의 방법들만으로 재능을 찾을 수 있느냐? 절대 아니다. 우리가 찾아낸 것은 재능이 아니라 엄밀히 말하면 가능성일 뿐이다. 그러니 그 가능성들이 정말 우리의 재능인지 아닌지 검증해야 한다. 어찌 검증하느냐? 'Just do it'이다. 일단 해봐야 한다. 머릿속으로 백날 생각만 해봐야 우리가 찾아낸 자질이 정말 재능인지 알 수도 없고, 확신도 안 선다.

이제껏 말한 방법을 통해 재능이 될 만한 자질을 찾아낸 친구가 한 명 있다. 하지만 그 친구는 몇 가지 자질을 가지고 매일 생각만 한다. 자신의 재능이 맞는지 아닌지. 그리고 나를 만날 때마다 묻는다. "이게 내 재능 맞을까?" 내 대답은 간단하다. "나야 모르지~." 정말 나는 모른다. 나는 그가 아니니까. 그 역시 모른다. 해보지 않았으니까. 그 친구는 애써 찾은 그 자질들을 가지고 '이건 아마 아닐 거야! 그럼 이건가? 아니야, 아니야, 이것은 돈이 안 될 것 같아. 그럼 이건? 이건 다른 사람이 더 잘할 거야.'라고 혼자 그렇게 아무 소득 없이 생각만 하느라 시간을 허비하고 있다. 아마 지금도 재능을 찾지 못했을 것이다. 옆에서 보고 있으면 안타깝기 그지없다.

그냥 해보면 된다. 해보기 전까지는 기껏 발견한 가능성이 재능인지 아닌지 알 길이 없다. 그림에 자질이 있는 것 같으면 일단 일정 기간 동안 그림을 그려보자. 글을 쓰는 것에 자질이 있는 것 같으면 일정 기간 동안 글을 써보자. 운동에 자질이 있는 것 같으면 더 늦기 전에 일단 해보자. 한방에 재능을 찾을 수 있을 거라 욕심을 부리지 말고 여러 가지를 몸으로 부딪치며 시도해보자. 운이 좋으면 단박에 운명처럼 알게 될 수도 있다. 그렇지 않다면 일정 기간 동안 지속적으로 하나씩 해보자. 얼마나 오래? 그건 잘 모르겠다. 기간은 사람에 따라 다른 것 같다. 하지만 분명한 것은 고민해서 찾은 자질을 일정 기간 지속하다 보면 각자만의 느낌이 온다는 사실이다. 그것이 나의 재능이 맞는지 아닌지 하는 느낌 말이다. 그 느낌이 궁금하다면 좋아하는 일을 일단 해보시라.

노파심에서 마지막으로 덧붙일 말이 있다. 재능을 찾는 시도를 의무라고 생각하지 말자. 너무 부담 가질 필요 없다. 거창하게 '도전'이라고 말하지도 말자. 그냥 '시도' 정도로 가볍게 생각해도 좋다. 아니 우리의 무료한 삶에 활력을 줄 즐거운 취미생활 정도로 생각하는 것은 어떨까? 재능을 찾는 것마저 우리 삶의 숙제가 되어버리는 것은 너무 슬프지 않을까?

재능을 찾는 일은 꽤 시간이 걸릴 수도 있으니 지치면 안 된다. 지치지 않으려면 너무 조바심내지 말고 부담 갖지 말고 즐겨야 한다. 그렇게 즐겁게 이것저것 시도하다 보면 숨겨진 재능을 발견할 수 있다.

그렇게 발견한 재능은 매일 반복되는 우리 일상을 혁명할 파괴력 있는 무기가 될 것이다. 언제나 먹고사는 문제에 전전긍긍하면서 사표를 던지지 못하는 우리가 그토록 원하는 것이 바로 우리의 '재능'이니까 말이다. 뭔가 잘할 수 있는 것 하나 정도는 있다는 믿음은 직장을 나서려 할 때 분명 아주 큰 힘이 될 것이다. 당연하다. 우리가 그 고되고 치사스러운 직장을 그만두지 못하는 이유는 바로 '잘하는 것 하나 없는 내가 여기 아니면 먹고살 것이 없을 것 같다.'는 불안 때문이니까.

04

재능 찾기 사용 설명서 주의사항

재능을 찾았으면 그것을 재능으로 믿어야 한다

여러 가지 자기 탐색의 결과로 자신의 가능성들을 알게 되었고, 다양한 시도를 통해 그 가능성이 재능이라는 느낌이 왔다고 가정해보자. 그럼 이제 모든 것이 다 끝난 걸까? 아니다. 꽤 많이 온 것이기는 하지만 아직 한 걸음이 더 남았다.

내 경험을 말해보자. 나는 자기 탐색과 여러 가지 시도를 통해 재능이라 할 만한 것들을 찾고도 여전히 의구심이 있었다. '이게 정말 나의 재능이 맞을까?'라는.

생각해보면 당연한 일이다. 강력한 자기 확신을 가지지 못한 상황에서는 타인의 평가에 일정 정도 의지할 수밖에 없다. 박태환은 분명 자신이 수영을 잘한다고 확신했을 것이다. 하지만 그의 확신에는 타인의 인정과 칭찬이 일정 부분 반영되어 있을 수밖에 없다. 어렵게 말할 것 없이 불특정 다수가 수영에 재능이 있다고 말해주었기에 박태환 역시 자신의 재능을 확신할 수 있었던 것이다. 인간은 일정 정도는 어쩔 수 없이 타인이라는 거울로 자신을 비춰볼 수밖에 없다는 말이다.

그렇다면 불특정 다수가 누군가의 재능을 인정하는 순간은 언제인가? 식견과 통찰력이 남다른 소수는 아직 발현되지 않은 잠재력만 보고도 재능을 알아챈다. 하지만 대부분의 평범한 사람들은 구체적인 성공과 성취를 보고 난 이후에야 재능을 인정하게 마련이다. 그럼에 재능이 있다는 것을 인정받기 위해서는 하다못해 그림 그리기 방학숙제로 작은 상이라도 하나 타야 한다. 그런 작은 성취라도 이루어낸 이후에야 비로소 주변 사람들에게 재능에 대한 인정을 받을 수 있을 것이다. 그렇게 받은 작은 인정, 칭찬으로 인해 스스로도 자신의 재능을 인정하게 된다.

재능은 누구에게나 있지만 날카로움의 정도는 분명 차이가 있는 것 같다. 나는 글 쓰는 것에 분명 재능이 있지만, 그 재능의 날카로움이 박태환이나 김연아에 비할 바는 못 되는 것 같다. 타고난 재능이 예리한 사람들이 성취를 빨리 하는 것은 너무도 당연한 일이다. 그런 사람들은 아주 어린 시절부터 두각을 나타내곤 한다. 하지만 대부분 우리의 재능은 무디다. 그러니 남다른 성취를 만들기도 어렵고, 그것이 정말 재능인지 확신도 못하는 것이다. 안타깝긴 하지만 현실은 현실이다.

결국 자신의 재능에 확신을 가지려면 타인의 인정이 필요한데, 여기에서 묘한 악순환이 발생한다. 날카롭지 못한 재능을 가진 사람은 쉽사리 남다른 성취를 내지 못한다. 그러니 당연히 타인은 그 날카롭지 못한 재능을 인정해주지 않고, 그 사람은 자신의 재능에 더욱 확신을 가지지 못하게 되는 것이다.

아마도 평범한, 그래서 날카롭지 못한 우리의 재능이 사장되었던 곳이 바로 이 지점일 것이다. 뭔가 이것을 잘하는 것 같긴 한데 '이것이 정말 내가 잘하는 것이 맞긴 한 걸까?'라는 아리송한 의구심에 늘 시달리는 그 지점 말이다. 그래서 좋은 선생, 좋은 부모, 좋은 친구가 필요한 것인지 모른다. 오직 우리를 진심으로 사랑하는 좋은 사람들만이 우리의 무딘 재능을 격려해주고 응원해줄 테니까 말이다. 그때 우리는 조금 쉽게 그 악순환을 깨고 나올 수 있을 것이다.

우리의 재능에 확신을 가지기 위해서는 타인의 인정이 필요하다. 하지만 우리는 당장 성취를 낼 만큼 날카로운 재능을 가지지 못했다. 이도저도 안 되고 어찌해야 하나? 답은 우리가 쥐고 있다. 아니 우리밖에 답을 가진 사람이 없다고 하는 것이 더 정확한 표현이겠다. 충분히 모색하고 다양하게 시도하면서 찾아낸 것이라면 그것을 자신의 재능이라고 믿어야 한다. 잔인한 이야기일지 모르지만 타인은 실제로 성취를 낼 때까지는 결코 우리의 재능을 믿어주지 않을 것이다. 오히려 미친 짓이라고 폄하할 것이다. 하지만 단 한 사람만은 믿어주어야 한다. 바로 자기 자신이다. 스스로 자신을 믿어주지 않으면 우리를 믿어줄 사람은 아무도 없을지 모른다.

무딘 재능이 작은 성취로 나타날 때까지 우리가 발견한 것이 정말 나의 재능이 맞다고 믿으면서 버텨야 한다. 내가 처음 책을 쓰겠다고 했을 때 '어린 시절 글짓기로 상 한 번 받아본 적도 없는 공돌이가 무슨 책을 쓴다는 말이야.'라는 이야기를 수도 없이 들어야 했다. 첫 책을 낼 때 원고를 보낸 출판사만 300군데가 넘었다. 298군데서 퇴짜를 맞았다. 나는 그때마다 어김없이 불안했다. 그리고 '나는 글 쓰는 것에 재능이 없는 사람인지도 몰라.'라는 의구심에 늘 시달렸다.

하지만 모두가 나를 믿어주지 않을 때도 나 혼자만은 나를 믿어주었다. 아니 '이것이 아니면 나에게 재능이란 없다.'라고 절박하게 생각했다. 나를 믿어주었다기보다는 모색하고 시도하며 찾아낸 재능에 절박하게 매달렸다는 표현이 더 적절할 것 같다. 실제로 평범하기 그지없는 내 삶을 돌아보았을 때 딱히 잘하는 것도, 내세울 만한 것도 정말 없었으니까. 하지만 불안하고 의구심에 시달렸던 시간이 지난 뒤 알게 되었다. 그것이 정말 나의 재능이었다는 사실을. 그리고 지금 주위의 몇몇은 내게 작가가 될 가능성이 있다거나 작가로서 재능이 있다고 말해주기도 한다.

결과를 내기 전에는 아무도 우리를 인정해주지 않는다. 아무도 우리를 믿어주지 않는 그 외롭고 불안한 시간을 견뎌내야 한다. 그 힘든 시간을 버티는 방법은 자신의 재능을 스스로 믿어주는 것 이외에는 없다. 주위 사람들의 폄하와 냉소에 의연하게 맞서며 자신의 재능을 갈고 닦아 나가야 한다. 작은 결과라도 낼 수 있을 때까지. 그리고 비로소 작은 결과라도 내게 되었을 때 그 외롭고 불안한 시간도 끝날 것이다.

재능의 함정 1 : 효율의 수단으로서 재능

재능은 소중하고 중요한 것이다. 하지만 조심해야 할 것이 몇 가지 있다.

자칫 재능이라는 것에 과도하게 집착하다 보면 재능보다 중요한 것을 놓치게 될 수 있다. 우선 이것부터 말해보자. 우리네 직장인들은 재능에 관심이 많다. 서점에 가면 재능이나 강점에 관한 책들이 넘쳐나고, 재능을 찾아준다는 여러 가지 강연이나 프로그램도 심심치 않게 접할 수 있음이 이를 증명해준다. 우리는 지금도 재능을 찾아준다는 이야기를 들으면 귀가 솔깃해진다. 왜 그럴까?

우리가 그토록 재능에 집착하는 이유는 행복한 삶을 살기 위해서가 아니라 보다 간편하고 손쉽게 혹은 최대한 헛수고는 하지 않으면서 사람들이 말하는 세속적인 성공에 도달하고 싶어서다. 복권만 당첨되면 당장 인생역전할 수 있다고 믿는 것처럼 재능 역시 그처럼 천박하게 생각하는 것이다. 재능에만 집착하는 사람은 조금 더 현실적이고 조금 더 장기적인 관점의 복권 당첨을 기대하는 것뿐인 셈이다.

먹고살기 위해서 재능을 찾는 것은 전혀 문제가 아니다. 오히려 권장되어야 할 태도다. 자신이 무엇을 잘할 수 있을지 고민하지 않고 주어진 일에만 휩쓸리다 보면 자칫 기본적인 밥벌이조차 위협받을 수도 있으니까 말이다. 하지만 적게 노력하고 최대한 성과를 많이 내게 해주는 효율적인 도구의 측면에서 재능을 보는 것은 심각한 문제를 야기한다. 이것은 그냥 도둑놈 심보일 뿐이다. 재능은 요술 지팡이가 아니다. 재능만 찾게 되면 당장 모든 것이 잘 풀릴 거라고 생각해서는 제대로 된 재능을 찾을 수도 없고, 또 운이 좋아 찾는다 하더라도 자신의 재능을 잘 활용할 수도 없다.

앞서도 말했지만 평범한 우리의 재능은 날카롭지 못하다. 그 재능이 의미가 있으려면 희미하고 무딘 재능을 끈덕지게 갈고 닦아야 한다. 그래야 비로소 우리를 행복하게 할 수 있는 밥벌이의 도구로서 기능할 수 있다. 그런데 재능을 효율의 도구로만 생각하는 사람이 그 지루하고 외롭고 불안한 시기를 견뎌낼 수 있을까? 대체로 그렇지 않을 것이다. 분명 '해봐야 안 되네, 재능이 아니네.'라며 금방 포기를 하거나 '이거 한다고 돈이 되겠어?'라며 냉소하게 될 것이다. 이런 부류에게 진짜 문제는 본인이 가진 재능의 '무담'이 아니라 전반적인 삶의 태도다. 적게 노력하고 많이 얻고 싶다는 도둑놈 심보가 문제인 것이다.

다시 한 번 말하지만 재능을 효율의 수단으로 보아서는 안 된다. 재능을 찾아가는 과정은 내게 맞는 자연스러운 옷을 찾아가는 과정이라고 보아야 한다. 그래야 진짜 재능을 찾을 수 있고, 또 재능을 찾는 그 긴 여정과 그것을 갈고 닦는 지난한 과정을 버텨낼 수 있다. 어쩌면 앞서 말한 여러 가지 구체적인 방법들보다 재능을 바라보는 태도가 더 중요한 문제인지도 모른다. 결국 중요한 것은 구체적인 테크닉이 아니라 근본적인 태도들이니까. 우리가 근본적으로 행복해지지 못하는 이유는 행복해질 수 있는 갖가지 테크닉을 모르기 때문이 아니라 행복할 수 있는 삶의 태도를 체화하지 못했기 때문임을 잊지 말자.

재능의 함정 2 : 다양한 경험을 가로막는 재능

"네가 하는 고민들은 이 책에 대안이 있는 것 같아, 한번 읽어봐."

"아, 고마워요. 근데 전 책 읽는 것에 별로 재능이 없어서, 다른 방법을 찾아보는 게 나을 것 같아요."

아는 동생에게 책을 한 권 추천해준 적이 있다. 그 친구가 고민하는 지점에서 읽어보면 아주 도움이 될 것 같아서였다. 그런데 그는 책 읽는 것에 재능이 없어서 다른 방법을 찾아보겠다고 했다. 바로 여기에 재능의 또 다른 치명적 함정이 있다. 나름 똑똑한 친구들은 재능을 합리적 도피처로 사용하기도 한다. 재능에 관한 책도 읽고 나름 고민도 하면서 자신이 어떤 것에 재능이 있고 무엇을 잘하는지에 대해서 안다고 생각하는 사람들이 자주 이런 함정에 빠진다.

그들은 주로 '선택과 집중'이라는 논리를 앞세운다. 내가 잘할 수 있는 일을 더 많이 하겠다는 논리다. 그 논리의 이면에는 '내가 잘할 수 없는 일'은 하지 않겠다는 의미가 숨어 있다. 그런데 문제는 나름 똑똑한 친구들이 '내가 잘할 수 없는 일'의 자리에 '내가 하고 싶지 않은 일 혹은 귀찮은 일'을 은근슬쩍 끼워넣어 버린다는 점이다. 물론 나 역시 하고 싶지 않은 일이나 귀찮은 일은 하지 않아도 된다고 생각하는 편이다. 몇 만 년씩 살 것도 아니고 길어봐야 100년도 못 사는 것이 인생인데 하고 싶지 않은 일, 귀찮기 그지없는 일에 악착같이 매달릴 필요는 없다고 생각한다.

하지만 문제는 '잘하는 일에만 집중하겠다.'는 재능의 논리를 앞세우다 보면 자칫 심각한 실수를 저지르게 된다는 점이다. 그런 식의 논리는 우리 삶의 다양한 경험을 가로막을 수도 있다. 이것은 정말 치명적인 함정이다.

그 동생은 책을 읽는 것을 싫어하고 귀찮아 하면서 영상과 음성을 다루는 것에 재능이 있다고 입버릇처럼 말한다. 내가 봐도 맞는 이야기인 것 같다. 하지만 그가 책을 읽지 않는 이유는 영상과 음성을 다루는 것에 더 재능이 있어서가 아니다. 그냥 책을 읽고 싶지 않은 것을 합리화하는 좋은 핑계로 재능을 갖다 붙였을 뿐이다.

나는 차라리 그가 '귀찮아서 책 읽기 싫어요.'라고 말하는 편이 낫다고 생각한다. 왜냐하면 언젠가 글을 읽는 것이 귀찮지 않을 때가 한 번쯤은 올 것이고. 그때가 되면 좋은 책들의 책장을 한 번쯤은 넘겨볼 테니까. 하지만 책 읽는 것에 재능이 없기 때문에 그것을 하지 않는다고 여기면 문제는 이상하게 꼬이기 시작한다. 책 읽는 것은 비효율적이고 쓸데없는 시간 낭비라고 여겨지게 된다. 그렇게 되면 책 읽기라는 새로운 경험을 할 수 있는 기회는 영원히 닫혀버리게 된다.

이런 재능의 함정은 곳곳에서 나타난다. 자신이 잘한다고 생각하는 특정한 일에 과도하게 집착함으로써 자신이 미처 발견하지 못했던 여러 가지 가능성이나 잠재력이 사장되는 경우가 흔하다. 백 번 양보해서 가능성이나 잠재력을 발견하지 않아도 좋다. 다만 잊지 말자. 다양한 것을 경험하는 것 그 자체만큼 중요한 것은 없다는 사실을. 죽는다는 것이 별건가? 매일 같은 일상만 반복하느라 그 일상에 더 이상 아무런 감동도 감응도 없게 되는 것 역시 이미 죽은 것 아닌가?

우리네 직장인들 역시 생각해보아야 한다. 직장에서 10년 넘게 설계만 했던 유능한 엔지니어가 있었다. 그는 말했다. "나는 설계를 잘하니까 이것만 죽 하면 되지."라고. 하지만 그 엔지니어는 소주를 한잔하는 날이면 입버릇처럼 "뭐 좀 새로운 일 없나? 직장생활 지겨워 죽겠네." 하곤 했다. 재능의 장점만큼 그것의 함정도 주의 깊게 살펴야 한다. 재능이 우리 삶의 다양한 경험을 가로막는 장애물로 기능할 때는, 없는 것만 못한 것이 된다.

재능 있고 잘하는 일에 집중하는 것은 훌륭한 일이다. 하지만 재능 있는 일을 잘하는 것만큼 새로운 시도를 하고 다양한 것들을 경험해보는 것 역시 우리네 인생에서 아주 소중한 일이다. 새로운 시도와 다양한 경험이 귀찮을 때 혹은 두려울 때 '나는 내가 잘하는 일을 할 거야!'라고 말하는 것은 아닌지 늘 되돌아보아야 한다. 소중하고 의미 있는 재능이 우리에게 치명적으로 다가오는 순간이 바로 그때니까. 경험은 재능보다 중요하다. 경험하기를 멈출 때 우리는 이미 조금씩 죽어가기 시작하는 것이다.

05

욕망을 부정하는
사회

우리를 당혹스럽게 하는 질문 하나

"무엇을 좋아하세요?"

우리를 가장 당혹스럽게 만드는 질문 중 하나다. 여러분은 이 질문에 어떤 대답이 떠오르나? 음식일 수도 있고, 여행이라 답할 수도 있을 테고, 평소 즐기는 취미생활을 이야기할 수도 있겠다. 어떤 대답이라도 할 수만 있다면 다행이다. 그나마 내가 무엇을 좋아하는지 어느 정도 알고 있는 셈이니까. 하지만 내가 만나본 대부분의 직장인들은 그렇지 않았다. 후배들은 쭈뼛거렸고, 선배들은 어리둥절했다. 모두들 당혹스러워했다.

맞다. 우리는 대체로 자신이 좋아하는 것을 모른다. 아니 생각해본 적이 없다. 우리의 잘못만은 아니다. 한국의 공교육은 자신이 무엇을 좋아하는지 생각하도록 가르치지 않으며, 그런 질문을 할 여유조차 주지 않으니까.

자신이 무엇을 좋아하는지 모른다는 것은 곧 자기 자신을 모른다는 의미이기도 하다. '나는 누구인가?'라는 물음은 사실 생각처럼 어렵지 않다. 지금 당장 펜과 종이를 꺼내 내가 좋아하는 사람, 내가 좋아하는 음식, 내가 좋아하는 장소, 내가 좋아하는 운동, 내가 좋아하는 영화, 내가 좋아하는 음악, 내가 좋아하는 소설들을 적어보자. 그것이 바로 '나'다. 쓸데없이 '나는 누구인가?'라는 철학적 질문으로 골머리를 썩을 필요 없다. 나는 바로 내가 좋아하는 것들의 합이니까.

자, 다시 내가 좋아하는 것들을 적은 종이를 바라보자. 몇 개나 적었나? 열 개? 스무 개? 서른 개? 아니면 한두 개밖에 적지 못했나? 당신은 종이에 적은 수만큼만 당신을 아는 셈이다. 아마 썩 많이 적지는 못했을 것이다. 내가 좋아하는 것들을 진지하게 고민해본 적도 별로 없고, 기껏 생각난 것을 적으려 하다가도 '이게 정말 내가 좋아하는 것이 맞나?'라는 의구심 때문에 선뜻 종이를 채우지 못했을 테니까. 인정할 수밖에 없다. 우리는 우리의 욕망을 알지 못한다. 그러니 사실 우리는 우리를 모르는 것이다.

나의 욕망을 제대로 아는 것은 매우 중요하다. 나의 욕망을 아는 것은 나를 아는 것이고, 나의 욕망에 따르는 것이 나답게 사는 것이니까. 행복한 삶이란 게 뭔가? 자연스럽게 내가 하고 싶은 일들을 하는 삶 아닌가? 그렇다. 우리의 욕망이 바로 우리의 행복이다. '자신답게 사는 것이 행복한 삶이다.'라는 지혜로운 사람들의 이야기가 이제는 이해가 된다.

이제 조금 분명해졌다. 우리가 행복하지 못한 이유는 정작 우리가 좋아하는 것들을 모르기 때문이다. 행복한 밥벌이를 하지 못하고 매일 그 지긋지긋한 직장으로 향하는 이유 역시 진정으로 욕망하는 것이 무엇인지 모르기 때문이다. 여러 가지 이유들로 우리는 너무 일찍 우리가 좋아하는 것들을 잃어버렸다. 좋아하는 일을 하며 사는 인생은 존재하지 않으며 그런 삶을 꿈꾸는 사람은 무책임하거나 순진해 빠진 사람이라 여기게 되었다. 그렇게 우리는 매일 '해야만 하는 의무'에 파묻혀 살게 된 것이다.

행복한 밥벌이를 찾기 위해서는 어린 시절 거세되었던 순수한 욕망을 복원해야 한다. 중요한 포인트는 복원이다. 순수하게 좋아하는 일을 욕망하던 시절은 누구에게나 있었으니까. 돌아보라. 일요일 아침 좋아하는 만화영화를 기다리던 설렘, 엄마를 졸라서 산 게임기를 보며 설레었던 기억, 가방 깊숙이 좋아하는 소설 한 권을 넣어두었을 때의 두근거림, 보고 싶은 영화의 개봉을 기다리며 밤잠을 설쳤던 기억 같은 것들 말이다. 우리는 그때 얼마나 행복했던가? 그 설렘과 두근거림이 얼마나 좋았던가? 우리는 지금 그런 설렘과 두근거림을 얼마나 느끼며 살까?

안타깝게도 우리는 의무만을 끊임없이 강요하는 나쁜 부모, 나쁜 선생, 나쁜 사회 때문에 너무 일찍 우리를 설레게 하고 두근거리게 하는 일들을 죽여버렸다. 유년 시절의 설렘과 두근거림을 복원하지 않고는 행복한 밥벌이는 결코 찾을 수 없다. 행복한 밥벌이의 방점은 '밥벌이'에 있는 것이 아니라 '행복한'에 있으니까. '행복한'에 방점을 찍지 못한다면 '밥벌이'가 주는 중압감 때문에 '행복한'은 언제나 사치 혹은 배부른 투정으로 전락해버릴 것이다.

욕망의 분실

사실 나쁜 부모와 선생은 존재하지 않는지도 모른다. 나쁜 부모와 나쁜 선생은 우리 사회의 표상일 뿐이니까. 그러니 진짜 문제는 우리 사회에 있는 셈이다. 우리 사회가 교육이라는 미명하에 자행했던 '훌륭한 삶을 살기 위해서는 싫어하는 일도 꼭 참고 견뎌야 한다.'는 암묵적인 강요 때문에 우리는 너무 일찍 소중한 우리의 욕망을 잊어버린 것이다.

아주 어린 시절부터 우리는 '하고 싶은 일'보다는 '해야만 하는 일'을 하는 것이 당연하다는 기성세대의 무의식적인 강요를 내면화해왔다. 언제나 '욕망'보다는 '의무'가 먼저이고, 그렇게 사는 것이 현명하고 옳은 것이라고 끊임없이 교육받았다. 죽도록 하기 싫은 일을 꾹 참고 하는 것을 미덕으로 삼고 살아온 세대들에 의해 그렇게 철저하게 길러진 것이다. 이제 알겠다. 우리가 욕망이라는 단어를 왜 그리 부정적으로 보게 되었는지, 좋아하는 일을 하는 것을 왜 무책임하거나 순진한 일로 여기게 되었는지.

직장동료 중에 야구를 정말 좋아하는 친구가 있었다. 선수별 특징이나 장점은 물론 팀별 전략에 이르기까지, 해박한 지식에 혀를 내두른 적이 한두 번이 아니었다. 보고서를 쓸 때 그의 눈은 흐리멍덩하고 초점이 없었지만 코리안 시리즈 시기의 그의 눈빛은 흡사 맹수의 그것처럼 생기가 넘쳤고, 장난감을 바라보는 아이처럼 설렘과 두근거림으로 충만했다. 그는 우리가 그렇게도 찾으려 애쓰는 것을 이미 찾은 것이다. 정말로 자신이 좋아하는 것 말이다.

나는 그 친구에게 이렇게 물은 적이 있다. "야구를 그렇게 좋아하면 그걸로 밥 먹고 사는 게 제일 좋은 거 아닌가?" 나는 정말 그렇게 생각했다. 그 정도의 야구에 대한 열정과 해박한 지식이면 충분히 승부를 해볼 만하다고 여겼다. 하지만 돌아온 답변은 안타깝게도 "어떻게 좋아하는 일만 하고 살아요."였다. 그는 여러 가지 합리적 이유를 대며 야구에 관한 것은 절대 자신의 직업이 될 수 없다고 단언해버렸다.

그 친구처럼, 우리 시대는 좋아하는 일을 하는 것은 전혀 현실적이지 못하고 어리석은 일이며, 하기 싫은 일을 하는 것은 합리적이고 현명한 일이라고 여기는 사람이 대다수다. 의무가 욕망을 압도하는 것은 이미 일상이 된 지 오래다. 우리는 왜 이렇게 좋아하는 일을 부정하게 되어버린 걸까?

욕망을 양산하고 동시에 제거하는 자본주의

이해 못할 것도 없다. 불과 100년 전만 해도 우리 사회는 먹고사는 문제 이외에는 아무것도 신경 쓰지 못했다. 절대적 빈곤의 시기에 욕망이 의무를 압도하는 것은 생존을 위협하는 일이다. 아니 욕망 따위는 신경 쓸 여력조차 없다. 당장 내일 먹을 쌀이 없는데 좋아하는 일을 찾겠다는 것은 말도 안 되는 이야기다. 할아버지 세대가 예술을 하는 사람들을 '딴따라'라 부르며 싫어하는 이유도 같은 맥락이다. 먹고살기도 힘든 판에 그림이나 그리고 노래나 부르며 살겠다는 것을 이해할 수 없어서다.

하지만 이제는 보릿고개도 없고, 굶어죽는 사람도 없다. 다들 어느 정도 먹고살 만하다. 그런데 우리는 왜 여전히 좋아하는 일을 할 수 없는 걸까? 100년 전에 절대적 빈곤이 우리의 욕망을 막아선 가장 큰 장애물이었다면, 지금은 병적인 자본주의가 그 자리를 대신하고 있다.

자본주의는 욕망에 있어서 매우 이중적이다. 욕망을 양산하는 동시에 제거한다. 명품 가방과 외제차를 사면 당당하고 행복해질 수 있다고 유혹하고, 보험을 들지 않으면 큰일 날 수 있다고 겁박한다. 집요하게 소비 욕망을 자극하고 양산해낸다. 하지만 역설적이게도 소비의 욕망을 자극하고 양산할수록 진정한 행복을 찾을 수 있는 진짜 욕망은 점점 더 제거당하게 된다.

가구 디자인을 하다가 대기업에 입사한 P를 알고 있다. 그는 디자인하는 것을 좋아한다. 자신의 느낌과 감성을 표현하고자 하는 욕망을 만족시켜주기 때문이다. 하지만 P는 가구 디자인 회사의 박봉이 지겨워 돈을 많이 주는 대기업으로 옮겨왔다. 그는, 1년 동안은 너무 좋았다고 했다. 매달 생활비를 걱정하지 않아도 되고, 크게 비싸지 않은 상품들을 유행에 맞춰 언제든 살 수 있는 삶이 정말 좋다고 했다.

3년쯤 지났을 때 다시 만난 P에게 물었다. 아직도 좋으냐고. 돈도 잘 벌고 일도 손에 익었는데 무언가 답답하다고 했다. 당연히 답답할 수밖에. 자신이 정말 좋아하는 일을 버리고 조직의 부품으로 살고 있는데 어찌 답답하지 않을 수 있을까. P는 자신의 느낌과 감성을 끊임없이 표현하고자 하는 욕망을 가진 친구다. 그런데 대기업에서는 그런 욕망을 충족시키는 것을 절대 허용하지 않는다. 나는 그에게 "다시 가구 디자인을 해보는 건 어때?"라고 물었다. 돌아온 답변은 "어떻게 하고 싶은 것만 하고 살아?"였다.

바로 이것이다. P는 자신의 진짜 욕망을 소비의 욕망과 맞바꾼 셈이다. 명품 정장과 넥타이, 아이패드, 최신 노트북, 최신 스마트폰, 중형 승용차를 갖는 대가로 자신이 정말 하고 싶은 것을 포기했다.

우리가 진정으로 욕망하는 일을 하지 못하는 이유는 소비의 욕망에 과도하게 집착하기 때문이다. 소비의 욕망은 욕망이 아니라 의무다. 적어도 월급쟁이들에게는. 소비의 욕망을 충족하기 위해서는 돈을 벌어야 하고 돈을 벌기 위해서는 의무가 가득한 직장으로 돌아가야 하기 때문이다.

그나마 P는 불행 중 다행이다. 최소한 본인이 무엇을 좋아하는지는 이미 알고 있으니까. 언젠가 직장생활이 못 견딜 정도로 답답해지면 P는 자신의 진정한 욕구를 찾아 디자이너로 돌아가려 할 것이다. 하지만 우리는 어떤 가? 이것저것 사 모으느라 정작 내가 무엇을 좋아하는지도 모르지 않나? 기껏 좋아하는 것이라고 해봐야 돈으로 상품을 사는 것뿐이지 않나? 서글 프게도 소비의 욕망을 쫓느라 우리가 어떤 일을 할 때 진정으로 두근거리 고 설레는지 모르게 되어버렸다. 그리고 백화점에서 느낀 잠시의 두근거림 과 설렘의 대가로 월요일부터 주말까지 하루 종일 고된 의무만 가득 찬 직 장에 목을 매고 있을 수밖에 없다.

직장에서 오는 답답함과 괴로움의 끝을 본 사람들은 안다. 그 절망감과 무기력감을 느낀 사람은 안다. 직장을 그만두지 못하는 이유는 돈이 없어 서가 아니라는 것을. 악순환의 반복이다. 직장에서 오는 절망감을 해소하 려고 돈을 쓰고, 또 그 돈을 벌려고 다시 직장으로 가는 지겨운 악순환. 진 정한 욕망을 모르고 사는 것은 이처럼 위험한 일이다.

자본주의 체제에서는 아무런 자본이나 생산 수단을 갖지 않은 평범한 직 장인들은 몸을 움직여 일할 수밖에 없고, 그 직장은 우리가 원하지 않는 일 들만 가득한 곳이다. 돈이 될 것 같은 일은 언제나 우리가 싫어하는 일 투 성이다. 거기에는 우리의 꿈도 두근거림도, 설렘도 없다. 당연하다. 오직 돈 만 벌기 위해 짐승처럼 일해야 하는 곳에 그런 소중한 가치들이 있을 리가 없다. 너무 많은 사람들이 오직 돈만 벌기 위해서 싫은 일을 하고 있기 때문 에 우리 역시 싫어하는 일을 하는 것이 합리적이고 현명한 일이라고 믿기 시작했을 뿐이다. 언제나 우리는 다수가 진리라고 굳게 믿으니까 말이다.

변태의 탄생

우리가 싫어하는 일을 긍정하게 된 것이 비단 자본주의 때문만은 아니다. 다른 이유가 있다. 좋아하는 일을 부정하고 싫어하는 일을 긍정하게 된 것은 내면화된 금욕주의 탓이 크다.

우리는 대체로 좋아하는 일을 하는 것은 나쁜 짓이요, 싫어하는 일을 하는 것은 미덕이라 믿고 살아왔다. 그러면서 일정 부분 하기 싫고 고통스러운 일을 하면서 만족감을 느끼며 살아왔다. 고통스러운 일을 하면서 만족감을 느끼는 사람의 전형이 누구인가? 바로 변태다. 그런 면에서 야구를 좋아하지만 죽기보다 싫은 직장에 꾸역꾸역 출근을 하며 무엇인가 열심히 살고 있다는 만족감을 느끼는 동료나, 대학만 졸업하면 이제 영어는 쳐다보지도 않으리라 다짐했는데 출근하기 전 새벽마다 꾸역꾸역 영어 학원을 다니며 무언가 뿌듯함을 느끼는 우리는 모두 변태가 아니라 단언할 수 없다.

돌아보면 우리는 아주 어린 시절부터 이런 금욕주의적인 교육을 받았다. 학창 시절 공부는 우리를 집요하게 괴롭히기도 했지만 또 한편으로는 책상 머리에 앉아 있는 것 자체로 칭찬을 받기도 했다. 공부를 싫어했던 내게 부모가 주로 했던 이야기는 "공부는 안 해도 되니까 무조건 책상에 앉아 있어라!"였다. 이처럼 자기학대적 고통을 받을 때 종종 칭찬을 듣곤 했던 경험들 때문에 우리는 싫은 일을 하고 난 뒤 알게 모르게 만족감이나 뿌듯함을 느끼게 된 것이다. 지겨운 야간자율학습을 마치고 난 뒤, 군대에서 그 지겨운 제초작업을 하고 난 뒤에 무언가 뿌듯했던 이유를 이제는 알 수 있다.

직장도 마찬가지다. 자신을 혹사할 정도로 일하느라 야근까지 하고 집으로 돌아오는 길에 느꼈던 기묘한 만족감의 정체 역시 금욕주의의 내면화 때문이다. 직장에서 웃으며 즐겁게 일하는 것을 무책임하고 부정적으로 보는 사람이 많은 이유도 이 때문이다. 직장에서 별일 아닌 것에 과도하게 힘든 척하고 죽는 소리를 하는 것도 자기가학적일 때 누군가의 칭찬을 받는다는 것을 무의식적으로 느끼고 있기 때문일 것이다.

금욕주의의 내면화의 역사는 오래전으로 거슬러 올라간다. 자기학대적 내면화의 시초이자 가장 적나라하게 보여주는 것이 기독교식 금욕주의인 것 같다.

모든 기독교인들에게 현세의 삶은 오직 심판의 대상이다. 사후에 자신이 천당으로 갈지 지옥으로 갈지를 결정하는 것은 현세의 내 삶이라 믿는다. 이런 심리적 메커니즘은 죄 많은 인간이 《성경》에 거슬리지 않도록 끊임없이 스스로를 검열하는 삶의 방식으로 기능하게 된다. 정상적인 인간이라면 누구도 도달하지 못할 높은 기준에 따라 기독교인들은 모두 원죄의식을 가진, 어쩔 수 없는 죄인이 되어버린다.

영국의 철학자 버트런트 러셀은 자신의 저서 《게으름에 대한 찬양》에서 이렇게 말했다.

교회를 현대 이상주의의 기반으로 받아들이지 못하게 만드는 데는 사회적 이유들도 있다. 교회들은 기부를 통해 재산을 모으는 일에만 급급했다. 게다가 젊은이들이 보기엔 아무 해도 없을 듯한 여러 가지 쾌락들을 비난하고, 회의론자들이 보기엔 불필요하게 잔인해 보이는 많은 고통을 강제하는 억압적인 윤리에도 문제가 있다.

나는 그리스도의 가르침을 성심껏 받아들이는 착실한 젊은이들을 알고 있다. 그런데 그들은 어느새 기독교 공식 교단과 적대적 입장에 놓여있는 자신을 발견했다. 그리하여 마치 그들이 호전적인 무신론자라도 되는 양 배척당하고 박해의 대상이 되어버린 것이다.

이처럼 기독교는 육체적 욕망과 쾌락을 저주하며, 사탄의 저주라고 비난하기까지 한다. 게다가 교리에 조금이라도 의문을 제기하는 사람은 배척당하거나 박해의 대상이 되기도 했다. 문제는 이러한 기독교식 금욕주의가 밥벌이의 문제까지 잠식해 들어오기 시작했다는 점이다. '직업'을 뜻하는 단어 'Vocation'이 '소명' 즉, 신의 부르심이라는 의미를 함께 가지게 된 것은 이러한 뿌리 깊은 금욕주의적인 문화를 단적으로 보여주는 것이다. 고통으로 죄를 씻어야만 하는 죄 많은 인간들이 그 죄를 씻을 수 있는 방법으로 직업을 선택하게 되었다는 것이다. 비극의 시작이다.

종교적인 이야기는 조금 부담스러운 면이 있다. 그래서 이 부분만은 기독교에 관한 지식이 해박한 교인에게 검증을 부탁했다. 그의 답변은 길고 너무 전문적이라 상세히 설명하지는 못하겠다. 어쨌든 전반적인 내용은 이런 것이었다.

"네 의견은 일부 동의하지만 다소 무리가 있는 것 같아. 예를 들면 '모든 직업은 하나님의 부르심이다.'라는 소명 의식은, '사제만 하나님이 불렀다.'에 대항하기 위한 것이라는 사실을 강조하기 위해서였다고 보는 것이 기독교계의 일반적인 시각이야."

듣고 보니 일리가 있다. 하지만 그는 뒤에 이런 말도 덧붙였다.

"그런데 교인들 중에는 네가 말한 것 같은 사람이 진짜 많아. 즉, 하나님의 뜻이 무엇인지 몰라서 A냐 B냐를 놓고 고민할 때 자기가 싫어하는 것, 하기 싫은 것이 무엇이냐를 묻는 사람들이 실제로 많거든. A를 선택하면 자신의 욕망을 선택했다고 생각해서 죄책감을 느끼고 그래서 B를 선택하는 거지. 그리고 그것이 소위 하나님이 원하시는 십자가라고 생각하는 거지. 비극이야. 이런 선택은 하나님이 어떤 분인지(그분이 얼마나 우리의 즐거움과 행복을 원하시는 분인지) 몰라서 그러는 것이지. 그래서 많은 이들에 의해 비판받고 있는 부분이기도 해. 당당하게 자기가 좋아하는 것을 선택하라는 말은 교회에서도 요즘은 많이 나오고, 강조되고 있어."

금욕주의의 역사

　이런 변태적 선택은 비단 기독교인들에 국한되는 이야기는 아닐 것이다. 더욱 심각한 문제는 기독교의 금욕주의적인 성격이 18세기부터 시작된 산업자본주의와 결합하면서 발생하게 된다. 사실 18세기 이전의 금욕주의는 어쩔 수 없는 것이었다. 인정한다. 생산력의 빈약으로 발생한 현상이기 때문이다. 당장 삶의 유지를 위해 필요한 음식. 옷, 집 등등 모든 것이 절대적으로 부족한 상황이었기 때문에 그 시절 금욕주의적 내면화는 필요악이었을 것이다. 모든 사람의 무한대에 가까운 욕망을 모두 충족시킬 수 없는 상황이었으니 말이다.

　금욕주의적 의식은 동양에서도 오래전부터 있어왔다. 불교에서는 탐욕을 극복해야 할 대상으로 설정했고, 유학은 절욕(絶慾)이나 과욕(寡慾)을 강조했다. 동양에서도 서양의 금욕주의와 비슷한 사상들이 발생한 이유 역시 빈약한 생산성에도 불구하고 사회를 유지하기 위함이었다고 보는 것이 합리적 추론이다. 18세기 이전은 동양 역시 생산력이 절대적으로 부족했던 시기였으니까 말이다.

　하지만 18세기 산업혁명이 시작되면서 형성된 자본가들은 노동자들의 노동력으로 돈을 더 모으려고 혈안이 되기 시작했다. 그러면서 금욕주의는 더욱 이상한 방향으로 흐르게 된다. 지금도 마찬가지지만 당시 산업 노동자들의 노동 강도는 그저 수고로움이라는 말로는 표현할 수 없을 정도로 엄청난 고통과 괴로움을 느끼는 수준이었다. 생각해보자. 산업혁명의 태동기에 위험하기 짝이 없는 거대한 증기기관과 다듬어지지 않은 공작기계들 앞에서의 끔찍할 정도로 가학적인 노동의 강도를. 그런 고된 상황에서 노동자들은 당연히 노동 시간을 줄임으로써 고통을 줄이는 방향으로 나아가고자 했을 것이다. 진짜 정신이상자가 아닌 다음에야 극한의 고통을 좋아하는 인간은 없으니까 말이다.

하지만 그들의 본능적인 노동 회피 욕구의 발목을 잡은 것이 바로 기독교식 금욕주의적인 직업관이었다. 절대자인 신은 '있으라.' 하면 있는, 생각만 하면 모든 것을 만들 수 있는 존재지만, 유한자인 인간은 생각만으로는 어떤 것도 만들 수 없는, 노동으로 만들 수밖에 없는 존재이다. 그러니 노동은 당연한 것이고, 고통은 성스러운 것이며, 욕망과 쾌락, 즐거움은 죄악이 될 수밖에 없는 것이다.

이처럼 어쩔 수 없는 무의식적 원죄 의식을 이제는 종교인들이 아니라 자본가와 사회가 노동자들에게 지속적으로 내면화시키기 시작했다. '이윤추구'를 위해서. 그리고 얼마 지나지 않아 산업자본주의가 전 세계로 퍼지면서 '고통스럽고 싫은 일을 열심히 하는 것이 바로 미덕이다.'라는 자기학대적 금욕주의 역시 전 세계로 퍼지게 된 것이다.

자본가들에게는 당연한 일이었다. 고통스럽고 피하고 싶은 노동에 '성스러움'마저 없다면 강도 높은 노동력을 유지할 수 없거나 더 높은 가격으로 노동력을 구매할 수밖에 없었을 테니까. 자본가의 입장에서 금욕주의는 더할 나위 없이 중요한 원가절감의 도구였음은 의심할 여지가 없다.

더욱 심각한 것은 이것이 옛날이야기가 아니라는 사실이다. 21세기인 지금도 산업자본주의적 패러다임을 벗어나지 못한 국가나 조직은 여전히 이런 폭력적인 금욕주의의 내면화에서 자유롭지 못하다.

내가 7년 동안 다녔던 직장은 전통적인 제조업체였다. 나는 그곳에서 힘들지 않다고, 일이 즐겁다고 이야기하는 사람을 거의 본 적이 없다. 다들 입버릇처럼, '일이 너무 많아, 힘들어 죽겠어.'라는 소리를 입에 달고 살았다. 나는 정말 드물기는 했지만 일이 즐거울 때가 있었다. 하지만 그럴 때도 일이 즐겁다고 감히 말하지 못했다. 협력업체나 다른 부서 사람과 욕을 하고 싸우고, 스트레스 받고, 한숨 쉬고, 온갖 고통과 괴로움을 겪으면서 일하는 사람들만이 책임감 있게 일을 열심히 그리고 제대로 한다는 분위기 때문이었다.

실제로 이런 장면을 종종 본 적이 있다. 늘 밝고 경쾌하게 일하려는 동료가 있었는데, 그의 팀장은 "일하는 게 즐거우면 돈을 내고 일해라." 하며 그를 다그쳤다. 팀장은 언제나 하기 싫고 고통스러운 일을 참고 견디는 곳이 바로 직장이라고 믿고 있는 것이었다.

내가 다녔던 회사는 일을 즐겁게 하려는 사람에게는 근무 태도가 옳지 않다고 핀잔을 주었고, 온갖 인상을 쓰며 괴롭게 일하는 사람에게는 열심히 한다고 격려해주는 경우가 많았다. 일을 할 때 웃는 것조차 싫어하는 상사들이 여전히 많다는 것은, 아직도 우리가 '금욕주의적 변태적 선택관'에서 한 발짝도 움직이지 못했다는 것을 여실히 보여주는 증거다.

우리는 이렇게 우리의 욕망을 잃어버린 것일 테다. 하지만 싫은 일만 하면서 살기에 인생은 너무 짧지 않은가? 그러니 이제라도 너무 늦지 않게 우리를 행복하게 만들어줄 우리만의 욕망을 반드시 찾아내야 한다. 행복한 밥벌이는 우리의 순수한 욕망으로부터 시작해야 한다.

06

욕망 찾기 사용 설명서
욕망의 위력

우리는 대체로 욕망을 부정한다. 욕망은 정말 죄악인가? 좋아하는 일을 하는 것은 실패로 가는 지름길인가? 아니다. 오히려 욕망하지 않으면 아무것도 얻을 수 없다. 세속적인 성공을 위해서는 물론 진정으로 행복한 삶을 살기 위해서도 욕망은 필수다. 쉽게 말해서 하고 싶은 일을 해야 한다는 말이다.

자신의 욕망에 충실할 때, 자신도 놀랄 정도의 잠재력을 발휘할 수 있다. 누군가 '자신이 하고 싶은 일만 하고 살 수는 없는 거란다.'라고 충고를 하거든 가볍게 비웃어주시라. 진정으로 하고 싶은 일에 집중해야만 오히려 그들이 원하는 세속적인 성공에 도달할 수 있으니까. 좋아하는 일을 부정하는 사람들에게는 여전히 낯선 이야기일 테니 이제 그 말이 사실인지 아닌지 한번 알아보자.

재능보다 욕망

앞서 재능에 대한 이야기를 했다. 잘할 수 있는 일을 찾고 그것에 집중해야 한다는 이야기였다. 당연한 이야기다. 그런데 의도적으로 하나 빼먹은 것이 있다. 욕망에 대한 이야기를 하면서 말하는 것이 더 적절할 것 같아서였다. 그것은 재능의 대부분은 욕망 속에 숨어 있다는 사실이다. '내가 좋아하는 일' 중에 '내가 잘할 수 있는 일'이 있다는 이야기다. 욕망과 재능의 상관관계에 대해서 말해보자.

글 쓰는 것을 좋아하는 사람은 소설가가 될 재능이 있는 경우가 많고, 농구하는 것을 좋아하는 사람은 운동 선수가 될 재능이 있는 경우가 많다. 분명 우리의 욕망 속에 재능이 있는 경우가 많다.

실제 삶에서 욕망과 재능은 그 경계가 분명치 않다. 돌아보라. 어린 시절에 잘하는 것을 하다 보니 그것을 좋아하게 되기도 하고, 좋아하는 것을 계속 하다 보니 그것을 잘하게 되기도 한다. 인생의 많은 것들을 딱 잘라 말할 수 없는 것처럼 욕망과 재능 역시 마찬가지다. 욕망을 따르다 보면 재능에 다다르기도 하고, 재능을 따르다 보면 욕망에 이르기도 한다. 바로 이것이 우리가 욕망에 집중해야 하는 이유이다.

물론 이런 경우도 있다. 친구 중 한 명이 내게 따진 적이 있다. "나, 어렸을 때부터 농구 정말 좋아했는데 소질이 없어서 안 되더라. 농구 선수가 정말 되고 싶었는데 재능이 없어서 안 됐다."라고. 맞다. 일정 부분 인정한다. 자신의 욕망 안에 재능이 있을 '수' 있는 거지, '욕망=재능'은 아니니까 말이다. 자신이 좋아하는 일에 소질이 없다는 것을 알게 되는 것보다 절망스러운 순간이 또 있을까? 가수 오디션 프로그램에서 심사위원이 "저 친구는 정말 가수를 타고났네, 천재네."라고 하는 말이 재능 부족으로 예선에서 탈락하고 쓸쓸히 집으로 돌아가는 사람에게는 얼마나 부럽게 들릴까? 더구나 가수가 되기를 진심으로 욕망하는 사람이라면. 경험해보지 않은 사람은 알 길이 없다.

그런데, 조금 솔직해지자. 농구를 좋아한다고 말한 친구는 정말 농구를 좋아한 것일까? 진정으로 욕망했던 것일까? 나는 아니라고 본다. 그 친구는 언제나 유명 농구 선수의 연봉이나 자동차 같은 가십에 집중했다. 그는 정말 농구가 하고 싶었던 것이 아니라 유명 농구 선수의 연봉과 인기 같은 것을 가지고 싶었던 것 같다. 정말 농구를 좋아한다면 꼭 선수가 되어야 하는 것은 아니다. 농구, 그 자체가 정말 좋다면 꼭 농구 선수가 되지 않아도, 돈을 좀 적게 벌어도, 유명해지지 않아도 그것으로 이미 충분한 것 아닌가?

진정으로 욕망하는 일은 결과가 아니라 과정에서 이미 충분히 즐거운 일이다. 과정에서 충분히 즐거울 수 있는 일이 바로 자신의 진짜 욕망이다. 과도한 성취 지상주의에 빠진 사람은 절대 자신이 좋아하는 일을 찾을 수 없다. 그 일을 순수하게 해보기도 전에 머릿속으로 '돈은 얼마나 벌 수 있을지, 얼마나 유명해질 수 있을지'에만 집착할 테니까 말이다. 억지스러운 자기 합리화는 필요 없다. "나는 농구를 좋아하는데 재능이 없다."고 투덜대는 사람은 이미 농구를 정말 좋아하는 것이 아닌 것이다. 그 일이 정말 좋다면 어떻게 해서든 그 일을 하려고 할 테니까.

축구 선수 이영표의 꽤 오래전 인터뷰였던 걸로 기억한다. 큰 무대에서 뛰다가 비교적 작은 무대로 이적을 하게 된 상황이었다. 기자는 "이제 축구 선수로서 적지 않은 나이인데, 은퇴가 조금 걱정되지는 않으신가요?"라고 물었다. 이영표 선수의 대답은 이랬다. "재미가 아닌 성공이 목표가 되었을 때, 어느 정도 성공을 이루고 난 다음 목표의식을 잃고 방황하는 경우를 많이 보았다. 즐거움은 끝이 없을 정도로 좋은 자극제가 된다. 그런 의미에서 축구의 재미는 꼭 대표팀이나 프로팀에서 찾는 것이 아니기 때문에 은퇴하더라도 달라질 건 없다."

'좋아하는 일'에 대한 기준을 이보다 더 명쾌하게 설명하는 말을 찾을 수 없었다. 축구를 정말 진지하게 좋아한다면 프로팀이나 대표팀에서 축구를 해야만 하는 것은 아니다. 축구 해설을 할 수도 있고, 하다못해 동네에서 조기 축구를 하면서도 충분히 행복할 수 있으니까 말이다. 재미있는 사실은 이영표 선수가 지금은 정말 축구 해설가를 하고 있다는 점이다. 그는 정말 축구를 좋아하는 사람임에 틀림없는 것 같다. 우리도 우리가 정말 좋아하는 일이 있다면 그 목표를 세속적인 성공이 아니라 즐거움 자체에 두어야 할 것이다. 그렇다면 우리가 욕망하는 일을 할 수 있는 길이 더욱 많이 보이기 시작할 것이다.

자신이 좋아하는 것 속에 이미 재능이 있을 수도 있고, 아니라도 상관없다. 어떤 일이 정말 좋다면 묵묵히 그 일을 하라. 언젠가는 그 일을 잘하게 될 것이다. 물론 재능이 없다면 좋아하는 일로서 최고가 되지 못할 수도 있다. 하지만 최고가 되지 못하면 또 어떤가? 좋아하는 일로 생계를 유지할 수 있다면 싫어하는 일로 최고가 되는 것보다 더 행복한 삶 아닐까?

이래저래 재능보다 욕망에 충실하는 것이 남는 장사다. 정말 좋아하는 일을 찾으면 남들과 나를 비교할 필요가 없다. 이미 내가 좋아하는 일을 하는 것만으로도 충만감을 느낄 테니 말이다. 이건 정말 자신이 좋아하는 일을 찾아 그 길을 가고 있는 사람은 누구나 알고 있는 사실이다. 이렇게 보아도 좋다. 우리가 어떤 일을 하면서 남들을 의식하고 남들보다 앞서가려고 과도하게 애를 쓰는 것은 그 일 자체에 만족감을 느끼지 못하기 때문이라고.

노력보다 욕망

우리는 좋아하는 일을 한다는 것을 암묵적으로 '어떤 일을 열심히 하지 않음'으로 받아들이는 경향이 있다. 언제나 노력에 너무 과도한 의미를 부여

한다. 밥벌이가 늘 경직되고 무거운 것으로 다가오는 것도 이 때문일 것이다. 오죽했으면 흔한 인사말이 '수고하세요.'일까. 웃으면서 '고생하라.'고 말하는 이 가학적이고 변태적인 모습이 바로 지금의 우리 모습이다.

일단 이것부터 밝히자. 나는 '노력'이라는 단어를 별로 좋아하지 않는다. 별로 참을성이 없기 때문이기도 하고, 어렸을 때 부모나 선생으로부터 '넌, 참을성이 없다. 노력이 부족하다.'는 이야기를 귀에 딱지가 앉을 만큼 듣고 자랐기 때문이다. 그런데 좀 이상하지 않나? 나, 지금 3시간째 이 긴 글에 완전히 빠져들어 컴퓨터 자판을 두들기고 있다. 어깨 아파 죽겠다. 3시간이 흘렀다는 사실도 시계를 보고 알았다. 누군에겐가는 엄청나게 수고스러운 노력의 과정일 수도 있는 일을 나는 시간이 가는 줄도 모르고 하고 있다.

지금 이 상황을 나의 부모는 도저히 이해하지 못할 것 같다. 참을성 없기로 둘째가라면 서러울 아들이 누가 시키지도 않은 일을 이리도 열심히 한다는 사실을. 첫 책을 내고 어머니에게 그 책을 드렸을 때 어머니가 하셨던 명언이 떠오른다.

"학교 다닐 때 이렇게 열심히 했으면 서울대 갔을 낀데. 하여튼 디비 쪼우기는(거꾸로 하기는)."

이해가 된다. 나는 학창 시절에는 정말 참을성도 없었고 노력도 전혀 하지 않는 학생이었으니까.

어째서 내게 이런 일이 벌어진 걸까? 참을성도 노력도 부족한 아이가 어떻게 앉은 자리에서 2~3시간씩 글을 쓸 수 있게 된 걸까? 별 것 없다. 나의 욕망을 정직하게 따랐기 때문이다. 나는 끊임없이 지껄이고자 하는 욕망이 있다. 나의 욕망 중에 가장 강렬한 욕망이다. 이 강렬한 욕망은 나의 모든 것을 넘어선다. 내가 가진 지식과 지혜 그리고 경험을 나누고자 하는, 나의 내면에서부터 분출되는 이 강렬한 욕망 때문에 3시간쯤 앉아서 글을 쓰는 것은 노력이 아니라 오히려 즐거움이 되는 것이다.

아이러니하지만 나는 글을 쓰면서 한 번도 글을 쓴다고 생각한 적이 없다. 나는 바로 지금 이 글을 읽고 있는 여러분에게 직접 이야기하는 것이라 생각하고 글을 쓴다. 단지 그 이야기를 하는 매체가 글일 뿐이다. 그래서 2~3시간 정도는 쓸 수 있는 것이다. 지껄이는 것을 무엇보다 좋아하는 사람이니까. 이렇듯 이 욕망이란 놈은 누군에겐가는 고통스럽고 억지스러운 노력일 수도 있는 '노동'을 가볍게 즐거운 '놀이'로 전복시켜 버린다. 욕망은 그 지긋지긋한 노동을 즐겁기 그지없는 놀이로 만들어주는, 정말 기특한 녀석이다.

물론 자신이 원하지 않는 괴로운 일을 억지로 참으며 하는 사람도 있다. 심지어 그걸로 성공까지 해버리는 사람도 있다. 하지만 단언하건대 자신이 욕망하지도 않는 일로 성공하는 것은 그것으로 실패하는 것보다 훨씬 더 서글픈 삶이다. 불행한 것이 아니라 서글픈 삶이다. 자신이 욕망하지 않는 일로 성공했다는 것은 엄청난 노력을 억지스럽게 참으면서 했다는 말이다. 때로는 타인이, 때로는 스스로에게 가학적인 채찍질을 해야 가능한 것이다. 마치 고행을 자처하는 수도승처럼. 나는 이런 삶을 살고 싶지 않다. 다른 사람에게 권하고 싶지도 않다. 나의 욕망에 충실하며 내가 원하는 즐거운 삶을 살고 싶다. 스스로를 괴롭히며 인생을 낭비하고 싶은 사람들은 그렇게들 사시라. 하지만 나는 더 이상 그렇게 살고 싶지 않다.

어떤 강연에서 이런 이야기를 하니 한 시니컬한 학생이 이렇게 묻더라.

"어떻게 자신이 하고 싶은 것만 하고 살아요? 인생이 그렇게 호락호락한 게 아니잖아요!"

꽤 좋은 질문이다. 맞다. 자신이 하고 싶은 것만 하고 살 수는 없다. 또 그런 삶은 사실 존재하지도 않는다. 그러니 그 학생의 말은 옳다. 하지만 잊지 말아야 할 것은 '자신이 하고 싶지 않은 일'도 '하고 싶은 일'로 만들어주는 마법의 힘이 바로 '욕망'에 숨어있다는 사실이다. 말도 안 되는 궤변이라 여기지 말고 찬찬히 한번 들어보시라.

나는 대학 시절까지 책 읽는 것을 죽기보다 싫어했다. 내가 서점에 가는 유일한 이유는 단 하나, 여자친구에게 나도 어느 정도 지적인 사람이란 것을 증명해야 할 필요가 있을 때였다. 내가 주로 좋아했던 것은 운동하는 것, 영화 보는 것, 술 마시는 것, 금요일 밤에 클럽 가는 것이었다. 당시 내게 독서는 거의 고행과 같은 것이었다. 책장을 한두 장만 넘기면 곧바로 몸이 뒤틀리고, 그렇지 않으면 평온한 숙면의 상태로 접어들곤 했다.

그런 내가 요즘은 한 달에 책을 한두 권은 읽는다. 분량이 좀 되고 깊이가 있는 책은 두 달 정도 걸릴 때도 있지만. 게다가 한 권을 다 읽고 나면 빼먹지 않고 읽은 책을 따로 정리를 한다. 나는 이제 그 과정이 즐겁다. 허세도 아니고 거짓말도 아니다. 내게 왜 이런 극적인 변화가 생긴 걸까? 그 이유는 내 욕망의 가장 밑바닥에 무엇이 있는지, 나를 움직이게 하는 가장 강렬한 욕망이 무엇인지 알게 되었기 때문이다.

앞서도 말했지만 나는 지껄이는 것을 욕망한다. 그것도 아주 강렬하게 욕망한다. 그것이 나를 살아있다고 느끼게 해주고, 짜릿하게 해주고, 행복하게 해준다. 그런데 지껄이는 것은 상대방이 있어야 할 수 있는 것이다. 혼자서 벽을 보고 매일 지껄일 수는 없는 노릇 아닌가. 그래서 나는 고민했다. 지껄임을 계속하려면 어찌해야 할 것인지. 나의 욕망을 지속적으로 충족시키려면 어찌해야 할지 무던히도 고민했다.

답을 찾았다. 나의 지껄임으로 누군가에게 조그만 도움이라도 줄 수 있다면 계속 지껄일 수 있을 것이라 생각했다. 적어도 아무런 도움도 안 되는 헛소리를 지껄이는 사람은 되고 싶지 않았다. 생각이 거기까지 닿자, 나는 자연스럽게 공부를 해야겠다는 생각이 들었다. 학창 시절처럼 의미도 모르는 채 무작정 외워대는 그런 쓸데기 없는 공부를 말하는 것이 아니다. 다른 사람이 아니라 오직 나만의 욕망을 만족시키기 위한 공부를 말하는 것이다.

좋은 글과 좋은 비유는 나에게 전율을 준다. 그런 글과 비유로 사람들을 흔들어 깨울 수 있다는 생각이 들 때마다 나는 소름이 돋고 설렌다. 나는 그냥 그렇게 욕망하는 삶을 자연스럽게 살 뿐이다. 책을 읽고, 밑줄 치고, 정리하고 또 그것들을 깊게 고민해보고, 더 나아가 그것들을 내 삶에서 살아보려고 노력하는 것이 나에게는 전혀 부자연스러운 노력이 아닌 것이 되었다. 그래서 나는 지금 공부가 즐겁다.

내게 공부가 주는 즐거움은 그뿐 아니다. 철학 책들을 읽으면서 300년 전에도 나와 같은 고민을 했던 사람들이 있었다는 사실에 소름이 돋았다. 또 동시대를 살아가는 훌륭한 사람을 직접 만나 그들 역시 힘든 삶을 살아내고 있다는 것을 알게 되었을 때 용기를 얻었다. 그리고 그것을 사람들에게 더욱 잘 전달하기 위해 글을 쓰고, 강연을 하는 것이 너무나 즐겁고 행복하다. 이런 모든 공부가 나는 정말 좋다.

이제 나에게 '공부'라는 단어는 예전에 내가 알던 그 단어가 아니다. 완전히 재해석되어버렸다. 욕망이란 기특한 녀석 때문에. 책이라면 지긋지긋해하던 10대, 20대 시절의 '공부'가 이제는 내가 욕망하는 삶 자체가 되어버린 셈이다. 거창하게 학자로서의 삶을 살 생각, 전혀 없다. 나는 단지 주목받으면서 누군가에게 지껄이고 싶을 뿐이다. 그러기 위해서는 누군가에게 진정으로 쓸모있는 사람이 되어야 하고, 누군가를 진심으로 위로해줄 수 있는 사람이 되어야 한다는 사실을 알게 되었다. 그래서 그 과정조차 즐길 수 있게 된 것일 뿐이다. 간단하게 말해서 나는 내면 깊은 곳에 있는 나만의 욕망에 정직했고 그것을 따랐을 뿐이다.

이제는 분명히 말할 수 있다. 진정한 욕망은 노력이라는 한계를 뛰어넘는다. 하고 싶지 않은 일을 할 때는 자신을 다독이고 협박하고 타협하느라 너무 많은 에너지를 쓴다. 그래서 정작 해야 할 일을 할 때면 에너지가 남아있지 않거나 충분치 않은 것이다. 하지만 진정으로 하고 싶은, 순수하게 욕망하는 일을 할 때는 쓸데없는 에너지 낭비는 결코 발생하지 않는다. 자신이 정말 좋아하는 일을 할 때 괄목할 만한 성과가 나오는 이유는 자신이 가진 에너지의 전부를 오롯이 퍼부을 수 있기 때문이다. 그것이 욕망의 강력한 힘이다. 억지스럽고 가학적인 노력 없이도 자신의 욕망에만 충실히 집중한다면 자연스레 성공할 수 있다.

운보다 욕망

그렇다면 정말 자신의 욕망을 따르기만 하면 행복한 밥벌이를 할 수 있는 걸까? 정말 노동이 놀이로 전복되는 경험을 할 수만 있다면 행복한 밥벌이를 할 수 있는 걸까? '맞다'고 말해주고 싶지만 차마 거짓말은 할 수 없다. 어떤 사람들은 열심히 노력하면 무엇이든 다 이룰 수 있다고 말하고, 또 어떤 사람들은 좋아하는 일을 찾기만 하면 무엇이든 다 이룰 수 있다고 말한다. 하지만 정말 우리의 삶이 그렇게 되었던 적이 있나? 아니다. 현실에서 우리 삶에 가장 큰 영향을 미치는 것은 단연 '운'이다.

허탈하게 들릴지도 모르겠지만 우리의 삶을 결정하는 가장 큰 요소는 우리가 통제할 수 없는 '운' 혹은 '우연'이다. 조금 거칠게 말하자면 세상은 대체로 재수있는 놈은 되고 재수없는 놈은 안 된다. 불편하지만 엄존하는 삶의 진실이다. 인생만사 거의 다 재수다. 뒤에 조금 더 말하기로 하고 일단 넘어가자. 다만 우리 삶에 가장 큰 영향을 미치는 것이 우연이라는 것은 인정하자.

하지만 인생만사 다 우연이라도 좌절하거나 절망할 필요 없다. '노력하나 안 하나 똑같네.'라는 허무주의에 빠질 필요도 없다. 거대한 우연의 힘을 극복할 수 있는 힘이 바로 욕망에 있으니까 말이다. 진정으로 욕망하는 일을 찾게 되어도 당장 행복한 밥벌이를 할 수 없을지 모른다. 행운이라는 좋은 우연이 올 때까지는. 여기서 중요한 것은 '당장'과 '올 때까지'이다. 욕망하는 일을 찾고 그것을 충분히 즐기더라도 그것이 생계를 책임지는 밥벌이가 되기 위해서는 기다릴 수 있어야 한다는 의미다. 핵심은 '기다림'이다.

행복한 밥벌이를 위해서는 좋은 우연을 기다릴 수 있어야 한다. 자신의 물때가 올 때까지 묵묵히 기다릴 줄 알아야 한다. 물론 그 기회의 크기가 비교적 크지 않을 수도 있고, 또 시기가 너무 늦게 찾아올 수도 있다. 하지만 분명한 것은 기다릴 수 있다면 우연은 극복 가능하다는 것이다. 누구에게라도 좋은 우연이 반드시 한 번은 찾아가니까 말이다.

　성공하기 위해서는 일단 버텨야(기다려야) 한다. 바로 이 지점에서 욕망의 힘이 필요하다. 우연을 극복하기 위해서는 기다림의 덕목이 있어야 하고, 기다림은 욕망으로 극복하게 된다는 이야기다.

　'욕망으로 기다림을 극복할 수 있다.'는 이야기가 선뜻 이해가 안 될지도 모르겠다. 이것부터 말해보자. 만약 우리가 돈이나 명성 같은 것에만 시선이 꽂혀있으면 대체로 행복한 밥벌이로 가는 그 지난하고 불안한 기다림을 견뎌낼 수 없다. 예를 들어 가수를 지망하는 A와 B가 있다고 치자. A는 가수로 성공해서 돈을 많이 벌고 유명한 사람이 되는 것에 집중하는 사람이고, B는 노래하는 것, 음악을 하는 것 자체를 순수하게 욕망하는 사람이다. 재능도 비슷하고 노력도 비슷하고, 인내력도 비슷하다고 가정했을 때 누가 행복한 밥벌이를 할 수 있을까?

　인내력도 비슷하니까 둘이 비슷하게 버틸 수 있을 거라 생각하겠지만 천만의 말씀이다. 좋아하는 노래를 하며 행복한 밥벌이를 하며 사는 사람은 B가 될 것이다. B가 훨씬 더 오래 버텨서 성공을 거머쥘 것이다. 바로 여기에 욕망의 힘이 숨어있다. 이제 그 이유를 설명해보자.

　흥미진진한 영화를 보면서 손에 땀을 쥐며 보내는 2시간과 관심도 없고 알아듣지도 못하는 철학 수업을 듣는 2시간이 똑같은 속도로 지나간다고 느끼는 사람은 없다. 시간은 절대적이지 않다. 영화관에서의 2시간은 쏜살같이 지나갈 테고, 철학 수업 2시간은 아마 20시간처럼 느껴질 것이다. 인고의 시간을 기다리다 나간 군대 휴가인데, 친구들과 엄마는 말하지 않던가. "이놈의 군대는 뭐 이리 자주 휴가를 나와!"

　시간은 상대적이다. 자신이 욕망하는 일을 할 때 시간은 빨리 간다. 군대를 갔다 온 사람들은 느껴봤을 것이다. 군대의 첫 휴가는 어쩌면 그리도 빨리 지나가는지. 진정한 욕망은 그런 것이다. 시간이 어찌 가는지도 모르고 일에 열중하고 몰입하게 만드는 그런 것 말이다.

시간이 빨리 간다는 것은 어떤 의미인가? 이것을 행복한 밥벌이의 관점에서 재해석해보자. 앞의 A와 B 두 사람이 가수로 밥을 벌어먹고 살기 위해 똑같이 10년을 고생한다고 가정해보자. 10년이라는 절대적인 시간은 같을지 모르겠지만, 기다림의 상대적 시간은 자신의 순수한 욕망에 충실한 B에게 훨씬 더 빨리 지나갈 것이다. 자신의 욕망에 충실했던 사람이 성공이라는 것을 거머쥐게 되었을 때, "그냥 하다 보니 벌써 이렇게 되어 있네요."라는 말은 결코 단순한 겸손의 말이 아니다. 좋아하는 일을 하다 보니 정말 시간이 쏜살같이 느껴졌다는 말이다.

물론 행복한 밥벌이를 위한 기다림이 B에게 전혀 괴롭지 않았거나 고통스럽지 않았다는 것을 의미하지는 않는다. 때로 '내가 성공할 수 있을까? 내가 제대로 가고 있는 것일까?' 하는 의구심이 수시로 찾아드는 불안하고 외로운 시간이 어찌 없었을까. 하지만 중요한 것은 고통스러웠던 시간이 정말 좋아하는 일을 함으로써 비교적 빨리 지나가게 되었다는 점이다. '과정을 즐겨라. 그럼 성공이 따라온다.'는 조언도 비슷한 맥락이다. 다만 그 조언에 빠진 부분이 있다면 과정을 즐길 수 있는 사람은 자신이 진정으로 욕망하는 일을 하는 사람뿐이라는 점이다. 자신이 좋아하지도 않고 관심도 없는 일을 하면서 과정을 즐기라는 말은 이미 헛소리다.

행복한 밥벌이로 가는 길은 일정 기간 동안 정말 개고생의 여정이다. 육체적으로, 경제적으로 힘든 것은 말할 것도 없고, 자신만의 욕망을 따라가는 길은 필연적으로 엄청나게 외롭고 불안할 수밖에 없다. 행복한 밥벌이를 이미 찾은 사람이거나 그 과정에 있는 사람은 잘 알 것이다. '내가 잘하고 있는 짓인가? 혼자 미친 짓 하는 거 아니야?'라는 원초적인 불안감을 말이다. 그런 고생을 하며 좋아하는 일로 밥벌이를 할 수 있을 때까지 버티는 것은 결코 쉬운 일이 아니다. 그래서 많은 사람들이 대충 직장을 다니거나 싫어하는 일을 꾸역꾸역 참으며 하고 사는 것이다. 이것이 우리 주위에 행복한 밥벌이를 하는 사람이 아주 드문 이유이기도 하다.

물론 해법이 있다. 개고생의 기다림을 최대한 줄여야 한다. 타임머신이 개발되지 않는 한 물리적인 시간을 줄일 수 있는 방법은 없다. 하지만 앞서 말하지 않았나? 시간은 상대적이라고. 상대적인 시간을 줄이는 유일한 방법은 자신의 깊은 욕망을 따르는 것이다. 언젠가 인디 밴드로 나름 성공한 사람의 이야기를 들은 적이 있다. "라면 하나 살 돈이 없어 힘들고 괴로웠던 시절, 그렇게도 시간이 더디게 갔지만 음악을 하고 노래를 부를 때면 하루가 어찌 갔는지 모를 만큼 빨리 가더라. 그걸로 버텨왔지." 그의 말 안에 내가 하고 싶은 모든 이야기가 있다.

자신이 진정으로 욕망하는 일, 그 일 자체가 좋고 가슴이 설레고 그래서 시간이 어찌 가는지도 모를 그런 일을 찾았다면 이미 절반은 성공한 셈이다. 이제 그 길로 들어서기만 하면 된다. 그 후의 일은 걱정할 필요 없다. 우리가 욕망해서 하는 바로 그 일이 성공으로 가는 불안하고 외롭고 험난하기 짝이 없는 기다림의 시간을 극적으로 줄여줄 테니까. 운이 좋다면 물리적인 시간마저 줄어들 수도 있다. 희망을 갖자. 어쩌면 욕망은 성공으로 가는 타임머신일지도 모른다. 내가 원하는 시간으로 나를 후딱 옮겨줄 타임머신.

정말 행복한 밥벌이를 바란다면, 내가 좋아하는 일로 하루를 채우고 그것으로 나와 가족의 생계를 책임질 수 있기를 원한다면, 그곳에 도착하기까지의 불안하고 외로운 기다림을 욕망의 힘으로 뛰어넘어야 한다. 그렇다. 욕망이라는 타임머신을 타야 한다. 인간의 영향력을 벗어나는 신의 영역인 우연조차 자신이 진정으로 욕망하는 일 앞에서는 힘을 쓰지 못하는 법이다. 이것이 순수한 욕망이 가지는 또 하나의 거대한 힘이다.

돈보다 욕망

　좋아하는 일을 하는 것을 부정적으로 생각하거나 의구심을 가진 사람들과 이야기를 나누다 보면 좋아하는 일이 돈이 되지 않을 것 같다는 이야기를 자주 한다. 문제는 좋아하는 일을 하면서 돈을 벌 수 있느냐 없느냐가 아니다. 그런 고민을 하는 사람은 좋아하는 일을 찾지 못했거나 확신이 없는 경우가 대부분이다. 내면 깊은 곳에서 끊임없이 분출되는 강렬한 욕망을 찾은 사람은 안다. 그 일을 하지 않고는 도저히 견딜 수 없다는 사실을. 정말 자신이 좋아하는 일을 찾은 사람은 '그 일이 돈이 될까 안 될까?' 라는 고민은 하지 않는다. 그러니 이렇게 보아도 좋다. 자신이 좋아하는 일을 하는 데 있어서 그 일이 돈이 되는지 아닌지를 망설이고 있다면 아직 진정한 욕망을 찾지 못한 것이라고.

　그렇다 하더라도 여전히 생계의 문제는 남는다. 견딜 수 없이 하고 싶은 일을 한다고 해서 돈을 잘 벌 수 있는 것은 아니니까. 여기서 우리의 깊은 허영 하나를 짚고 넘어가야겠다. 직업에 대한 이야기만 나오면 늘 하는 이야기가 있다. '먹고살아야지'라는 이야기. 하지만 정말 예외적인 경우가 아니라면 사실 먹고살려고 일을 하는 것이 아니다. 부자까지는 아니더라도 부자 흉내라도 내고 싶어서 싫어하는 일을 하는 것이다. 넓은 아파트, 큰 자동차, 유행하는 옷, 최신 전자제품을 사려고 일을 하면서도 직업에 대한 이야기만 나오면 '먹고살려고'라며 엄살을 떠는 것이다.

　정말 '먹고살기만 하면 된다.'라고 생각한다면 아마 지금 직장인 중 절반은 회사를 그만두어도 될 것이다. 부자를 흉내 내고 싶은 욕망 혹은 미래의 불안 같은 것들 때문에 돈을 조금이라도 더 벌어야 한다는 강박관념으로 직장을 다니는 것이다. 그보다 더 안타까운 것은 그렇게 힘들게 번 돈을 너무 쉽게 쓴다는 사실이다. 직장에서 힘들게 번 돈을 과도하게 소비하는 이유는 삶의 충족감을 느끼기 위해서다. 어떤 이는 최신 스마트폰, 명품 가방을 산다. 또 어떤 이는 저축을 하고 보험을 든다. 후자는 전자를 어리석다 욕하지만 둘 다 같다. 모두 지금 무엇인가 결핍된 삶에 충족감을 느끼기 위해서 돈을 쓰는 것일 뿐이니까 말이다.

재미있는 사실은 정말 좋아하는 일을 찾게 되면 강박적인 허영이 일시에 소거된다는 점이다. 욕망의 위력이다. 직장인이 갖는 근본적인 결핍감은 싫어하는 일을 매일 해야 한다는 데 있다. 일정 부분 그 결핍감을 채우기 위해서 소비를 하는 것이다. 진정으로 좋아하는 일을 하면 소비에 대한 욕구나 미래에 대한 불안감은 현저히 줄어든다. 정말이다. 나는 직장을 다닐 때 최신 스마트폰이 나오면 늘 샀다. 기능도 별 차이 없는 7인치, 10인치 태블릿PC를 많이도 사나 모았다. 그뿐인가? 퇴근길에 강남대로를 지나다 좋은 옷을 보면 여지없이 카드를 긁어댔다.

하지만 직장을 그만둔 지금은 전혀 다르다. 물론 요즘도 최신 전자제품이 나오면 눈길이 가고, 멋진 옷을 보면 사고 싶을 때도 있다. 하지만 충동의 횟수와 강도가 현저히 줄어든 것은 분명한 사실이다. 생각해보면 당연한 일이다. 일을 하면서 충분히 즐겁고 행복한데 굳이 행복한 다른 일을 찾으려고 애쓸 필요가 없지 않은가.

직장을 다닐 때만큼 많이 벌지 못하는 것은 사실이지만, 불필요한 소비가 현저히 줄어든 지금 삶이 그렇게 팍팍하게 느껴지지는 않는다. 이제는 굳이 큰 자동차, 넓은 아파트, 최신 전자제품, 유행하는 옷은 필요 없다. 내가 좋아하는 일을 하기 위해서 필요하다면 조금의 불편함은 충분히 감내할 수 있다. 그 어떤 소비의 만족감도 지금 내 일을 하는 데서 느끼는 만족감에 비할 바가 못 되니까.

그리고 정말 생존이 걱정된다고 해도 문제없다. 진정으로 좋아하는 일을 찾고 일정 시간 그 일을 즐기다 보면 어느 순간 많지는 않겠지만 견딜 만한 정도의 밥벌이는 할 수 있을 것이다. 잊지 말자. 어떤 분야든 어느 정도 탁월해지기만 하면 기본적인 밥벌이는 할 수 있다는 사실을. 그리고 어떤 일을 하든 그 일에 탁월해지는 방법은 자신이 정말 좋아하는 일을 하는 것이다.

다이아몬드가 비싼 이유

욕망의 위력은 또 있다. 좋아하는 일을 하는 것이 싫어하는 일을 하는 것보다 돈을 더 잘 벌 수 있다는 것이다. 좋아하는 일에는 굉장한 파괴력이 있다. 싫어하는 일을 하면 아무리 열심히 노력해도 잘해야 중간이지만 좋아하는 일을 끈덕지게 하면 최고는 되지 못할지언정 분명 유일해질 수는 있다. 진짜 욕망은 다른 사람을 흉내 내는 것이 아니라 오직 나니까 좋아할 수 있는 일을 하는 것이다. 그렇게 좋아하는 일에 흠뻑 빠지면 그 일에 관한 자신만의 독창적인 스타일이 생길 수밖에 없다. 결국 좋아하는 일을 하는 것은 우리가 유일해질 수 있음을 의미하는 것이다.

그렇다면 유일해진다는 것은 어떤 의미인가? 희소하다는 의미다. 자본주의에서 희소한 것은 비싸게 팔릴 수밖에 없다. 다이아몬드는 그것으로 국을 끓여 먹을 수 있기 때문에 비싼 것이 아니다. 진정으로 좋아하는 일을 오래 하면 우리 모두 희소한 다이아몬드처럼 유일무이한 반짝거리는 존재가 될 수 있다. 돈을 벌기 위해 다이아몬드가 되려고 하면 짝퉁 유리 다이아몬드밖에 될 수 없지만 정말 자신이 좋아하는 일을 하다 보면 어느 사이엔가 진짜 다이아몬드가 되는 법이다. 그때가 되면 좋아하는 일을 하면서 돈도 잘 벌 수 있을 것이다.

강신주라는 작가가 있다. 그는 인문서적을 몇 만 부씩 팔아치우는 출판

계의 다이아몬드다. 그는 어떻게 그런 다이아몬드가 되었을까? 화학공학도였던 그가 철학으로 전공을 바꾸면서 다짐한 게 있다. 돈을 잘 버는 일을 하는 대신 자신이 좋아하는 철학을 하기로 했단다. 자기의 욕망을 쫓아 살아오다 보니 자연스럽게 희소한 존재가 된 것이다.

그의 성공에는 분명 운이 작용을 했을 것이다. 하지만 살다 보면 누구에게나 한 번의 기회는 돌아가게 마련이다. 우리 스스로 다이아몬드가 되기만 한다면 언젠가 한 번은 우리를 가리고 있던 천이 벗겨질 것이다. 바로 그때 세상은 우리의 반짝거림을 알아줄 것이다. 문제는 기회가 아니라 먼저 우리가 욕망을 따라 살면서 반짝거리는 다이아몬드가 되어 있어야 한다는 사실이다.

'천재는 노력하는 자를 이길 수 없고, 노력하는 자는 즐기는 자를 절대 이길 수 없다.'는 말은, 이제는 낡아버리기까지 한 옛이야기지만 허투루 들을 일이 아니다. 욕망은 그만큼 위력적이다. 여러분을 설레게 하고 몰입할 수 있게 해주는 강렬한 욕망이 무엇인가? 스스로에게 진지하게 물어보시라. 그리고 언젠가 답을 찾게 된다면 그 답을 따라 주저 없이 걸어가시라. 노력 없이 성공하게 될 게다. 아니 노력하지 않은 것처럼 느끼며 즐겁고 행복하게 성공에 이르게 될 것이다.

욕망을 따르라는 말을 하기 위해 많은 이야기를 했지만, 마지막이니 복잡하게 가지 말자. 그냥 우리 정말 하고 싶은 일을 하자! 그래도 된다. 아니 그래야 한다. 그것이 행복한 밥벌이로 가는 가장 확실한 방법이니까 말이다.

07

욕망 찾기 사용 설명서
실천강령

7,000시간의 법칙

한때 대한민국 직장인들은 '1만 시간의 법칙'을 입에 달고 살았다. '말콤 글래드웰'이 쓴 《아웃라이어》라는 책을 통해 소개된 이 개념은 지금까지도 직장인들의 성공방정식으로 자리 잡고 있다. 핵심은 어떤 분야의 일을 하건 그 분야에 1만 시간 정도를 투자해야 성공의 반열에 오를 수 있다는 이야기다. 유약한 사람들은 '1만 시간 정도는 노력해야 밥벌이라도 한다.'고 생각했고, 야심 있는 사람들은 '1만 시간 정도 노력하면 부와 명예를 거머쥘 수 있다.'고 생각했다.

하지만 '1만 시간의 법칙'은 틀렸다. 사실은 우리 삶에 아무 의미도 없다. 최소한 직장인들에게는 아무런 도움도 안 되고 의미도 없다. 정직하게 말해보자. 1만 시간의 법칙이 한국을 휩쓸 때 우리 직장인들은 무엇을 생각하고 있었나? 지금 직장에서 하고 있는 일을 얼마나 했는지 그 시간을 계산하고 있지는 않았나? 나는 직장을 다닐 때 《아웃라이어》를 읽은 동료들이 자신이 근무했던 시간을 계산하는 장면을 실제로 보기도 했다. 자신의 일을 3,000시간도 하지 못한 사원이나 대리는 불안해했고, 8,000시간은 너끈히 일했던 과장이나 차장은 내심 안도했다.

이게 무슨 짓이란 말인가? 하루 8시간을 일한다고 가정하면 1만 시간은 대략 6~7년이면 채울 수 있다. 그렇다면 묻자. 지금 직장생활 6~7년차는 성공이란 것을 했나? 부와 명예를 거머쥐었나? 아니 적어도 자신의 밥벌이 정도는 불안해하지 않는 당당한 사람이 되었나?

직장인들에게 1만 시간의 법칙은 허상이다. 아무 의미도 없다. 지금 직장에서 하는 일을 몇 천 시간 했다는 식의 계산은 쓸데없는 일이다. 그 일로 1만 시간 아니 2만, 3만 시간을 채워본들 우리네 월급쟁이들은 부와 명예는 고사하고 언제나 실식의 불인에 시달릴 수밖에 없다.

도대체 우리는 무엇을 놓친 걸까? '1만 시간의 법칙'을 근본적으로 다시 생각해보자. 한 분야에서 자리 잡고 소위 말하는 성공이라는 것을 하기 위해 1만 시간 정도가 필요하다는 것은 일정 부분 사실이다. 하지만 문제는 '어디에' 그 1만 시간을 쓸지는 전혀 고민하지 않았다는 점이다. 당연히 그 '어디에'는 우리 내면의 깊은 욕망에 부합하는 것이야 한다. 먹고살기 위해서 들어온 직장의 업무를 하면서 사용하는 '1만 시간'은 그저 우리를 소모시킬 뿐이다. 거기에는 아무런 즐거움도 설렘도 두근거림도 없기 때문이다. 어디로 가는지도 모르면서 그저 불안하니까 걷고 있는 셈이다. 일단 1만 시간 정도만 걸으면 어디든 도착할 수 있으리라 믿으면서.

이런 질문을 해보자. '1만 시간의 법칙'에 따라 성공한 사람들이 자신의 분야에서 실제로 일한 시간을 시간 단위로 세고 있었을 것 같나? 절대 아니다. 그저 자신의 분야에 자연스럽게 몸을 맡겼을 뿐이다. 그냥 자신이 좋아하는 일을 자연스럽게 하다 보니 1만 시간을 채우게 되었고, 그래서 자신의 분야에서 성공의 반열에 오른 것이다. 1만 시간의 법칙에 등장하는 수 많은 성공사례들은 사후적으로 해석된 결과일 뿐이다. 수많은 사례를 통해 '1만 시간의 법칙'을 찾아낸 것은 분명 훌륭한 발견이지만, 사후적 해석은 아무 의미도 없다. 우리 직장인들은 대체로 우리가 진정으로 좋아하는 일을 하고 있지 못하니까 말이다.

1만 시간의 법칙으로 성공을 한 사람들이 성공의 반열에 오를 수 있었던 핵심적인 이유는 우연이든 의식적이든 자신이 1만 시간을 투자할 만한 분야, 그러니까 자신의 깊은 욕망과 잘 부합하는 분야를 잘 찾았기 때문이다. 자연스럽게 1만 시간을 함께할 분야를 찾았기에 그들은 행복한 밥벌이를 할 수 있었던 것이다. 그러니 가장 중요한 것은 1만 시간이라는 정량적 시간이 아니라 1만 시간을 사용할 지점을 찾는 과정이다.

우리네 직장인들에게 '1만 시간의 법칙'은 '7,000시간의 법칙'으로 수정되어야 한다. 만약 어떤 분야에서 성공하기 위해 1만 시간이 필요하다면 적어

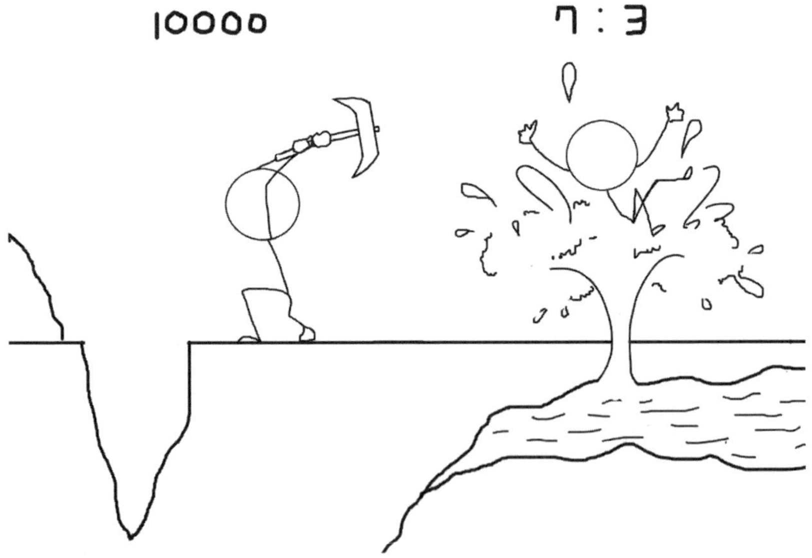

도 그중에 3,000시간 정도는 우리가 순수하게 좋아하는 일을 찾는 데 온전히 사용해야 한다. 자신의 업을 갈고 닦은 1만 시간보다 더 중요한 것은 우리의 욕망을 찾는 3,000시간이다. 인생에서 가장 서글픈 일은 성공하지 못하는 것이 아니라 좋아하지 않는 일로 성공하는 것이다. 게다가 좋아하지도 않는 일에 1만 시간을 써봐야 우리가 그토록 원하는 세속적인 성공조차 할 수 없다. 만약 1만 시간만 투자하면 모두 성공할 수 있다면, 우리네 직장에서 흔히 볼 수 있는 무기력하고 무능력한 10년차 직장인들은 대체 모두 무엇이란 말인가.

정말 행복한 밥벌이를 하고 싶다면 '7,000시간의 법칙'을 믿자. 남는 3,000시간은 우리를 두근거리게 하는 깊은 욕망을 찾는 일에 아낌없이 쓰자. '그럼 7,000시간만 사용하면 1만 시간을 사용한 사람보다 성공하지 못할 수도 있는 것 아닌가?'라는 의구심이 들 수도 있다. 이런 의구심이 드는 사람에게 하는 질문이 있다. "왜 성공하려고 하나?" 행복하기 위해서 아닌가? 타인과 비교하기 시작하면 행복은 없다. 이렇게 보아도 좋다. 우리가 자꾸만 옆사람의 성취와 성공을 훔쳐보게 되는 것은 진정으로 좋아하는 일을 하지 못하기 때문이라고. 행복한 밥벌이는 좋아하는 일을 하며 먹고사는 것이다. 좋아하는 일을 하며 재벌 총수가 되려는 것이 아니다.

그런 의미에서 욕망은 매우 중요하다. 정말 좋아하는 일을 찾고 거기에 7,000시간 정도 흠뻑 빠져 지내면 충분히 먹고살 수 있다. 조금 궁핍하면 어떤가? 먹고살 수만 있으면 되는 것 아닌가? 매일 자신이 좋아하는 일을 하면서 먹고살 수 있다면 그것으로 이미 반쯤은 성공한 인생 아닌가?

인생은 단막극이 아니라 장편 대하드라마다. 7,000시간 뒤에도 우리의 인생은 여전히 이어진다. 이어지는 인생에도 여전히 좋아하는 일을 하다 보면 생각하지도 못한 성취들이 따라올 것이다. 돈이든 명성이든 간에. 세상의 많은 명인, 장인, 고수들은 그렇게 만들어졌으니까.

우리의 희망은 1만 시간에 있지 않다. 우리의 진정한 희망은 우리 내면의 깊은 욕망을 찾아내는 3,000시간에 있다. 이제 무엇을 하는지도 모르고 억지 노력만을 강권하는 '1만 시간의 법칙'은 신경 쓰지 말자. 대신 '7,000시간의 법칙'으로 진정 행복한 밥벌이를 찾아가자.

유년 시절의 추억을 찾아서

이제 3,000시간을 어떻게 사용할지 말해보자. 우리가 좋아하는 것은 외부에 있지 않다. 이미 우리 속에 있다. 우리가 좋아하는 것을 찾을 수 없는 이유는 그것들을 억압해놓았기 때문이다. 제일 좋은 방법은 우리가 아직 많이 억압받지 않았던 유년 시절로 되돌아가 보는 것이다. 어린 시절 나를 두근거리고 설레게 했던 것들이 무엇인지 기억을 더듬어보아야 한다. 조급하면 안 된다. 당장 좋아하는 일을 찾아야 한다고 생각하면 오히려 찾을 수 없다. 욕망은 자연스러운 것이니까.

그런데 과거로 돌아가는 일은 생각보다 쉽지 않다. 우리는 모든 과거를 다 알고 있다고 여기지만 사실은 그렇지 않다. 기억은 언제나 우리의 필요에 따라 왜곡되고 은폐되고 재배치되어 있게 마련이니까 그냥 생각만 해서는 안 된다. 일단 적어야 한다. 글을 쓰는 행위는 그저 글을 쓴다는 의미 이상이다. 자신의 과거를 글로 회상하면 희한한 경험을 하게 된다. 왜곡되고 재배치되었던 기억의 진짜 모습이 드러나기도 하고, 내가 잊고 있었던 기억이 꼬리에 꼬리를 물고 나타나기 시작한다. 적는다는 것의 위력이다.

내가 추천하는 구체적인 방법은 자신이 기억하는 제일 먼 과거부터 3년이나 5년 단위로 쪼개서 적는 것이다. '나의 개인사'를 총 정리한다고 생각하면 좋겠다. 과거를 모두 기억하는 사람은 없다. 그러니 행복했던 기억이든 아팠던 기억이든 중요한 사건을 중심으로 적는 것으로 충분하다. 나는 이 방법을 통해 일정 정도 내가 무엇을 좋아하는 사람인지 힌트를 많이 얻었다. 내가 실제로 했던 방법을 말해보자. 이 방법을 참고해서 각자의 사정에 맞춰 사용하면 좋겠다.

내 기억은 거의 다섯 살쯤부터 시작되었다. 그 전에는 기억이 안 났다. 그래서 일단 다섯 살 때부터 초등학교 들어가기 전까지를 1단계로 했다. 그리고 초등학교 1학년부터 3학년까지를 2단계, 6학년까지를 3단계로 했다. 이어서 중학교, 고등학교, 대학교를 각각 4단계, 5단계, 6단계로 했다. 1, 2, 3단계는 각각 2주일 정도 여유를 가지고 적었고 4, 5, 6단계는 각각 1주일 정도 여유를 가지고 적었다. 더 먼 과거일수록 기억도 흐릿하고 왜곡과 재배치가 너 심했기 때문이다.

내 경우에는 개인사를 다 적는 데 대략 두세 달 정도가 소요되었다. 진정한 우리의 욕망을 찾으려면 그 정도 물리적 시간은 필요하다. 처음에는 잘 안 될 수도 있다. 나 역시 그랬다. 막상 유년 시절을 기억해내려면 막막하기도 하다. 몇 가지 팁을 주자면 우선 각 단계별로 기억을 더듬어갈 때는 최대한 편안 분위기에서 해야 한다. 내 경우에는 새벽에 일어나 혼자 조용히 기억을 적어나가기도 했고, 사정이 여의치 않을 때는 자주 가는 카페를 정해두고 거기서 기억들을 더듬어 적어나가기도 했다.

그리고 각 단계별로 기억을 찾아갈 때는 매일 적어야 한다. 적어도 그 기간만큼은 절반은 현재에 살고 절반은 과거에 있어야 한다. 매일 30분이라도 나의 과거 속으로 들어가야 한다. 현재에 매몰되어서는 과거를 제대로 기억해낼 수 없으니까. 유년 시절이 도저히 기억나지 않을 때는 그 시절을 추억할 수 있는 사진첩을 꺼내보거나 어린 시절 즐겨 들었던 음악을 듣는 것도 좋다. 나 역시 예전 사진첩이나 좋아했던 음악을 다시 들으니 더 잘 몰입할 수 있었다.

'나의 개인사'를 차분히 정리하다 보면 행복했던 기억들뿐만 아니라 상처받고 아픈 기억들도 함께 떠오를 것이다. 물 흐르듯이 그냥 놓아두어야 한다. 불편하겠지만 그것 역시 놓쳐서는 안 된다. 대체로 행복했던 기억은 욕망을 따랐던 기억이고, 불행하고 아팠던 기억은 욕망이 억압받았던 기억이다. 그러니 진정한 욕망은 행복했던 기억, 불행했던 기억 모두에 각인되어 있는 셈이다. 행복했던 기억은 무엇을 하면 좋을지를 알게 해줄 것이고, 불행했던 기억은 무엇을 해서는 안 되는지를 알게 해줄 것이다. 그 모든 과거의 흔적들을 기억해내고 적어나가다 보면 어느 사이에 내가 언제 그리고 무엇을 할 때 행복한 사람이었는지 어렴풋이나마 알게 될 것이다.

자기검열하지 않을 것

나이가 들어 자신의 욕망을 찾을 때 대부분의 사람들이 저지르는 실수가 하나 있다. 스스로에게 멋있게 보이려고 한다는 점이다. 유년 시절에 좋아했던 것들은 유치한 것일 수밖에 없다. 그러니 멋있어 보이려고 하면 제대로 욕망을 찾을 수 없다. 나 역시 그랬다. 나는 어린 시절 친구들과 총싸움하는 것이 너무 좋았다. 그때 행복했던 기억이 지금도 생생히 남아 있다. 그런데 막상 '내가 무엇을 좋아하지?'라는 스스로의 질문에 '총싸움'이라고 적을 수가 없었다. 너무 유치해 보였기 때문이다.

자기검열을 하기 시작하면 순수한 욕망을 찾을 길이 없다. 욕망이라는 것의 원형은 언제나 날것일 수밖에 없다. 우리를 두근거리게 할 욕망은 정제되고 세련된 것이 아니라 펄떡거리고 거친 날것일 수밖에 없다. 내가 총싸움을 좋아했던 이유는 정적인 것보다 다이내믹한 어떤 것을 욕망하기 때문이었다. 나의 유년 시절에는 그 욕망이 총싸움이라는 날것으로 표현되었을 뿐이었다.

욕망을 찾을 때는 모든 자기검열을 던진 아이가 되자. 발가벗고도 해맑게 웃으며 돌아다니는 그런 어린아이가 되자. 우리가 정말 좋아하는 것들은 그런 아이가 되었을 때만 찾을 수 있다. 멋있어 보이고, 세련되어 보이고, 있어 보이는 것을 찾으려고 하면 안 된다. 그 허영 가득한 자기검열을 벗어버릴 수 있을 때 정말 좋아하는 것을 찾을 수 있다.

나의 욕망 중 가장 강렬한 욕망은 바로 '끊임없이 무엇인가를 이야기하고 싶은' 욕망이었다. 나는 오랜 시간을 거쳐 나의 욕망을 찾을 수밖에 없었다. 왜냐하면 남자는 항상 과묵하고 무게감 있어야 한다는 의식이 나의 욕망을 끊임없이 자기검열했기 때문이다.

여러분도 마찬가지일 것이다. 욕망을 찾는 과정에서 '에이 이런 유치한 것이 내 욕망일 리가 없지.'라는 생각이 들 것이다. 그 생각이 드는 바로 그 지점에 여러분이 진정으로 좋아하는 일이 있을 것이다. 아무리 유치하고 촌스럽고 경박스러운 것이라도 무엇이든 거르지 않고 적어나가야 한다. 아니 유치하고 촌스럽고 경박스러운 것이야말로 우리를 펄떡거리게 할 진정한 욕망이다. 나는 혼자서 고민하느라 욕망을 찾는 데 꽤 많은 시행착오를 겪어야만 했다. 여러분들은 그런 시행착오를 겪지 않았으면 좋겠다.

돈이 충분하다고 가정해볼 것

우리가 진정으로 좋아하는 일을 찾지 못하는 가장 큰 이유는 단연 '돈' 때문이다. 자본주의에 의해 길러진 우리는 대체로 돈이 안 될 것 같은 일은 아예 좋아하지도 혹은 좋아해서도 안 된다고 생각한다. 이런 식으로는 절대 자신의 욕망을 찾을 수 없다. 그림 그리는 것에서 행복함을 느끼는 사람은 '그림은 돈이 안 되잖아.'라고 자신의 욕망을 부정해버린다. 또 노래하는 것이 행복한 사람은 '세상에 노래 잘하는 사람이 얼마나 많은데 이걸로 어떻게 밥 먹고 살아?'라며 자신의 욕망을 부정해버린다. 대체로 우리는 이런 식으로 소중한 욕망을 하나씩 억압하고 죽여나가고 있었던 것이다.

조금 황당한 이야기인 것 같지만 우리가 좋아하는 일을 찾을 때는 일단 돈이 충분히 많다고 가정해야 한다. 현실적이지는 않지만 상상까지 못할 이유는 없지 않은가? 또 '돈이 정말 많으면 나는 무엇을 할까?'라는 상상은 나름 즐거운 상상 아닌가? 이런 상상은 필수적이다. 앞서도 말했지만 우리는 그놈의 돈 때문에 좋아하는 일을 찾지 못하니까 말이다.

직장인들에게 '돈이 정말 많으면 무엇을 할 건가?'라고 물어보면 돌아오는 답은 대체로 '직장부터 때려치워야지!'다. 우리는 싫어하는 일은 명확히 알지만 정작 좋아하는 일은 고민조차 해본 적이 없다.

끊임없이 충분히 돈이 많은 상황을 상상해보야 한다. 쓸데없는 백일몽이 아니다. 돈에 과도하게 편향된 사고의 균형을 잡는 과정이다. '돈이 많다면 무엇을 할까?'라는 질문을 끊임없이 하다 보면 몇 가지 대답이 떠오를 것이다. '영화나 실컷 보지 뭐. 바둑이나 실컷 둬야지. 오페라는 원 없이 볼 거야. 밥 먹고 소설만 읽을 거야.' 등의 대답이 하나둘씩 떠오를 것이다. 바로 여기에 우리가 정말 좋아하는 일들이 숨어있을지도 모른다. 과도하게 돈에 집착하는 우리가 진정한 욕망을 찾는 길은 '돈이 충분히 많다면 나는 무슨 일을 하고 싶나?'라는 질문에 있다. 그리고 떠오른 여러 가지의 대답들을 하나씩 시도하다 보면 머지않아 너무 좋아서 평생을 걸고 밥벌이를 해도 후회 없을 만한 일들이 속속 나타날 것이다.

밥벌이의 스펙트럼을 넓게 가질 것

'돈이 많다면 무엇을 할까?'라는 질문은 분명 아주 소중한 것이지만 매달 생활비에 쪼들리는 우리에게는 다소 현실감이 떨어질 수도 있다. '나와 가족의 생계를 책임져야 하는 밥벌이를 너무 무책임하게 여기는 것은 아닌가?' 하는 생각이 들 수도 있다. 인정한다. 그러면 우리가 좋아하는 일을 찾는, 조금 더 현실적인 방법을 말해보자.

우선은 아는 동생의 이야기를 해보자. 그 친구를 처음 만났을 때, 그는 자신의 진로에 대해 많이 고민하고 있었다. 군대를 막 제대한 상황이었으니 당연히 그랬을 것이다. 더구나 그 친구는 학창 시절을 모두 일본에서 보냈기 때문에 입대가 늦어져 당시 나이가 스물여덟 살이었다. 적지 않은 나이였으니 더 불안하고 막막했을 것이다. 나와 그 친구는 회사의 일 때문에 한동안 자주 만났다. 사이가 조금 깊어진 뒤 그는 나에게 자신의 진로에 대한 고민을 이야기하기 시작했다

당시 그는 영상제작업체에서 일을 하고 있었지만 사실 자신은 정말 농구를 좋아한다고, 농구만 할 수 있으면 어떤 일도 할 수 있을 것 같다고 말했다. 처음에는 그저 어린 나이의 치기라고 여겼다. 체구는 왜소했고, 운동 선수로서 자질이 내게는 전혀 보이지 않았기 때문이다. 그런데 그는 그런 내 마음을 읽기라도 한 듯 이어서 이렇게 말했다. "농구 선수가 안 되어도 좋아요. 아니 사실 농구 선수는 될 수 없다는 거, 저도 잘 알아요. 그런데 전 농구 관련된 일을 할 수만 있다면 그것으로 행복할 것 같아요. 그래서 생각해본 건데, 미국에 가면 NBA 선수들을 분석해주는 것을 직업으로 하는 사람들이 있잖아요. 한국에는 아직 없는데 그걸 해보고 싶어요."

그 순간 직감했다. '이 친구 정말 농구에 대해서 절박하게 욕망하고 있구나!' 자신이 욕망하는 일을 위해 적극적으로 방법을 찾고, 구체화시킬 방안까지 생각해놓았으니 말이다. 망설이지 않았다. 갈등하고 있는 그 친구에게 따뜻한 밥 한 끼를 사주며 당장 미국으로 떠나라고 말해주었다. 무엇

인가를 도전할 가장 적당한 때는 '한 살이라도 젊을 때'라는 것을 경험으로 알고 있었기 때문이며, 우리네 인생에서 가장 젊은 날은 바로 '오늘'이라는 것을 그 친구에게 말해주고 싶었기 때문이다. 나는 그때 그 조언을 후회하지 않는다.

그 친구는 지금 미국에 있다. 가끔 SNS로 NBA 시합을 보러 왔노라고 뜨거운 열정이 묻어나는 짧은 글과 사진을 올린다. 나는 그것을 보며 무책임할 수도 있었을 그때 나의 조언이 틀리지 않았음을 확인하며 안도했다. 그리고 더 나아가 나는 그 친구의 밝은 미래를 보았다. 어느 날 유명한 농구 분석가가 되어 한국에 돌아올 것을 나는 믿는다. 그것이 욕망이 가진 힘이라는 것을 알고 있기 때문이다.

그 동생의 이야기 속에 욕망을 찾는 현실적인 방법이 있다. 좋아하는 일을 찾았고, 그 일이 일반적인 직업이라면 그냥 하면 된다. 시간이 지나면서 점점 그 일을 더 잘하게 될 테니까 말이다. 하지만 운동 관련 직업으로 밥벌이를 하는 것은 이야기가 조금 다르다. 그 어떤 분야보다 타고난 재능이 중요하기도 하고, 운동 선수는 나이가 들수록 밥벌이가 위태로워질 가능성이 아주 높기 때문이다. 야구를 정말 좋아한다던 동료 역시 야구가 정말 좋지만 절대 밥벌이가 될 수 없다고 생각했기에 포기했을 것이다. 우리가 좋아하는 일 앞에서 그처럼 쉽게 포기하는 이유는 기존의 밥벌이라는 틀 안에 갇혀있기 때문이다.

좋아하는 일을 찾기 위해서는 밥벌이의 스펙트럼을 넓게 가질 필요가 있다. 농구를 좋아한다고 꼭 농수 선수가 될 필요는 없다. 농구가 정말 좋다면 농구와 관련된 일 중에서 자신이 잘할 수 있는 일을 찾으면 된다. 농수 선수 분석가가 되려는 그 동생처럼 말이다. 마찬가지로 야구를 좋아한다고 꼭 야구 선수가 될 필요는 없다. 말을 잘하는 재능이 있다면 야구 해설가가 될 수도 있고, 글을 맛깔나게 잘 쓴다면 야구 칼럼니스트도 될 수 있을 것이다. 다른 직업도 마찬가지다. 좋아하는 일을 일단 찾아라. 그리고 기존 밥벌이의 틀에 갇히지 않으면 그 일로 밥벌이를 할 수 있는 직업을 얼마든지 찾을 수 있다. 못 찾아도 상관없다. 없으면 만들면 된다. 중요한 것은 진심으로 좋아하는 일을 찾는 것이다. 그리고 밥벌이의 스펙트럼을 넓게 가지면 된다.

당장 하고 싶은 일이 너무 많을 때

아예 하고 싶은 일이 없어 답답한 경우도 있지만 반대의 이유로 답답해하는 경우도 있다. 하고 싶은 일이 너무 많아서 어떤 일을 해야 할지 모르는 경우 말이다. 사실 좋아하는 일이 아예 없거나 너무 많은 것은 별반 다르지 않은 상황이다. 둘 다 자신의 욕망에 진지하게 대면해보지 않은 경우다. 정말 자신에 대해 깊은 탐색을 한 사람이라면 진심으로 좋아하는 일이 '너무' 많이 있을 수가 없다. 이것도 하고 싶고, 저것도 해보고 싶은 사람은 결국 어떤 것도 진지하게 해보고 싶은 것이 없다는 말과 같다.

하고 싶은 일이 많은 사람들의 고질적인 병폐는 아무것도 선택하지 못한다는 사실이다. 그래서 결국 그냥 지금 하는 일을 계속하게 된다. 그러니 하고 싶은 것이 없는 사람이나 하고 싶은 일이 많은 사람이나 결국 좋아하는 일을 할 수 없는 것은 마찬가지다. 하고 싶은 것이 너무 많은 사람들은 어찌해야 하나? 간단하다. 일단 아무거나 해보면 된다. 고민하지 말고 지금 당장 가장 끌리는 일을 하면 된다. 그것도 너무 헷갈려서 모르겠거든 주사위를 던져서 나오는 일을 먼저 하면 된다.

좋아하는 일을 다 해볼 필요도 없다. 좋아한다고 여겼던 여러 가지 일 중에서 임의로 몇 개만 해보면, 자신이 좋아한다고 생각했던 일은 실은 아무엇도 해보지 않아서 생긴 판타지에 불과하다는 놀라운 사실을 깨닫게 될 테니까.

중국 음식도 좋고, 프랑스 음식도 좋은 사람이 있다고 가정해보자. 혼자 고민만 해서는 어떤 음식을 정말 좋아하는지 알 길이 없다. 확실한 방법은 일단 먹어보는 것이다. 일단 먹어보면 중국 음식이 좋았던 이유가 사실은 어렸을 때 먹었던 짜장면 기억 때문이란 것을 알게 될 수도 있고, 프랑스 음식이 좋았던 이유는 내가 좋아하는 배우가 프랑스 사람이기 때문이었다는 사실을 알게 될 수도 있다. 그때가 되면 알게 된다. 내가 가장 좋아하는 음식이 사실은 인도나 일본 음식이었다는 것을.

자발적 가난을 각오할 것

동네 깡패들이 돈을 빼앗을 때 주로 하는 말이 이거다. "죽을래? 죽기 싫으면 돈 내놔!" 대부분의 사람들이 깡패에게 돈을 빼앗기는 이유는 죽음이 두렵기 때문이다. 하지만 깡패에게 돈을 빼앗기지 않을 비책이 있다. 깡패들이 "죽기 싫으면 돈 내놔!" 할 때 한마디만 하면 된다. "죽여!"라고. "안 그래도 죽고 싶었는데 죽여봐!"라고 악을 쓰는 사람의 돈을 뺏을 수 있는 깡패는 없다. 사실 우리는 다 알지 않나. 동네 깡패 따위가 우리를 죽이지 못한다는 것을.

우리가 좋아하는 일을 찾지 못하는 이유는 우리 내면에 깡패가 살기 때문이다. 그 깡패는 늘 우리를 겁박한다. "좋아하는 일? 굶어죽고 싶어?"라고.

'돈이 많다고 가정해보는 것' '밥벌이의 스펙트럼을 넓게 가지는 것'이 하나의 대안이 될 수 있을지 모르지만 근본적인 해결책은 아니다. 두 가지 방법 모두 불확실한 부분을 인정하는 것이기 때문이다. 돈이 많다고 가정하는 데 대해 어떤 사람은 '지금 돈이 없는데 무슨 헛소리야.'라고 말할 것이고, 밥벌이의 스펙트럼을 넓게 가지라는 이야기에는 '그럼 밥벌이가 안 되면 네가 책임질 거야?'라고 말할 것이다.

두 가지 방법은 분명 괜찮은 대안이지만 불완전할 수밖에 없다. 불확실한 미래를 가정했기 때문이다. 그보다 훨씬 근본적인 해결책이 있다. 일시적인 '자발적 가난'을 각오하는 것이다. '조금 가난해지면 어때? 좋아하는 일 하는데!'라고 의연하게 말할 수 있으면 게임 끝이다. 이 정도 각오를 하면 더 이상 돈 문제에 발목이 잡혀 헤매지 않을 것이다. 우리 내면의 깡패가 '좋아하는 일 찾다가 굶어죽는다.'고 겁박할 때 '그래, 좀 가난하게 살지 뭐.'라고 당당하게 말할 수 있다면 우리 내면의 깡패 역시 줄행랑을 칠 것이다.

이쯤 되면 '나 혼자 가난한 것은 괜찮지만 가족들까지 가난한 것은 안 되지.'라고 말하는 사람들이 있을 것이다. 잊지 말자. 동네 양아치가 우리를 진짜 죽일 수 없듯이, 우리 내면의 깡패 역시 우리를 진짜 가난하게 하지 못한다는 사실을.

군복무 시절 일병 한 명이 마지막까지 고공낙하를 못해서 단체기합을 받은 날, 그에게 물었다. "야 이 새끼야 다 뛰는데 왜 너만 안 뛰었어?" 그 일병은 답했다. "부모님 생각이 나서요." 사실 그 일병은 자기가 겁이 많아서 못 뛰어내린 것이지 부모가 걱정되었던 것이 아니다. 다만 겁이 나니까 부모 얼굴이 생각난 것일 뿐. 우리 역시 마찬가지다. 결정적인 순간에 '가족 걱정'이라는 논리를 동원하는 이유는 '용기가 없어서'라는 사실에 직면하기 싫어서일 뿐이다.

자발적 가난을 선택할 각오만 있다면 의외로 문제는 쉽게 해결된다. '정말 가난해질지 아닐지'와는 별개로 보다 쉽게 우리가 좋아하는 일들을 찾아낼 수 있다. 그리고 아이러니하게도 바로 그 일을 함으로써 가난해지지 않을 수 있다. 이제는 식상하기까지 한 이순신 장군의 '죽고자 하는 자는 살고, 살고자 하는 자는 죽는다.'는 사자후를 다시 한 번 깊게 고민해 보아야 한다.

포기할 수 있는 것만큼이 좋아하는 것의 무게다

좋아하는 일을 찾는 것을 순정만화처럼 생각하는 사람들을 정말 많이 만났다. 자신의 진정한 욕망을 찾아가는 과정은 고상하고 아름다운 일이 아니다. 오히려 거칠고 험난한 가시밭길이다. '내가 어떤 일을 얼마나 좋아하느냐'는 정확하게 그 일을 함으로써 '내가 얼마나 많은 것을 포기할 수 있느냐'와 같다. 격투기를 좋아하는 사람들은 링에 올라가 화려하게 시합하는 것을 꿈꾼다. 하지만 실제 격투기 선수들의 삶은 전혀 화려하지 않다. 매일 습기 찬 반지하 체육관에서 고통스러운 훈련을 하고, 시합이 잡히면 물 한 모금 마시지 못한 채 땀복을 입고 사우나에서 버티는 지옥 같은 감량의 과정을 이겨내야 한다.

정말 격투기를 좋아하는 사람들은 그 고된 훈련과 감량 과정을 기꺼이 견뎌낸다. 하지만 격투기를 좋아한다고 말하는 사람들의 대부분은 고통은 가볍게 건너뛰고 화면에 비치는 화려한 모습만을 본다.

격투기만 그런 것이 아니다. 직장 다닐 때 자신은 곧 사업을 할 거라고 항상 입버릇처럼 말하고 다니는 사람이 있었다. 그는 자신만의 비즈니스를 하고 싶다고 했다.

창업을 하는 것은 멋진 정장을 입고 멋진 차를 타고 다니는 것이 아니다. 정말 바닥부터 기어 올라가는 것이다. 직장 다닐 때는 신경도 안 썼던 전표처리부터 미래에 대한 불안감, 심지어 사무실 청소까지 모두 스스로 해야 한다는 이야기다. 언제나 장밋빛 미래만을 보며 창업을 하겠다던 그는 여전히 직장인이다. 좋아하는 일을 가볍게 생각하는 사람은 언제나 머릿속으로만 모든 것을 계산해볼 뿐 삶에서는 한 발자국도 움직이지 못한다.

사실 나 역시 마찬가지였다. 나는 직장을 그만두고 글을 쓰면서 강연을 하고 살고 싶었다. 지금 출판업이 얼마나 불황인 줄 아느냐고, 강연은 아무나 하느냐며 모두들 미친 짓이라고 했다. 솔직히 나도 자신이 없었다. 그때 스스로에게 물었다. '나는 글 쓰고 강연하는 삶을 위해 무엇을 포기할 수 있지?'라고. 나는 안정적인 당시 직장의 모든 것을 포기하고서라도 그 삶을 살고 싶었다. 불확실한 미래의 모든 위험을 감내하더라도 좋아하는 일을 하고 싶었다. 나는 그렇게 정말 좋아하는 일을 찾았다. 여러분 역시 좋아하는 일을 그렇게 찾기를 바란다.

좋아하는 일이 생겼다면 스스로에게 먼저 물어보자. '나는 좋아하는 일을 하면서 지금 가진 것들을 어디까지 포기할 수 있나?'라고. 포기할 수 있는 그만큼이 바로 우리의 진짜 욕망의 무게다. 좋아하는 일을 한다는 것은 그처럼 힘든 일이다. '좋아하는 일을 찾는 것'은 결국 '무엇을 포기할 수 있는가'와 맞닿아 있다. 생각해보면 당연하다. 사과를 쥔 손으로 다른 사과를 잡을 수는 없으니까 말이다. 그 단순한 진리를 우리는 자꾸 잊고 사는 것 같다.

08

잘하는 일
vs 좋아하는 일

영원한 미스터리, 재능 VS 욕망

앞의 글은 미로(me路)를 푸는 과정이었다. 다시 말해 '나는 무엇을 잘할 수 있을까?'(재능)와 '나는 무엇을 좋아할까?'(욕망)라는 질문에 답하는 과정이었다. 그런데 이 미로를 진지하게 걷다 보면 반드시 부딪히는 질문이 있다. '잘하는 것과 좋아하는 것이 다르면 어떻게 해야 하지?'

자신을 깊게 탐색하다 보면 재능과 욕망이 충돌하는 지점이 반드시 발생하게 마련이다. 좋아하는 일 속에 잘하는 일이 있을 확률이 높고, 잘하는 일 속에 좋아하는 일이 있을 확률이 높지만 반드시 그 둘이 일치하는 것은 아니기 때문이다. 어쩌면 인생에서 가장 큰 행운은 욕망(좋아하는 일)과 재능(잘하는 일)이 서로 갈등하지 않고 일치하는 것인지도 모른다.

만약 재능과 욕망이 일치하지 않는다면 어떤 것을 선택해야 할까? 좋아하지는 않지만 잘하는 것을 선택해야 하나? 아니면 잘하지는 못하지만 좋아하는 것을 선택해야 하나? 이건 정말 영원한 미스터리다. 답이 없다. 그러니 이건 한 사람의 세계관과 연결될 수밖에 없다. 섣불리 답을 내리기보다 재능과 욕망 중 한쪽을 선택했을 때 펼쳐질 상황을 보여주는 것이 더 의미 있을 것 같다.

재능 〉 욕망

먼저 좋아하는 일보다 잘하는 일을 선택했을 경우를 생각해보자. 사실 딱 부러지게 잘하는 일 없이 고만고만한 우리에게 재능이냐 욕망이냐의 선택은 사치스러운 이야기인지도 모른다. 어쩌면 평범한 우리는 재능을 발견하기만 하면 욕망 따위는 전혀 고려조차 하지 않고 주저 없이 잘할 수 있는 일로 뛰어들 것이다. 이해 못할 것도 없다. 언제나 중간만 하면 다행이라는 열패감에 시달려온 우리에게 재능은, 우리를 아주 특별하게 만들어줄 보석처럼 느껴질 테니까 말이다.

어느 정도 재능과 욕망에 대한 윤곽이 드러나자 나 역시 한동안 그 둘 사이에서 방황했다. 그 방황을 끝내고자 당시 믿고 있었던 사람의 강연장을 찾은 적이 있다. 그는 공병호와 함께 한국의 자기계발 시장을 대표했던 고(故) 구본형이다. 나는 그에게 "좋아하는 일과 잘하는 일 중에서 어떤 일을 직업으로 하는 것이 더 나은 선택인가요?"라고 물었다. 그의 답은 이랬다. "사람마다 차이는 있겠지만 저 같은 경우에는 '잘하는 일'이 더 나은 선택이라고 생각합니다." 나는 재차 물었다. "왜요?" "일단 직업은 생존과 직결되어 있으니까 좋아하기만 하는 일은 위험합니다. 그리고 어떤 일을 잘하게 되면 좋아하게 되니까요."

아, 설득당했다. 직업은 생존과 관련되어 있다는 그의 말에 압박당했고, 잘하는 일을 하다 보면 그 일이 좋아질 거란 그의 말에 회유당했다. 그런데 그의 이야기는 정말 옳았을까? 아니다. 욕망 대신 재능을 따라야 한다는 그의 이야기는 틀렸다. 적어도 나는 그렇게 생각한다. 욕망 대신 재능을 따르는 삶이 어떤 것인지 직접 목격한 적이 있기 때문이다.

의상 디자인을 좋아했던 공대생 C가 있었다. 그는 의상 디자이너가 되는 것이 꿈이었지만 안타깝게도 공대생이었다. 대학시절 C는 의상 디자이너와 엔지니어 사이에서 참 많이 방황했다. 한동안 낮에는 열역학을 공부하고 밤에는 의상 디자인을 배우는 이중생활을 감내해야만 했다. 그만큼 의상 디자이너가 되고 싶었던 것이다. C는 그렇게 1년 조금 넘게 이중생활을 하다 결론을 내렸다. 엔지니어가 되기로 한 것이다. 나는 그에게 이유를 물었다. 그는 "둘 다 해보니까 엔지니어 일을 더 잘할 수 있을 것 같아서."라고 답했다. 자신은 의상 디자인에 소질이 없다는 이야기도 덧붙였다.

나는 C가 디자인에 정말 재능이 있었는지 없었는지 모른다. 하지만 엔지니어로서의 자질은 충분했다. 나처럼 평범한 공대생들에게 역학은 곤욕이었지만 그는 동기들보다 적게 공부하고도 항상 모든 역학 과목에서 A를 받았다. 그가 고된 이중생활을 1년 넘게 유지할 수 있었던 비결도 바로 그것이었을 것이다. 오랜 시간을 함께해오면서 C가 엔지니어로서의 일은 잘해낼 것이 분명해 보였다.

결과 역시 그랬다. 이중생활을 접고 전공 공부에 집중한 그는 제일 먼저 취업을 했다. 그것도 모두가 선망하는 업계 최고 수준의 외국계 기업에. 이제 8년차를 넘어가는 그는 소위 말하는 잘나가는 직장인이다. 직장에서 인정받아 승진은 물론이고 연봉도 한국 대기업 수준 이상이다. 그뿐만 아니라 지금은 해외 본사에서 근무를 하고 있다. 속 모르는 동기들은 '그때 디자이너 된다고 헛짓거리 안한 게 얼마나 다행이냐?'며 그를 축하해주었다. 말하자면 C는 고 구본형 작가의 조언을 정말 충실히 잘 따른 셈이다.

그런 C가 직장을 그만두었다는 내 소식을 전해듣고 소주나 한잔하자고 연락을 해왔다. 한국으로 들어온 그와 술 한잔을 했다. 그 친구의 얼굴을 보는 순간 바로 알았다. 그가 지금 전혀 행복하지 않다는 것을. 평범한 직장인들에게 외국계 기업은 일종의 마지막 희망이다. 중소기업에 다니는 사람들은 대기업에 취업하는 게 꿈이지만, 정작 대기업에 다니는 사람은 능력만 있다면 외국계 기업으로 가고 싶어 한다. 당연하다. 연봉은 대기업과 비슷하지만 복지는 더 좋고, 게다가 그 빌어먹을 군대문화도 없으니까. 그래서 더 이상했다. 행복해 보이지 않아서.

내 스타일대로 직구로 물었다. "제일 잘나가는 놈이 왜 똥 씹은 얼굴이냐? 문제 있냐?" 그가 내게 돌린 답은 "그때 의상 디자인을 계속했어야 했나봐."였다. 순간 당황했다. 대학 시절 그와 술을 마시며 '디자인을 해야 하나, 엔지니어로 살아야 하나.'라는 고민을 종종 나누었다는 사실을 어느 사이엔가 나는 까맣게 잊어버렸으니까. 하지만 그는 여전히 그 꿈을 마음속에 품고 살고 있었던 모양이었다. 이제는 그가 내게 물었다. "직장 때려치우고 글 쓴다며? 좋냐?" 그제서야 알았다. 그가 한국으로 들어오자마자 왜 나를 제일 처음 만나러 왔는지. 늘 같은 지점에서 방황하는 자신에게 무언가 자극이 필요했던 것이다.

잘하는 일을 하는 것은 좋다. 고 구본형 작가의 말처럼 생존을 책임질 수 있으니까. 하지만 잘하는 일을 한다고 해서 그 일이 좋아지지는 않는다. 잘하는 일을 좋아한다고 느끼는 것은 허영 때문이다. 내면의 목소리에 귀를 기울이지 않는 사람은 타인의 칭찬에 휘둘린다. 잘하는 일을 하면 타인에게 인정받고 칭찬을 받는다. 그런데 칭찬받고 인정받는 일이 정말 우리가 근본적으로 욕망하는 일일까? 아니다. 우리는 종종 어떤 일을 잘하게 되었을 때 헷갈리곤 한다. 그 일을 잘해서 그 일을 좋아하게 된 것인지 아니면 그저 사람들이 해주는 칭찬을 좋아하게 된 것인지. 어떤 일을 잘하면 그 일이 좋아진다는 말은 거짓이다. 다만 사람들의 칭찬을 좋아하는 것일 뿐이다.

오히려 우리가 정말 좋아하는 일은 타인에게 폄하당하고 무시당하는 모욕을 견뎌내는 일일 것이다. 우리의 근원적인 욕망은 오직 나만의 것이니까 타인이 그것을 칭찬하고 인정해줄 리가 없다. 우리를 진심으로 사랑하는 사람만이 우리의 근원적인 욕망을 지지할 뿐이다. 나머지는 우리의 욕망에 관심이 없다. 아니 심지어 직장은 우리의 욕망을 부정하게 만들지도 모른다. 업무의 효율을 떨어뜨릴 테니까 말이다. 우리에게 아무런 애정도 관심도 없는 사람이 우리를 칭찬하는 이유는 우리가 그의 이해관계에 부합했기 때문일 뿐이다.

외국계 기업에서 C가 얼마나 많은 칭찬과 인정을 받았겠나? 당연하다. 그는 자신이 가진 재능으로 그 일을 정말 잘했을 테니까. 하지만 이제는 그도 아는 것이다. 자신의 내면의 목소리에 집중해본 사람은 안다. 자신이 좋아하지 않는 일로 타인의 인정과 칭찬을 받는 것이 얼마나 공허하고 때로는 서글픈 것인지. 재능과 욕망이 충돌할 때 재능을 따르는 것은 불행의 전주곡이다. 밥벌이는 넉넉히 할 수 있을지 모르지만 언제나 삶의 근원적인 불안과 답답함을 안고 살아야 할 테니까. 의상 디자이너를 여전히 꿈꾸고 있는 C처럼.

언젠가 김연아 선수의 인터뷰를 본 적이 있다. 그는 자신이 스케이트를 타는 것을 '해야만 하기 때문에 해야 하는 일'이라고 했다. 우리는 일찍 재능을 찾고 그 길에서 많은 성취를 이루는 것이 행복한 삶이라 여긴다. 틀렸다. 나는 그 인터뷰를 보고 김연아가 안쓰럽게 느껴졌다. 피겨 요정 김연아만 있을 뿐, 꿈 많고 하고 싶은 것 많은 푸르러야 할 20대의 김연아는 전혀보이지 않았기 때문이다. 김연아는 자신이 제일 잘할 수 있는 것을 일찍 찾았다. 그리고 그것으로 세계 정상에 섰다. 당연히 밥벌이 걱정은 없다. 그럼에도 불구하고 그녀는 행복해 보이지 않는다. 재능과 욕망 중 재능만을 선택했기 때문이다. 좋아하는 일이 아니라 잘할 수 있는 일을 선택하는 것은 우리의 행복을 보장해주지 않는다.

물론 김연아도 피겨 스케이팅을 정말 좋아했을 수 있다. 그것이 주는 순수한 즐거움을 만끽한 시절이 있었을 수도 있다. 만약 그렇다면 나는 김연아를 진심으로 위로해주고 싶다. 우리의 너무 많은 시선과 과도한 관심이 그녀의 순수한 욕망마저 의무로 만들어버린 것일 테니까.

재능 〈 욕망

이제 욕망을 따르는 길을 이야기해보자. 먼저 결론부터 내고 가자. 잘하는 일과 좋아하는 일 중에서 갈등하고 있다면 좋아하는 일을 하는 편이 낫다. 그래도 된다. 그 이유는 뒤에서 다시 말하기로 하자. 우선 좋아하는 일을 하게 되었을 때 일반적으로 떠오르는 문제들에 대해서 고민해보자. 제일 먼저 드는 의구심은 밥벌이에 관한 것일 테다. 아무 재능도 없는, 그저 좋아하기만 하는 일을 직업으로 택하면 최소한의 밥벌이도 못하게 되는 것이 아닐까 하는 걱정 말이다.

음악을 하는 L이라는 친구가 있다. 유명하지도 않고, 돈도 잘 못 번다. 설상가상으로 아버지까지 투병 중이라 생활의 곤궁은 이루 말할 수가 없다. 그는 "음악을 정말 좋아하지만 재능이 없다."고 말한다. 정말 작곡을 잘하는 사람을 볼 때면 '음악을 그만둬야 하나?'라는 자괴감에 시달린다고 했다. 비단 이 친구뿐만이 아니다. 운이 나빠서인지 재능이 없어서인지 모를 대학로의 수많은 무명 배우들 역시 마찬가지다. 좋아하기만 하는 일을 직업으로 하는 것은 어쩌면 정말 위험한 일인지도 모른다. 이 사실을 부정하거나

165

은폐해서는 안 된다. 현실은 엄연한 현실이니까.

L은 지금 밤에는 음악 작업을 하고 낮에는 운전기사 일을 한다. 척박한 현실 때문에 어쩔 수 없다. 그렇다면 L은 길을 잘못 선택한 것일까? 이것부터 말하자. 인생은 원래 고된 것이다. 싯다르타가 이미 말하지 않았나? '인생은 고해(苦海)'라고.

우리는 외국계 기업에서 잘나가는 C를 부러워하고, 낮에는 운전기사를 하고 밤에 음악 작업을 하는 L을 불쌍하다고 생각한다. 그런데 정말 C는 행복하고 L은 불행한 것일까? 잘 모르겠다. L의 현실적인 삶의 무게가 더 무거운 것만은 사실이다. C보다 더 척박한 현실을 견디고 있으니까. 그런데 C는 먹고사는 문제를 고민하지 않음에도 그 역시 전혀 행복해 보이지 않았다.

둘은 어찌 해야 행복할 수 있을까? L은 음악으로 생계를 유지할 수 있는 방법을 찾아야 한다. 그는 지금 잘하고 있다. 좋아하는 일은 당장 돈이 되지 않는다. 시간이 필요하다. 그 시간 동안 그는 운전기사를 하고 있는 것일 뿐이다. 현실의 척박함 때문에 '음악은 무슨 음악! 돈도 안 되는 거 진작 때려쳐야 했는데!'라며 자신의 소중한 욕망을 부정하지만 않는다면 그는 좋아하는 일로 부자는 못 되더라도 밥은 먹고 살 수 있을 것이다.

좋아하는 일로 밥벌이를 하는 것은 쉽지 않다. 그래서 많은 사람들이 돈을 벌려고 싫어하는 일로 기어들어가는 것일 테다. L은 현실을 버티면서 좋아하는 일로 돈을 벌 수 있는 방법을 찾아야 한다. 그래야 행복하다. 생존이 해결되지 않는 상황에서 좋아하는 일은 아무 의미도 없다. 하지만 인간은 먹고사는 것만으로는 행복해질 수 없는 존재라는 사실 역시 간과해서는 안 된다. 우리네 삶에서 중요한 것은 언제나 균형이다.

이제 다시 C의 이야기를 해보자. C는 어찌해야 하나? 자신의 욕망을 긍정하고 좋아하는 일을 해야만 한다. 언제까지나 내면의 깊은 욕망을 눌러놓은 채 살 수는 없다. 인간은 먹고사는 것만이 아니라 자신이 좋아하는 일을 할 때 비로소 행복해질 수 있는 존재이다. C는 의상 디자이너를 해야만 한다. 그것이 직업적인 형태여도 좋고, 취미의 형태여도 좋다. 상관없다. 어쨌든 자신이 욕망하는 일을 해야만 한다. 자신이 억눌러놓았던 욕망을 긍정할 수 있을 때만 삶은 윤택해지고 생기가 넘칠 것이기 때문이다.

현재 스코어로는 C와 L 둘 다 행복하지 못한 것이 사실이다. 그렇다면 둘 중에서 누가 행복한 밥벌이를 할 가능성이 더 높을까? 대체로 C라고 생각할 것 같다. 일단 돈도 있고, 여유도 있으니까. 하지만 사실은 L이 자신이 좋아하는 일로 행복한 밥벌이를 할 가능성이 더 높다.

인간은 기본적으로 나이가 들면서 보수적으로 변해갈 수밖에 없다. 당연하다. 나이가 들수록 지켜야 될 것이 많아지게 마련이니까 점점 더 기득권을 내려놓기가 어려워진다. 시간은 속절없이 흐를 것이고, C는 나이가 한참 지나 중년을 넘긴 후에 애잔한 표정으로 켜켜이 먼지 쌓인 디자인 책을 다시 펼쳐볼 수밖에 없을 것이다.

이렇게 물어보자. '하고 싶은 일'과 '해야만 하는 일' 중 어느 것이 더 두려울 것 같나? L은 '해야만 하는 일'을 두려워한다. 가족의 생계를 책임져야 하는 일, 운전기사 일을 두려워한다. 피할 수만 있다면 피하고 싶을 것이다. 반면 C는 '하고 싶은 일'을 두려워한다. 자신이 그리도 꿈꿔왔던 의상 디자인을 두려워한다. 그것을 다시 시작하면 지금 안정적으로 누리고 있는 모든 기득권이 일거에 붕괴될 수 있다는 느낌이 들기 때문이다. 그만큼 디자인에 대한 열망이 크다는 것을 본인이 제일 잘 알고 있으니까 말이다. 그렇다. 많은 급여와 시간적 여유에도 C는 대학시절 자신의 꿈이 담긴 먼지 덮인 디자인 책을 다시 펼치지 못할 것이다. 그 먼지를 털어낼 때 자신의 기득권도 함께 털어내야 한다는 두려움 때문에.

자신의 욕망을 따라야 할 가장 좋은 시기는 하루라도 젊을 때다. 어떤 길을 가든 시간이 지남에 따라 우리는 점점 더 많은 기득권을 얻게 될 수밖에 없다. 만약 우리가 좋아하지 않는 길에 들어섰다면 그 기득권의 무게만큼 우리의 순수한 욕망을 부정하게 될 수밖에 없다. 너무 늦기 전에 자신이 좋아하는 일에 직면할 수 있었으면 좋겠다. 여러분도, 내 친구 C도. 너무 많은 기득권을 갖기 전에 욕망을 찾아 떠났으면 좋겠다. 너무 늦어버리면 우리는 그만큼 취약해져서 우리가 좋아했던 일 자체를 부정하지 않을 수 없을 테니까 말이다.

어차피 행복한 밥벌이를 하려면 어느 정도 고생을 할 수밖에 없다. 어차피 해야 할 고생이라면 하루라도 젊을 때 하는 것이 낫다. 그러니 만약 재수없게도 좋아하는 일과 잘하는 일이 분열되어 있는 상황이라면, 과감하게 좋아하는 일을 따라가기를 바란다. 두려워할 것도 불안할 것도 없다. 지금 욕망을 따라 나서지 못한다면 내일은 더 힘들 것이고, 그렇게 고민만 하다가 시간을 보내면 곧 이렇게 말하는 자신을 만나게 될 것이다. "그때 그것을 해봤어야 했는데……." 인생에서 이 말보다 더 아찔하고 괴로운 것이 또 있을까? 이제 분명히 하자. 재능보다 욕망을 따르자! 잘하는 일보다 좋아하는 일을 따라 나서자! 그 속에 행복한 밥벌이가 있다.

09

좋아하는 일에서
잘하는 것을 찾자

재능과 욕망의 화해

재능과 욕망이 갈등하고 있을 때는 잘하는 일보다 좋아하는 일을 하는

것이 현명한 선택이다. 아니 후회 없는 선택이라고 하는 편이 낫겠다. 그럼에도 여전히 욕망을 따라 걸어가는 것이 두렵고 불안한 사람들이 있을 것이다. 사실 나 역시 마찬가지였다. 나는 한때 격투기 선수를 꿈꾸었다. 격투기가 참 좋았다. 하지만 격투기를 하면서 정말 재능 있는 사람들을 많이 만났다. 그들을 보면서 나는 격투기를 좋아하지만 재능은 턱없이 부족하다는 사실을 인정하지 않을 수 없었다. 한동안 재능과 욕망 사이에서 참 많이 갈등했다. 부끄럽게도 나는 여러 가지 고민 끝에 격투기를 접었다.

그렇다면 지금껏 계속 좋아하는 일을 하라고 떠들었으면서 정작 나는 좋아하는 일을 버린 것일까? 아니다. 나는 격투기를 접었지만 내 속의 진정한 욕망을 따라간 것이 맞다. 지금껏 '좋아하는 일'과 '욕망'을 같은 의미로 사용해왔지만 실은 그 두 단어는 조금 다르다. 좋아하는 일은 하나의 표면적인 현상이고, 욕망은 '좋아하는 일'을 만들어내는 본질적인 원인이다.

다시 나의 예를 들어보자. 격투기는 내가 좋아하는 일이었다. 하지만 격투기를 좋아하게 된 것은 내 안에 있는 어떤 근본적인 욕망 때문이었다. 내 욕망의 커다란 두 개의 축은 주목받고 싶은 욕망과 나를 표현하고 싶은 욕망이다. 두 가지 근본적인 욕망이 격투기를 좋아하는 일로 만든 것이다. 나는 격투기를 하면서 주목받고 싶었고 나를 표현하고 싶었다.

이제는 안다. 내가 예전에 격투기를 좋아했던 것도, 지금 글 쓰는 것을 좋아하는 것도 모두 내 안의 근원적인 욕망이 다른 형태로 발현된 것일 뿐이란 사실을. 그 두 가지 욕망이 어린 시절에는 격투기 선수로 지금은 작가로 발현된 것일 뿐이다. 격투기 선수보다 작가로서의 삶이 나의 욕망을 더 잘 실현할 수 있는 직업이라는 사실을 지금 나는 잘 알고 있다. 그러니 나는 정확히 나의 욕망을 충실히 따라온 것이다. 달리 말해 내가 격투기를 접고 작가가 된 것은 좋아하는 일 중에서 내가 더 잘할 수 있는 일을 선택한 것이다. 나름 갈등하던 욕망과 재능을 화해시킨 셈이다.

바로 이것이 이제부터 여러분에게 말하고 싶은 것이다. 재능과 욕망 사이의 타협 아닌 타협이라고 말해도 좋고, 또 하나의 대안이라 해도 좋다. 욕망을 따르는 것이 최선이지만 현실의 우리는 언제나 최선의 선택만을 할 수는 없다. 각자 삶의 여러 가지 문제들을 안고 살아가는 사람들이니까.

재능과 욕망이 갈등할 때 그 둘을 화해시킬 수 있는 하나의 대안을 이야기해보자. 좋아하는 일을 하면서 그 일을 잘할 수 있다면 정말 금상첨화가 아닐까? 좋아하는 일을 잘하게 되면 그때 우리는 정말 행복한 밥벌이를 할 수 있게 되었다고 말해도 좋다. 이제 시작해보자.

욕망 리스트 작성

나는 책에서 이래라 저래라 하는 것을 좋아하지 않는다. 특히 책에다 공란을 만들어놓고 채우라는 인스턴트식 책은 좋아하지 않는다. 하지만 이번 장만은 나 역시 그리 할 수밖에 없겠다. 꽤 고민을 해봤는데, 그게 제일 효과적일 것 같아서다. 양해해주시라. 이번 이야기는 이제껏 했던 재능과 욕망에 대해 아주 구체적으로 정리하는 것이라고 생각하면 된다. 전체 그림을 먼저 말해주는 것보다 구체적인 과정을 하나씩 말해주는 것이 훨씬 효과적일 것 같다. 이유는 이 과정이 끝나면 자연스럽게 알게 될 것이다. 찬찬히 이 과정을 따라오다 보면 스스로 욕망하면서 재능도 있는 일을 찾을 수 있을 것이다.

처음 시작하려면 막막할 테니 내가 거친 과정을 공유하는 것이 좋겠다.

일단 다음 페이지에 있는 것과 같은 종이를 하나 만든 다음 왼쪽에 여러분의 욕망들을 적으시라. 앞서 욕망을 찾는 과정에서 발견해낸 여러분의 욕망을 적으면 된다. 어렵게 생각할 것은 전혀 없다. 하고 싶은 것들, 좋아하는 것들을 죽죽 적어나가면 된다. 그것이 특정한 행동이든 모습이나 상태이든 상관없다. 앞서 강조했던 것처럼 욕망을 적어 나갈 때는 절대 멋있어 보이려 하지 말고, 자기 검열도 하지 말고, 돈 걱정도 하지 말아야 한다. 그래야 내면의 진짜 욕망들을 만날 수 있다.

또 섣불리 일반화, 추상화시키지 말고 아주 구체적인 행위들을 적어야 한다. 처음 욕망을 찾는 과정을 세련되게 할 수는 없다. 날것 그대로 자신이 좋아하는 것들을 적어나가자. 진정한 욕망은 언제나 거칠고 투박하게 펄떡거리는 것들이다. 중복되는 것이 있더라도 상관없다. 일단 거르지 말고 다 적어야 된다. 유년 시절부터 지금까지 여러분이 좋아했던 것들이 있다면 모조리 다 적어나가면 된다. 앞서 말했던 개인사를 시간을 내어 적어보았던 사람이라면 어렵지 않게 채워나갈 수 있을 것이다.

욕망 중에 성과를 내었던 것을 찾자

이제 내가 좋아하는 것들 중에 성과를 낸 적이 있었던 경험들을 찾아보자. 성과라고 해서 특별하고 대단한 것을 말하는 것이 아니다. 지나가다가 선생에게 칭찬을 한 번 들었던 것이 될 수도 있고, 부모나 가족들에게 사소하게 인정받았던 것이 될 수도 있고, 친구들이 부러워했던 것이 될 수도 있다. 평범한 사람들은 자신은 잘하는 것이 하나도 없을 것이라 생각하지만 살면서 크고 작은 성취를 이루었던 경험을 한 번도 해보지 않은 사람은 없다. 여기에서도 유의사항은 욕망을 찾는 방법과 같다. '에이 이런 걸 어떻게 성과라고 할 수 있어?'라는 생각은 절대 하면 안 된다. 아무리 사소하게 여겨지는 인정, 칭찬, 성취, 성과라 할지라도 모조리 다 적어야 한다. 그러면 의외로 내가 잘했던 일들이 많았다는 사실에 놀라게 될지도 모른다.

내가 했던 과정을 다시 한 번 공유한다. 나 역시 학창 시절 변변한 상장

내가 좋아하는 것	관 련 성 과	점 수
운동하기		
강연하기		
글쓰기		
사람 만나기		
싸움하기		
토론하기		
방송하기		
이야기하기		
조언하기		
여행하기		
감동하기		
감동 주기		
영화 보기		
책 읽기		
주목받기		
상황 주도하기		
섹스하기		
사람들 관찰하기		
싫은 것은 싫다고 말하기		
자신감 있는 모습		
감성적이 되는 것		
주장하기		
주목받는 것		
· · ·		

하나 받은 적이 없는 사람이니 여러분에게 도움이 될 것 같다. 너무 사적인 내용이 많아 부끄럽기도 하지만 아무리 고민해도 직접 사례를 보여주는 것이 가장 효과적일 것 같다.

좋아했던 것 중에 관련 성과를 찾다 보면 중복되는 것들이 나올 수도 있다. 상관없다. 당연한 귀결이다. 욕망은 삶의 전방위에 영향을 미치기 때문이다. 그러니 중복되는 경험이라 하더라도 거르지 말고 검열 없이 적으시라. 또 관련 성과를 적어나가다 보면 좋아하는 어떤 것에는 아무리 생각해도 관련 성과가 없을 수도 있다. 이 부분도 중요하다. 그 부분이 바로 욕망과 재능이 일치하지 않는 부분이니까. 좋아하기는 하지만 잘하지 못하는 영역이다. 이 작업의 핵심은 욕망 중에서 잘할 수 있는 일을 찾아내는 것이다. 그것이 관건이다.

오른쪽 공란에 점수 부분이 있다. 이 부분은 관련 성과에 해당하는 점수를 매기는 부분이다. 주관적일 수도 있지만 최대한 객관적으로 점수를 주어야 한다. 막상 주관적인 성과의 경험들에 대해서 객관적인 점수를 매기는 것이 쉽지 않을 수도 있다. 자칫 내가 더 많이 좋아하는 일에 무의식적으로 더 높은 점수를 줄 수도 있기 때문이다. 인간이라면 누구나 좋아하는 일을 잘했으면 하는 바람이 있으니까. 그래서 최대한 객관성을 유지하기 위해 몇 가지 가이드라인을 제시하는 것이 좋겠다. 말 그대로 가이드라인이니 참조만 하시라.

우선 공신력 있는 단체나 사람으로부터 인정받은 성과는 높은 점수를 주어야 된다. 학창 시절 입상도 좋고, 공모전 입상일 수도 있다. 개인적인 경험에 비추어보면 된다. 그리고 입상까지는 아니지만 주위의 칭찬이나 인정을 받은 횟수가 많다면 그 역시 높은 점수를 주어도 된다. 그리고 마지막으로 좋아하는 일이지만 한 번도 입상한 적이 없고, 칭찬이나 인정도 받은 적이

좋아하는 것(욕망)	관련성과	점 수
운동하기	태권도, 싸움 잘함, 20킬로그램 감량, 격투기, 자전거 전국 일주	
강연하기	과외, 기업 및 대학 강연	
글쓰기	책 출간, 연애편지 잘 씀, 회사 보고서 잘 씀, 블로그 운영	
사람 만나기	많은 연애 경험, 격투기, 팟캐스트 방송 진행	
싸움하기	싸움 잘함, 격투 오락 잘함, 격투기	
토론하기		
방송하기	블로그 운영, 팟캐스트 진행	
이야기하기	많은 연애 경험, 과외, 직장 PT, 팟캐스트 진행, 강연, 책 출간, 블로그 운영	
조언하기	과외, 팟캐스트, 강연, 블로그 운영	
여행하기	자전거 전국 일주	
감동하기	많은 연애 경험	
감동주기	많은 연애 경험, 팟캐스트 진행, 책 출간, 강연	
영화 보기	매달 2~3편	
책 읽기	매달 1~2권 읽음	
주목받기	오락, 태권도, 싸움 잘함, 다양한 연애, 20킬로그램 감량, 격투기, 자전거 전국 일주, 직장 PT, 팟캐스트 방송, 책 출간, 블로그 운영	
상황 주도하기	싸움 잘함, 다양한 연애, 과외, 직장생활 업무 주도, 팟캐스트 방송	
섹스	다양한 연애, 20킬로그램 감량	
사람들 관찰하기	친구들 고민 상담	
⋮		

없더라도 꽤 긴 시간 오래 지속한 일이 있다면 반드시 높은 점수를 주어야
한다. 노래를 잘한다는 이야기를 들은 적은 없지만 어린 시절부터 틈만 나
면 혼자 노래를 흥얼거렸다든지, 그림을 잘 그리지는 못하지만 늘 참고서
뒤에 그림을 그리고 있었다든지 하는 경험들 말이다. 그것은 소심해서 타인
에게 드러내지 못했거나 혹은 좋은 우연을 만나지 못해 발현되지 못한 재
능일 가능성이 높다. 그러니 최소한 3년 혹은 5년 이상 자연스럽게 반복된
행동을 한 경험이 있다면 높은 점수를 주어야 한다.

다시 한 번 주의할 점을 말하자면, 욕망을 찾는 과정이 철저히 주관성을
표방한 반면 성과를 찾는 부분은 최대한 객관적이 되려고 노력해야 한다
는 점이다. 위의 가이드라인을 따라 자신이 냈던 성과를 객관적으로 평가
하여 점수를 매기자. 100만점 만점도 좋고, 10점 만점도 좋다. 본인의 기호
에 맞춰서 점수를 매기자.

욕망 속의 재능 찾기

이제 마지막 단계다. 앞서 채점했던 종이는 일단 잠시 놓아두자. 이제 좋
아하는 것들을 분류해야 한다. 일체의 검열 없이 자신의 욕망에 충실하면
서 좋아하는 것들을 적어 내려갔다면 분명 비슷한 것들로 묶일 것이다. 근
본적인 욕망은 '좋아하는 일'이라는 구체적이고 다양한 표면적 형식으로 발
현되기 때문이다. 나는 여러분들을 모른다. 그러니 여러분들의 욕망을 카
테고리별로 분류해줄 수가 없다. 그래서 또 한 번 어쩔 수 없이 나의 사적
인 영역을 공개할 수밖에 없다. (먹고사는 것이 정말 쉬운 일이 아니다.) 나
의 분류법을 참고하여 여러분의 욕망을 분류하면 된다. 번거롭더라도 옆의
표와 같은 종이를 하나만 더 만들자.

옆의 표처럼 내가 좋아한다고 적었던 것들을 곰곰이 살펴보면 몇 가지

좋아하는 것	욕망 속 재능	점 수	계	나는 이런 사람이다
특별해 보이는 것	중요성	40	80	
주목받는 것		40		
사람 만나기	관계성	10		
새로운 사람 만나기				
다른 사람 관찰하기				
책 읽기				
섹스				
강연 듣기				
이야기하기	표현성	20	145	
주장하기		20		
강연하기		20		
글쓰기		30		
조언하기		20		
방송하기		15		
발표하기		20		
자신감 있는 모습	주도성	20	70	
내 맘대로 살기		20		
상황 주도하기		20		
새로운 환경 만들기		10		
감동 주기	감 성			
감동받기				
감성적이 되는 것				
사람들 재미있게 해주기				
운동하기	활동성			
싸움하기				
다르게 생각하기	독창성			

공통점으로 묶인다. 예를 들면 '특별해 보이는 것'이나 '주목받는 것'은 '중요성'이란 테마로 묶이게 되고, '사람 만나기'나 '사람들 관찰하기' '책 읽기' '강연 듣기'는 '관계성'이란 테마로 묶이는 것이다. 여기서 문제는 자신의 욕망을 일반화되고 추상화된 테마로 뽑아내는 것이 쉽지 않다는 점이다. 이 문제는 기존의 자기 탐색 도구들을 통해서 어느 정도 극복할 수 있다. 대표적인 자기 탐색 도구인 MBTI, DISC 같은 것들을 살펴보는 것이 도움이 될 것이다.

개인적으로는 이 문제를 극복하기 위해 《위대한 나의 발견 강점 혁명》이라는 책을 추천한다. 이 책은 일반화되고 추상화된 여러 가지 재능의 개념들을 제공한다. 더욱이 이제껏 우리가 재능이라고 생각하지 못했던 자질들까지 재능의 범주에 넣어 설명함으로써 기존의 재능에 대한 선입견에 갇힌 사람들에게 많은 도움이 될 것이다. 게다가 각 재능의 개념에 대한 상세한 사례까지 덧붙여 설명하고 있으니 이해하기 쉬울 것이다. 그래도 욕망의 분류가 잘 안 된다면 나에게 메일을 보내도 좋다. 한 번에 많은 사람들을 도와줄 수는 없어도 하루에 몇 명 정도는 분류해줄 수 있다.

이제 다 왔다. 앞서 처음 종이에 매겨놓았던 점수를 두 번째 종이의 '점수' 란에 옮겨 적으면 된다. 점수를 다 옮겨 적으면 이제 분류했던 항목들의 점수를 합하여 '계' 란에 적으시라. 그럼 제일 점수가 높은 것부터 낮은 것이 나올 것이다. 점수가 높은 것이 바로 여러분이 집중해야 할 욕망이다. 가장 재능에 부합하는 욕망인 셈이다. 그리고 그 종이를 곰곰이 살펴보다 보면 자신이 어떤 사람인지, 어떤 일을 해야 행복한 밥벌이를 할 수 있는 사람인지 알게 될 것이다.

내 경우에는 '표현성'이 점수가 제일 높았고, 그 다음이 '중요성'과 '주도성' 순이었다. 이 과정을 통해 나는 알게 되었다. 어떤 일을 해야 행복한 밥벌이를 할 수 있는 사람인지. 나는 '말이든 글이든 내가 가진 것을 사람들에게 표현하는 일을 해야 하는 사람'이었다. 또 나는 '사람들에게 주목받고 알려질 수 있는 일을 해야 하는 사람'이었다. 그리고 나는 '상황에 압도당하고 종속당하기보다는 내가 기획하고 주도할 수 있는 일을 해야 하는 사람'이었다. 그것이 내가 하고 싶은 욕망을 따르는 일이고 동시에 내가 잘할 수 있는 재능을 따르는 일이라는 것을 이제 안다.

여기까지 잘 따라왔다면 여러분도 행복한 밥벌이에 대한 힌트를 충분히 얻을 수 있었을 것이라 믿는다. 여전히 혼란스럽다고 해도 괜찮다. 자신을 알아가는 데는 일정 정도 물리적 시간이 필요하니까. 자신에 대한 진지한 고민과 탐색을 놓지 않는다면 그 혼란스러움은 곧 사라질 것이다. 마치 모래가 담긴 혼탁한 물통도 시간이 지나 모래가 가라앉으면 이내 모든 것이 투명해지는 것처럼 말이다. 그때가 되면 제일 마지막 칸인 '나는 이런 사람이다'를 담담하게 채워나갈 수 있을 것이다. 자신에 대한 모든 것이 투명해졌을 테니까 말이다.

'좋아하는 일'에서 '잘하는 것'들을 찾아야 한다

그렇다. 이 작업은 좋아하는 일만 찾는 것도 아니고 잘할 수 있는 일만 찾는 것도 아니다. 좋아하는 일 속에서 잘하는 일을 찾는 과정이다. 중요한 것은 절대 이 순서가 바뀌어서는 안 된다는 점이다. 욕망 중에서 재능을 찾아야지 재능 중에서 욕망을 찾으려고 해서는 안 된다는 말이다. 두 가지 방법이 별 차이가 없다고 생각하면 심각한 오해를 하는 셈이다. 우리는 대체로 칭찬에 굉장히 취약하다. 그래서 잘하는 일로 타인에게 몇 번의 칭찬과 인정을 받으면 그 일을 좋아하는 일로 오해하기 쉽다. 그러니 재능 속에서 욕망을 찾지 말고 반드시 욕망 속에서 재능을 찾아야 한다. 그래야 행복한 밥벌이를 찾을 수 있다.

부산 대신동에 가면 '팀 MAD'라는 격투기 체육관이 있다. 감독은 양성훈이라는 사람이다. 그가 바로 '좋아하는 일'에서 '잘하는 일'을 찾아내 행복한 밥벌이를 하는 아주 좋은 예가 될 것 같다. 그는 격투기를 아주 좋아하는 청년이었다. 격투기가 좋아 부산에서 서울로 무작정 상경을 할 정도였고, 결혼식에서 사회자가 "격투기가 좋냐, 아내가 좋냐?"고 물었을 때 "둘 다 좋다."라고 얼버무릴 정도였으니 더 말할 필요도 없겠다.

좋아하는 일을 할 때는 엄청난 에너지가 나온다. 그래서인지 그는 서울로 상경한 지 얼마 지나지 않아 프로 격투기 선수가 되었다. 좋은 체격, 열정, 성실함은 그를 꽤 훌륭한 격투기 선수로 만들었다. 하지만 누구에게나 그렇듯이 그에게도 세상살이가 호락호락하지만은 않았다.

당시는 국내 최고의 격투기 선수가 된다 하더라도 최소한의 생계마저 걱정해야 하는 상황이었다. 심지어 그는 몇 번의 시합 경험을 통해 자신이 선수로서 최고가 될 자질이 부족하다는 냉정한 자기 평가를 했다고 나에게 말한 적이 있다. 좋아하기만 하는 일로서는 최고가 될 수 없다는 사실에 직면하자 그는 다른 방향을 모색하기 시작했다. 여기에서부터 그의 비범함이 시작된다. 대개 좋아하는 일에 재능이 없다는 사실을 알게 되면 과도하게 좌절하여 전혀 다른 분야를 찾는 경우가 흔하다. 하지만 그는 격투기를 계속하고자 마음먹었다. 격투기가 정말 좋으니까 말이다. 그리고 그는 직접 뛰는 선수보다는 선수들을 가르치고 격려하고 동기부여를 하는 것에 재능이 있다는 것을 발견했다.

그는 어떤 일을 하건 최고가 되고 싶다는 욕심이 있는 사람이었다. 그는 선수로서 마지막 시합을 마친 뒤, 그 길로 선수 생활을 정리하고 고향인 부산으로 내려가 허름한 지하에 체육관을 열었다. 그렇게 10년 즈음이 지났다. 지금 양성훈 감독이 이끄는 '팀 MAD'는 한국 격투기 명문 중의 명문 체육관으로 손꼽힌다. 이제는 일반 대중들에게까지 많이 알려진 UFC 파이터 김동현 선수도 그가 길러냈다. 뿐만 아니다. 격투기의 메이저 리그라 할 수 있는 UFC에서 뛰고 있는 선수가 한 명 더 있고, 얼마 지나지 않아 UFC에 입성할 만한 선수들이 즐비한 곳이 바로 '팀 MAD'다.

정말 대단한 성취다. 뭐라고 비유해야 할까? 지방의 어느 야구 감독이 자신이 직접 길러낸 제자들을 미국 메이저 리그로 진출시킨 것과 비슷한 상황이라고 비유하면 적절할 것 같다. 나는 이제껏 격투기 감독 중에서 짧은 기간에 선수들의 기량을 그렇게 눈에 띄게 향상시킨 사람을 본 적이 없다. 오랜 시간 취미로 혹은 그보다 조금 더 깊게 격투기를 즐기는 사람으로서 나는 감히 단언할 수 있을 것 같다. 세계에서 가장 훌륭한 격투기 감독을 손에 꼽으라면 그가 최소한 열 손가락 안에는 들어갈 것이라고 말이다.

그는 한때 경제적으로 매우 힘든 시기를 겪었지만 지금은 좋아하는 일을 하면서 먹고사는 것은 걱정이 없을 것이다. 그렇다. 그는 지금 분명 행복한 밥벌이를 하고 있다. 그는 좋아하는 일(격투기) 속에서 잘하는 일(감독)을 찾아낸 것이다. 그가 만약 이 과정을 반대로 했다면 그는 우리처럼 억지스럽게 매일 출근해야 하는 월급쟁이가 되어 지금처럼 행복한 밥벌이를 찾을 수 없었을 것이다.

행복한 밥벌이를 찾아가는 과정이 쉽지는 않지만 찬찬히 둘러보면 행복한 밥벌이를 하는 사람은 우리 주위에 생각보다 많다. 우리 역시 행복한 밥벌이를 하지 못할 이유가 없다.

무작정 욕망만 따르는 것은 무모한 선택이 될 수도 있고, 오직 재능만을 따라가는 삶은 아무런 두근거림도 설렘도 없는 무미건조한 삶이 될지 모른다. 그러니 우리는 욕망과 재능을 화해시켜야 한다. 좋아하는 일 중에서 잘하는 일을 찾아야 한다. 행복한 밥벌이의 핵심이다. 눈치 챈 사람들도 있겠지만 앞서 과정의 제일 처음 기준은 욕망의 리스트였다. 그 이유를 이제는 알 수 있을 것이다. 결국 우리는 좋아하는 일 속에서 잘할 수 있는 일을 찾아온 것이다. 여기까지가 내 몫이다. 이제 남은 것은 여러분의 몫이다. 찾아낸 욕망 속 재능을 가지고 구체적인 직업을 찾아내거나, 없으면 만들어야 한다. 이건 내가 해줄 수 있는 몫이 아니다. 여러분이 고민하고 시도하고 여러 가지 시행착오를 겪으면서 찾고 만들 수밖에 없다.

나 역시 많은 시행착오를 겪으면서 행복한 밥벌이를 찾았다. 욕망과 재능이 만나는 지점을 찾고도 꽤 많은 시간을 방황했다. '표현성' '중요성' '주도성' '관계성' '감성' 같은 것들이 나의 욕망과 재능의 접점이라는 것을 알게 된 이후에도 많은 시간이 필요했다. 나를 표현하면서 주목받을 수 있고, 내가 주도적으로 일할 수 있으며, 사람들을 많이 만나고 감성적인 일을 할 수 있는 직업이 무엇인지 오랫동안 찾아 헤맸다. 그 모든 시행착오를 거친 이후에야 나는 작가가 되기로 했다. 이유는 간단했다. 글 쓰는 것이 너무 좋았고, 또 잘할 수 있을 것 같았기 때문이다. 그렇게 나는 행복한 밥벌이를 찾은 셈이다.

평생을 해도 후회 없을 직업을 찾자

욕망 속의 재능을 구체적인 직업으로 연결시키는 것은 분명 여러분의 몫이다. 내가 해줄 수도 없고 그래서도 안 된다. 하지만 한 가지 말해주고 싶은 것이 있다. '나는 누구인가?'라는 질문에 어느 정도 답할 수 있게 되었다면 여러분에게 어울릴 만한 몇 가지 직업이 떠오를 것이다. 그것이 무엇이든 하나만은 반드시 기억해야 한다. 그 직업은 반드시 오래 할 수 있는 것이어야 한다는 것이다. 물구나무서기를 좋아하고 잘한다고 해서 매일 물구나무를 서서 있을 수는 없는 것과 같다.

다시 내 이야기를 조금 더 해보자. 오랜 고민 끝에 나에 대해서 어느 정도 알게 되었다. '무엇을 좋아하고 싫어하는지, 무엇을 잘하고 못하는지, 좋아하는 일에 얼마나 집중할 수 있는지, 싫어하는 일은 얼마나 견딜 수 있는지'라는 질문에 답할 수 있게 되었다. 자연스럽게 행복한 밥벌이가 될 만한 몇 가지 직업들이 떠올랐다. 나를 알아가는 과정보다 그때 심정이 더 복잡했다. 어떤 것을 직업으로 삼아야 할지 헷갈렸기 때문이다. 암흑 같은 시간을 겨우 지나왔는데 다시 칠흑 같은 긴 터널 앞에 마주 선 것 같은 기분이었다.

그때 나는 단 하나의 질문으로 구원받았다. '죽을 때까지 해도 후회 없을 일은 어떤 것인가?' 여러 가지 떠오른 직업들 중에 죽기 전날까지 해도 좋을 만한 일은 오직 글쓰기뿐이었다. 만약 운 좋게 내가 죽을 날을 알게 된다면 나는 사랑하는 사람들에게 편지를 쓸 것이다. 지금 하고 있는 이 일을 내가 죽기 전날에도 하고 싶다고 생각했다. 그 순간 게임은 끝났다. 더 이상 고민도 망설임도 주저함도 없었다. 그냥 글 쓰는 것을 직업으로 하기로 했다. 내 삶에 정말 절체절명의 문제가 발생하지 않는다면 나는 계속 글을 쓰면서 살 것이다.

여러분도 행복한 밥벌이를 찾는 과정의 마지막에 '죽을 때까지 해도 후회 없을 일은 어떤 것인가?'라는 질문을 꼭 던져보았으면 좋겠다. 그 마지막 질문까지 통과한 놈이 바로 여러분의 행복한 밥벌이일 것이다. 행복한 밥벌이를 하는 삶은 정말 행복하다.

한때 나는 행복이 굉장한 전율 같은 큰 파문의 감정이라 생각했다. 하지만 아닌 것 같다. 나는 매일 새벽 행복을 느낀다. 새벽에 컴퓨터를 챙겨 글을 쓰러 나오는 시간이면 마음이 잔잔해지고 평온해진다. 작은 두근거림과 미세한 설렘을 매일 새벽 느낀다. 그 작은 두근거림과 미세한 설렘이 행복인 것 같다.

여러분도 그 행복을 느낄 수 있기를 진심으로 바란다. 이제 정말 여러분 차례다. 욕망과 재능의 접점을 찾아내자. 그래서 '나는 누구인가?'라는 질문에 답해보자. 그리고 많은 시도와 경험을 통해 나와 아주 잘 어울리는 직업을 찾자. 평생을 그 직업과 함께해도 후회 없을 것 같은 행복한 밥벌이를 찾자. 없다면 만들자. 시간이 걸릴 것 같다면 조금 더 직장을 다니자. 그래서 언젠가는 그 지긋지긋한 직장에 사표를 던지고 꼭 행복한 밥벌이를 하자.

다만 여러분의 그 '언젠가'가 너무 먼 미래가 되지 않기를 바랄 뿐이다. 그리고 나는 작은 두근거림과 미세한 설렘을 느끼게 해주는 행복한 밥벌이를 하는 길 위에서 여러분을 만나기를 진심으로 희망한다.

10

'노력'과 '열심'에 관한
몇 가지 고찰

노력과 학대 사이

성실한 사람들은 이쯤에서 의구심이 하나 생길 법하다. '내가 좋아하고 잘하는 일만 찾으면 끝인가? 노력을 안 해도 된다는 말인가?'라는 합리적 의구심 말이다. 성공하기 위해서는 언제나 뼈를 깎는 노력이 필요하다고 생각하는 사람들은 당연히 그런 생각이 들 것이다. 그런데 내가 보기에는 지금 대다수의 한국 사람들은 노력이 아니라 자기 학대를 하는 것 같다. 행복한 밥벌이에 노력이 전혀 필요하지 않다는 이야기를 하려는 것이 아니다. 하지만 노력과 학대는 구분할 필요가 있다. 자기 학대를 하는 사람에게 행복한 밥벌이는 애초에 요원하니까.

학대와 노력의 차이는 간명하다. 욕망이 빠진 노력이 바로 학대다. 자신이 전혀 좋아하지도 않고 관심도 없는, 심지어 싫어하기까지 하는 일을 열심히 하는 것이 바로 자기 학대다. 그런 의미에서 우리는 정말 진정한 노력이라는 것을 해본 적이 있기는 한 걸까? 대체로 확신할 수 없을 것이다. 우리가 습관적으로 내뱉는 '노력'이란 단어는 학대인 경우가 대부분일 것이다. 이미 욕망의 중요성에 대해 충분히 말했으니 다시 반복하고 싶지는 않다. 우리가 늘 강요하고 또 강요받는 노력이라는 것에 대해 조금 더 깊이 생각해보자.

'노력'의 사전적인 의미는 '목적을 이루기 위하여 몸과 마음을 다하여 애를 씀'이다. 그렇다. 우리는 어떤 목적을 달성하기 위해 애를 쓰는 것을 노력이라고 한다. 그런데 노력이라는 것이 정말 우리의 목적을 달성할 수 있게 해주는 것일까? 대답은 잠시 뒤로 미루어두자.

행복한 밥벌이라는 목적을 이루기 위해서 나는 노력한다. 나의 구체적인 노력은 하루에 3~4시간 정도 글을 쓰는 것이다. 나머지 시간은 하고 싶은 것을 한다. 영화를 보기도 하고, 책을 읽기도 하고, 아이들과 놀기도 하고, 낮술을 한잔씩 하기도 한다.

그래서인지 나의 부모를 필두로 몇몇 사람들은 내가 무책임하며 열심히 노력하지 않는다고 말한다. 하지만 그들이 말하는 노력이라는 것을 곰곰이 생각해보면 그것은 노력이 아니라 학대다. 노력을 입에 달고 사는 사람 중 욕망에 대해 말하는 사람은 거의 없었으니까 말이다. 욕망이 빠진 노력이 바로 학대라고 이미 말하지 않았나. 그저 돈을 벌기 위해 무엇인가를 자기 학대적으로 열심히 하는 것을 노력이라고 부르고 있었던 것은 아닌지 스스로를 돌아볼 일이다. 노력과 학대를 헷갈려 하는 사람들은 대체로 가학적인 자기 학대를 하지 않는 사람들을 모조리 무책임한 사람으로 치부하는 경향이 있다.

강요된 노력의 치명적인 단점은 좋아하는 일마저 지겨운 일로 만들어버린다는 사실이다. 먹고살아야 한다는 중압감이거나 무엇이든 열심히 해야 한다는 내면화된 압박감이거나 간에 과도하게 노력에 집착하면 좋아하는 일마저 싫어지게 된다. 그것은 더 이상 노력이 아니라 학대다. 정말 드물기는 하지만 직장의 업무를 좋아하는 사람들, 업무 자체가 잘 맞는 사람들이 간혹 있다. 내 아내가 그런 부류다. 자신이 하는 일을 재미있어 하고 본인의 성향에도 잘 맞아 보인다. 하지만 그런 아내 역시 일하는 날보다 쉬는 날을 더 좋아한다. 이상하지 않나? 직장에서 좋아하는 일을 하는 사람들조차 쉬는 날을 더 좋아한다는 사실이 말이다.

이유는 간단하다. 직장인은 본인의 일을 스스로 통제할 수 없다. 노력하고 싶지 않을 때도 노력하도록 강요받을 수밖에 없다. 직장은 원래 그런 곳이니까. 그런 노력에 대한 강요 때문에 좋아하는 일을 하는 날보다 좋아하는 일을 하지 않는 날을 더 좋아하게 되는 웃지 못할 역설이 발생하게 되는 것이다. 이처럼 강요된 노력은 오히려 목적을 달성하는 데 방해가 될 수 있다. 직장을 떠난다고 해도 문제는 달라지지 않는다. 이 문제의 핵심은 우리의 마음속에 노력을 강요하는 사장과 상사가 살고 있다는 점이니까.

직장을 그만두고 몇 달간 나 역시 내 속에 살고 있는 사장과 상사에게 시달렸다. 그들은 자꾸만 내게 더 노력해야 한다고 '하루에 몇 시간 노력하는 걸로 먹고살 수 있을 것 같아?'라고 겁박했다. 그러다 보니 점점 초초해졌고, 급기야는 좋아하는 일조차 점점 하기 싫어하는 내 모습을 발견했다. 가학적인 노력을 강요하는 인간들과 더 이상 마주하고 싶지 않아 직장을 그만두었는데, 그들이 내 마음속에 살고 있는 것이 아닌가? 그들을 죽여야만 했다. 시간이 좀 걸리기는 했지만 다행히 그들을 모두 죽여 없앴다. 이제 누구도 내게 노력하라고 강요하고 겁박하는 사람이 없다. 그제야 나는 행복한 밥벌이라는 목적을 이루었다. 재미있지 않나? 노력은 목적을 이루기 위해서 하는 것인데, 정작 노력이라는 강박을 벗어버리고 나서야 나의 목적을 이루었으니 말이다.

역설적이게도 목적을 달성하기 위한 노력은 노력에 대한 강박을 벗어버리릴 때만 가능하다. 나는 더 이상 강요된 노력을 하지 않는다. 좋아하는 일을 하고 싶을 때, 하고 싶은 만큼 할 뿐이다. 그것이 나의 최선의 노력이다. 여러분도 마찬가지다. 학대는 물론 노력도 하지 마시라. 그 노력 때문에 여러분의 삶을 제대로 살 수 없을 테니까.

노력보다 끈기

우리는 대체로 노력하지 않고 살면 방탕하고 무기력하게 될 것이라고 생각한다. 나 역시 그런 걱정에 일정 부분 동의한다. 앞서도 말했듯이 나는 과도한 노력은 하지 않는다. 내가 좋아하는 일은 하루에 3~4시간이면 충분하다. 필요하다면 조금 더 할 수도 있지만 대체로 그 정도만 일한다. 하지만 나는 방탕한 생활을 하는 것도 아니고 전혀 무기력하지도 않다. 그 이유는 노력보다는 끈기라는 덕목에 더 많은 무게를 두고 있기 때문이다.

개념을 명확히 하기 위해 일단 사전적 의미부터 살펴보자. 끈기의 사전적 의미는 '쉽게 단념하지 아니하고 끈질기게 견디어 나가는 기운'이다. 노력과 끈기, 두 단어는 모두 '열심'이라는 의미를 공유한다. 하지만 노력은 목적을 지향한다는 측면에서 '효율적'과 '단기적'이라는 뉘앙스가 강하게 들어오고, 끈기는 '효율적' '단기적'이라는 뉘앙스보다 '버팀'과 '장기적'이라는 뉘앙스가 강하다. 이 미묘한 차이가 별것 아닌 것 같지만 노력과 끈기, 둘 중 어디를 지향하는가에 따라 시간이 지나면서 우리의 삶은 현격하게 달라진다.

나는 노력보다 끈기가 중요하다고 생각한다. 노력이 가학적인 양상으로 흘러가는 경우가 많은 이유는 목적을 빨리 달성하고자 하는 욕심 때문이다. 당연하다. 100만 원을 벌기 위해 100시간을 일해야 한다면 우리는 최대한 빨리 100시간을 채우려고 노력한다. 하루에 3시간씩 장기적으로 끈기 있게 그 일을 하려는 사람은 드물다. 그런데 곰곰이 생각해보자. 노력을 중요하게 생각하는 사람은 100시간을 노력해서 100만 원은 벌 수 있을지 모르지만 1만 시간을 노력해서 1억을 벌기는 힘들 것이다. 100시간은 단기적인 노력으로 커버할 수 있지만 1만 시간은 '효율적인' 그리고 '단기적인' 노력으로 감당할 수 없다. 반드시 중간에 지치게 마련이다.

1만 시간을 채우기 위해 하루에 10시간씩 일한다고 하면 보통의 인내력을 가진 사람들은 길어봐야 3~4년 이상 버티기 힘들다. 아무리 좋아하는 일도 하루에 10시간씩 매일 그 일을 하면 나중에는 그 일을 쳐다보기도 싫어질 수밖에 없다. 하물며 1만 시간을 해야 하는 일이 좋아하는 일이 아니라 싫어하는 일이라면 더 말할 나위도 없다. 식상하게 토끼와 거북이의 경수를 나시 밀하고 싶지는 않다. 하지만 분명한 것은 10미터 달리기는 토끼가 분명 이기겠지만 42.195킬로미터를 달려야 하는 마라톤은 거북이가 이기게 되어 있다. 이론적으로는 토끼가 이길 수 있지만 우리의 현실은 전혀 이론적이지 않다. 초반에 아주 빡세게 달려서 퍼져버린 토끼는 쉬었다가 다시 달리지 않는다. 아예 마라톤을 포기해버리지.

세상에서 가장 의미 있는 금메달

브래드 버리라는 사람을 알고 있나? 그는 2002년 솔트레이크 동계올림픽 스케이트 금메달리스트다. 그가 금메달을 딴 시합을 본 사람은 대부분 박장대소를 했을 것이다.

브래드 버리가 동계올림픽에 처음 출전한 것은 1994년이었는데 그는 그동안 운이 좋은 선수가 아니었다. 첫 출전한 올림픽은 조별 예선에서 넘어지면서 탈락을 하고 말았고, 다시 4년 후인 나가노올림픽에 출전했지만 역시 예선 탈락을 했다. 심지어 2000년에는 훈련 중에 목뼈골절을 당해 선수 생명을 위협받는 상황에 이르기까지 했다. 의사는 은퇴를 권유했지만 그는 생애 마지막으로 꼭 한 번 더 올림픽에 나가야겠다고 생각하고 열심히 재활훈련을 했다. 그 시합이 바로 2002년 솔트레이크 동계올림픽이었다.

그는 예선전에서 이미 탈락이 확정되었지만 재수 좋게 다른 선수의 반칙으로 어부지리로 준결승에 진출했다. 그의 행운은 여기서 그치지 않았다. 준결승의 멤버는 당시 세계랭킹 1위였던 대한민국 국가대표 김동성, 랭킹 4위 중국의 리자준 등 기라성 같은 선수들이 포진되어 있었다. 드디어 경기가 시작되고 마지막 한 바퀴가 남았을 때, 김동성이 중국의 리자준에게 밀려서 함께 넘어지고 말았다. 그 덕에 버리가 결승에 진출하는 웃지 못할 대 이변이 벌어지게 되었다.

드디어 결승전. 버리가 상대해야 할 선수들은 당시 대한민국의 다크호스 안현수, 미국의 안톤 오노, 중국의 리자준 선수였다. 실력이나 체력에서 스물아홉 살의 노장인 브래드 버리가 도저히 이길 수 없는 상대임은 분명했다.

모든 관심이 버리를 제외한 선수들에게 집중된 채 경기가 시작되었다. 예상대로 버리는 선두그룹에 약 5미터 정도 처지는 단독 꼴찌가 되어 따라가고 있었다. 그런데 이게 어찌 된 일일까? 마지막 코너에서 몸싸움이 치열해지더니 선두그룹의 선수들이 모조리 넘어져버리는 것이 아닌가! 뒤에서 멀찌감치 따라오던 브래드 버리는 이를 피하면서 혼자 두 손을 번쩍 들고 결승점을 통과해버렸다. 동계 올림픽 사상 가장 놀라운, 그리고 웃지 못할 반전 드라마가 벌어진 순간이자, 브래드 버리가 호주 역사상 첫 동계올림픽 금메달을 따는 순간이었다.

혹자들은 브래드 버리가 금메달을 재수로 주웠다고 말하기도 한다. 완전히 틀린 말은 아니다. 금메달을 딸 기량이 전혀 되지 않았던 것은 명백한 사실이니까. 하지만 나는 버리의 금메달에 다른 의미를 부여하고 싶다. 운이 좋아 금메달을 딴 것이 아니라 끈기 덕분에 금메달을 딴 것이라고. 돌아보면 사실 아닌가? 많은 부상과 좌절에도 불구하고 마지막까지 포기하지 않고 10년 동안 빙판을 끈덕지게 달렸기에 금메달을 딸 수 있었던 것 아니었나.

우리 역시 버리처럼 좋아하는 일을 포기하지 않고 10년 동안 끈덕지게 물고 늘어질 수만 있다면 금메달은 아니더라도 적어도 먹고사는 문제만큼은 너끈히 해결할 수 있을 것이다. 나는 브래드 버리의 금메달이 희화화되는 것이 달갑지 않다. 그 희화화는 '끈기'라는 너무나 중요하고 소중한 덕목을 희화화하는 것이기도 하니까.

1만 시간의 법칙 대신 10년의 법칙

이렇게 보아도 좋다. 과도하게 '노력'을 하는 사람은 사실 언제든 포기할 준비를 하고 있는 셈이다. 어떤 분야든 성장이나 성취가 노력에 정비례해서 나타나지는 않는다. 끊임없는 노력에도 불구하고 아무런 성과나 성취가 나타나지 않고, 오히려 정체기가 나타날 수도 있다. 자신의 노력이 아무짝에도 쓸모없는 헛수고처럼 느껴지는 시점이 바로 그 정체기다. 그런데 과도하게 노력하는 사람은 정체기를 견디지 못하고 언제든 다른 부분에 노력할 준비를 한다. 실제로 과도한 노력을 하는 사람들이 지칠 때 주로 하는 말이 "이렇게까지 했는데도 안 되면 미련 없이 포기한다."이다.

대체로 자신의 분야에 1만 시간 정도를 투자하면 행복한 밥벌이를 할 수 있다. 이는 여러 가지 연구와 사례를 통해서 '1만 시간의 법칙'으로 어느 정도 증명되었다. 그럼에도 불구하고 우리 주위에 행복한 밥벌이를 하는 사람이 드문 것은 우선 자신의 분야를 잘 찾지 못한 것이 가장 큰 이유고, 두 번째는 좋아하는 일을 제대로 찾았더라도 과도하게 노력해서 빨리 성공에 도달하려고 했기 때문이다. 역설적이게도 과도한 노력 때문에 정작 행복한 밥벌이에 다가서지 못한 것이다.

조금 더 상세히 말해보자. '1만 시간의 법칙'을 '10년의 법칙'이라고 한다. 우리는 그 이유를 곱씹어보아야 한다. 하루 10시간씩 3년이면 1만 시간이다. 그렇게 하루 10시간씩 3년을 노력해서 1만 시간을 채우면 성공할 수 있나? 주위를 둘러보라. 노력이 아무리 혹독해도 겨우 3년이라는 시간을 채우고 한 분야에서 밥벌이를 잘하는 사람이 있는지. 좋아하는 일로 밥벌이를 하려면 기본적인 물리적 기간이 필요하다. 그 기간을 묵묵히 버텨야 한다. 그래서 '1만 시간의 법칙'을 '10년의 법칙'이라고도 말하는 것이다.

어떤 일이 완전히 체화되어 자신의 것이 되기 위해서는 그 정도의 물리적 시간이 필요하다. 1만 시간을 10년으로 나누면 하루 2~3시간 정도다.

이제 조금 알겠다. 좋아하는 일로 밥벌이를 하기 위해 필요한 것은 과도한 노력이 아니라 좋아하는 일을 하며 버티는 끈기다. 10년 정도는 자기가 좋아하는 일에 끈덕지게 매달려야 한다. 사실 행복한 밥벌이를 찾는 과정에서 많은 사람들이 포기하는 이유는 고된 노력 때문이 아니다. 시도 때도 없이 찾아오는 미래에 대한 막막함, 자신이 잘하고 있는 것인지에 대한 불안감, 아무도 알아주지 않는 것 같은 외로움 때문이다.

노력보다 중요한 건 끈기다. 끈기가 있다면 여유가 생긴다. '오늘 안 되면 내일은 되겠지.'라는 여유. 노력에 집착하는 이유는 어쩌면 끈기가 없기 때문인지도 모른다. 피해갈 수 없는 근본적인 막막함, 불안감, 외로움을 외면하기 위해 과도하게 노력하는 것인지도 모른다.

좋아하는 일로 밥벌이를 하고 말겠다는 끈기만 있다면 현실적인 문제들은 극복이 가능하다. 반드시 넘어야 할 산이라면 방법이 보이게 마련이다.

다들 그런 경험들이 한 번은 있지 않나? 중요한 것은 그 방법이 끈기 있는 사람에게만 보인다는 사실이다.

한 발만 더 내딛으면 정상인데 고개를 들 힘이 없다고 정상을 보지도 못한 채 발길을 돌려 또 다른 산을 향하는 우를 범하지 않아야 한다. 산 초입부터 뛰어가는 사람은 절대 정상에 도달하지 못한다. 묵묵하고 끈기 있게 한 걸음씩 내딛는 사람만이 언제나 산 정상의 싱그러운 공기와 시원하게 탁 트인 경치를 맛보게 될 것이다. 그리고 조금 늦으면 어떤가? 정말 산을 좋아하는 사람은 등산길을 오르면서 주위의 꽃도 보고 새도 보고 청솔모도 보면서 등산 자체를 즐길 테니까. 행복한 밥벌이는 그런 것이다. 과정은 과정대로 충분히 즐겁고 또 그 즐거운 과정으로 인한 성과까지 만족스러운 그런 일. 한번 도전해보고 싶지 않나? 행복한 밥벌이라는 산의 정상을 밟아보고 싶지 않나?

11

당신의 최적 생계비는 얼마인가요

우리는 최대 생계비만을 생각한다

이런저런 이야기를 해도 결국 행복한 밥벌이를 찾는 데 있어 현실적인 가

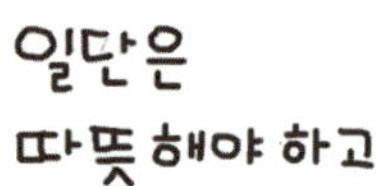

장 큰 걸림돌은 돈이다. 부정할 수 없다. 우리는 대체로 돈만 많으면 당장이라도 행복한 밥벌이를 찾아 떠날 수 있으리라 생각한다. 재미있는 사실은 이런 생각 때문에 행복한 밥벌이를 찾아 떠나지 못한다는 점이다. 월급쟁이에게 월급은 언제나 빤하다. 한 달 한 달을 빠듯하게 살아야 하니 '돈만 많으면'이라는 가정은 무의미하고 공허할 뿐이다.

하지만 정말 얼마의 돈이 필요한지 고민해본 적이 있을까? 얼마의 돈이 필요하냐는 질문은 너무 순진해 보여 우습기까지 하다. 돈은 언제나 다다익선이니까.

우리가 직장을 그만두지 못하는 것도, 행복한 밥벌이를 찾아 떠나지 못하는 것도 최대 생계비만을 염두에 두기 때문이다. 돈은 많으면 많을수록 좋다는 탐욕스러운 생각에 사로잡히면 결코 행복한 밥벌이를 찾을 수 없다. 최대 생계비는 절대로 정할 수 없기 때문이다.

하지만 최저 생계비는 정할 수 있다. 그것은 법적으로도 정해져 있고 개인도 정할 수 있다. 최저 생계비는 생존에 직결되지만 최대 생계비는 좀 다르다. 우리 사회처럼 자본주의가 강하게 작동하는 사회에서는 최대 생계비를 결코 정할 수 없다. 최대 생계비는 생존이 아니라 탐욕과 직결되니까. 탐욕은 그 한계를 규정할 수 없다. 탐욕스러운 사람들은 언제나 '조금 더 많이, 조금 더 많이'라고 생각한다. 돈이 충분하지 못해서 사고 싶은 것을 마음껏 사지 못한다는 사람, 꽉 들어찬 옷장과 신발장을 보고도 아침마다 입을 옷과 신을 신발이 없다고 불평을 해대는 사람이 어찌 최대 생계비를 정할 수 있을까?

물론 그 탐욕은 자본주의가 의도적으로 확대 재생산해서 우리에게 주입한 측면이 있다. 길거리는 물론 스마트폰이나 TV 등 시각적으로 접하는 어디라도 광고가 없는 곳이 있나? 우리는 끊임없이 소비의 욕망을 부추기는 사회에 무방비로 노출되어 있다. 자본주의는 누군가가 끊임없이 소비하지 않으면 영속할 수 없는 체제다. 그래서 자본주의는 소비의 욕망을 부추기는 데 사활을 걸 수밖에 없다. 그 자본주의의 몸부림에 우리는 조금씩 조금씩 잠식당해가고 있는 셈이다. 잊지 말자. 우리는 우리가 원해서 물건을 사고 있는 것이 아니라는 사실을.

최대 생계비를 충족하고자 하면 행복한 밥벌이를 찾을 수 없다. 생각해보면 최대 생계비는 참 공허하다. 한 번도 가져보지 못한, 그리고 앞으로도 가지지 못할 최대 생계비를 위해서 지금의 직장을 벗어나지 못하는 셈이니까. 이것만은 확실히 하고 가자. 소비의 욕망을 충족시키는 걸로는 결코 행복해지지 않는다. 최대 생계비에는 한계가 없고 언제나 '더 많이 더 많이'만을 외칠 테니까 말이다. 마치 갈증이 나서 바닷물을 마시고, 그 때문에 더 갈증이 나서 또 다시 바닷물을 마시게 되는 치명적인 악순환의 반복과 같다. 결과는 어찌 될까? 아무리 마셔도 해소되지 않는 갈증 때문에 결국은 바닷물 속으로 뛰어들게 될 것이다.

소비의 욕망이라는 바닷물 역시 마찬가지다. 우리는 상품을 사기 위해 직장으로 가서 돈을 번다. 그리고 돈을 벌어 소비의 욕망을 일시적으로 해소하지만 소비의 갈증은 해소되기는커녕 더 큰 소비의 욕망을 불러일으킬 뿐이다. 소비하기 위해 일을 하고 또 더 소비하기 위해 더 많이 일해야 하는 악순환을 반복하게 된다. 아무리 물건을 사도 해소되지 않는 소비의 욕망이라는 갈증 때문에 결국은 그 지긋지긋한 직장이라는 바닷물 속으로 영원히 뛰어들게 될 것이다. 정말 끔찍한 일 아닌가? 잊지 말자. 최대 생계비는 탐욕이고 탐욕은 규정할 수 없다. 여기에 발목이 잡히면 행복한 밥벌이는 이미 없다.

일단 최저 생계비를 정하자

　악순환을 탈출할 방법이 있다. 우선 최저 생계비를 계산해보자. 1년 단위도 좋고, 분기 단위도 좋다. 여러분과 가족의 최저 생계비가 얼마인지 파악해야 한다. 최저 생계비는 생존의 문제다. '일단 이 정도만 있으면 먹고살 수는 있겠다.'는 수준으로 한정해야 한다. 줄일 수 있는 한도 내에서 줄여야 한다. 어쩔 수 없는 일이다. 행복한 밥벌이를 위해서는 지금의 일을 줄이거나 직장을 그만두어야 할 테니까. 그 과정에서 소득은 줄어들 수밖에 없으니 피할 수 없는 과정이다. 직업을 바꾼다는 것은 어느 정도 일시적인 경제적 궁핍함을 필연적으로 동반할 수밖에 없다.

　게다가 지금 우리 사회는 건강한 사회가 아니다. 건강한 사회는 자신의 적성에 맞는 직업을 찾아가는 과정에서 적어도 생존에 대한 걱정은 하지 않아도 되는 사회다. 그런데 지금 우리 사회는 어떤가? 자본의 논리에 따라 비정규직은 기하급수로 양산되고 있고, 대기업은 모든 것을 독식하고, 중소기업은 숨조차 제대로 쉴 수 없다. 그러니 대기업을 다니는 사람만 좋은 대우를 받는 것은 너무 당연하다. 그나마 정규직으로 일하는 사람이 행복한 밥벌이를 찾는 미친 짓을 했다가는 바로 비정규직의 나락으로 떨어질 것은 불을 보듯 뻔하다. 지금 우리 사회에서 정규직이든 비정규직이든, 대기업 직원이든 중소기업 직원이든 직업을 바꾸려는 시도는 엄청나게 위험하다.

　이런 열악하고 건강하지 못한 사회에서 아주 준비가 잘 되어 있고, 굉장히 운이 좋은 경우가 아니라면 좋아하는 일을 하면서 처음부터 돈을 잘 벌 수는 없다. 좋아하는 일을 찾는 과정, 또 그것으로 밥벌이를 할 수 있을 정도로 훈련하는 과정에서 경제적 궁핍기를 겪을 수밖에 없다. 이 과정을 잘 버텨내야 한다. 우리의 잘못이 아니라 현실이 그렇다. 꽤 부유한 부모를 두지 않은 이상 우리는 대부분 그럴 것이다. 가족과 상의를 하든지,

설득을 하든지 최저 생계비를 정해야 한다. 그래서 나는 행복한 밥벌이를 찾는 과정, 그것을 훈련하는 과정이 직장을 다니는 시기와 최대한 오버랩 되는 방법을 추천한다. 최저 생계비로 견뎌야 하는 시기를 최대한 줄일 수 있으니까 말이다.

어찌 보면 건강하지 못한 사회 탓만 할 필요도 없다. 어떤 일이든 처음에는 힘들 수밖에 없다. 그리고 행복한 밥벌이는 오직 나니까 할 수 있는 일이니 더 힘들 수밖에 없다. 특히 경제적으로. 그러니 처음에는 정말 생존의 문제만을 해결할 수 있는 최저 생계비만으로 일정 기간을 감당한다는 각오가 있어야 한다. 그 정도 각오 없이 행복한 밥벌이라는 여정을 시작한다면 이내 어리석은 짓을 했다며 후회하게 될 것이다. 행복한 밥벌이를 한다는 것은 여러 가지 이유로 만만한 일이 아니니까 말이다.

최적 생계비를 정하자

그렇다고 행복한 밥벌이를 하는 것이 고행의 길만은 아니다. 생존의 문제만을 겨우겨우 해결하는 것을 행복한 밥벌이라고 말할 수는 없다. 일단 나는 그런 삶을 전혀 살고 싶지 않다. 좋아하는 일을 하니까 항상 가난하게 살아도 된다는 이야기에는 전혀 동의할 수 없다. 좋아하는 일을 하면서 밥 먹고 사는 것이 행복한 밥벌이라고 이미 말했다. 행복한 밥벌이를 찾고 계발하는 과정에서 '밥'은 생존에 직결된 문제로 한정하는 것이 현명하다. 하지만 계속 그렇게 살 필요도, 그래서도 안 된다. '좋아하는 일을 하면 밥은 원래 굶는 거야!'라는 이야기는 전형적인 기득권의 논리다. 천박한 기득권은 자신은 일을 하지 않고 다른 사람들이 자신의 일을 하게 함으로써 돈을 벌기를 원하는 사람들이다. 자신이 돈을 벌기 위해 시키는 일이 우리에게 즐거울 리가 있나? 그러니 그런 천박한 기득권에게 '좋아하는 일=가난, 싫어하는 일=부유'라는 거친 이분법은 아주 유용할 수밖에.

　최저 생계비로 충당하는 삶은 좋아하는 일을 찾고 그것으로 밥벌이를 하기 위해 훈련하고 준비하는 일시적인 기간으로 충분하다. 최종적으로 우리에게 필요한 것은 '최적 생계비'다. 최저 생계비와 최적 생계비는 다르다. 최저 생계비는 생존의 문제지만 최적 생계비는 그보다는 조금 더 여유가 있어야 한다. 자본주의 체제에서 살면서 행복과 돈을 완전히 분리해야 한다는 말은 모든 사람이 예수나 부처가 되어야 한다는 말과 같다. 우리는 다들 좋은 거 먹고 싶고, 좋은 데서 살고 싶고, 좋은 옷을 입고 싶은 평범한 인간이다. 그 이상의 고귀한 가치를 위해서 사는 사람들은 그들의 선택일 뿐, 그걸 모든 사람에게 강요할 필요도 없고 그래서도 안 된다. 우리는 당당하고 건강하게 돈을 벌어 자신의 밥벌이 정도는 떳떳하고 모자람 없이 할 수 있어야 한다.

　한때 유시민 전 장관은 아메리카노 논쟁으로 구설수에 오른 적이 있었다. 논쟁의 내용인즉, (당시) 진보 정당의 대표가 사치스러운 커피를 마신다는 것과 그 커피 심부름을 수행비서에게 시킨다는 것이 도마 위에 오른 것이었다. 그 논란에 대한 유시민의 해명은 이랬다. "누가 부르주아적 취향이라고 욕해도 어쩔 수 없다. 한 번뿐인 인생인데 이런 소소한 즐거움조차 누릴 수 없다면 좀 슬프지 않을까?" 나는 이 해명이 아주 건강하고 바람직했다고 본다.

　내가 말하고자 하는 최적 생계비의 본질은 유시민의 '아메리카노'와 같다. '밥벌이'라는 의미가 반드시 생존만을 의미하는 것은 아니다. 내가 '밥벌이'란 단어를 좋아하는 이유는 일이라는 것이 생존만 하게 해주면 된다고 여기기 때문이 아니라 필요 이상의 과도한 소비 욕망을 견제해주기 때문이다. 하지만 적어도 나는 '밥'에는 '아메리카노' 한 잔 정도는 포함되어야 한다고 생각하는 부류다. 과도한 사치까지는 아니더라도 삶을 윤택하게 해주고 행복하게 해줄 작은 사치 정도는 '밥'에 포함되어도 좋다고 생각한다. 유시민의 말처럼 한 번뿐인 인생인데 이런 소소한 즐거움조차 누릴 수 없다면 너무 슬플 테니까 말이다.

지금 우리 시대의 빈곤은 필요 이상의 것을 갖기를 원하는 상태다. 하지만 과도하게 생존에만 연연할 필요는 없다. 그 미묘한 균형을 잡아야 한다. 그 미묘한 균형이 바로 최적 생계비에 있다. 자본주의 사회에 사는 우리에게 '나는 누구인가?'와 '나의 최적 생계비는 얼마인가?'는 결코 비껴갈 수 없는 중요한 질문이다. 최적 생계비를 정하지 않는 사람은 아무리 돈이 많아도 더 많은 돈에 집착할 것이다. 그에게 돈은 언제나 다다익선일 뿐이다.

이제 묻자. 여러분은 얼마가 있으면 행복할 것 같은가? 한 번이라도 구체적으로 생각해본 적이 있나? 여러분 역시 '돈은 많으면 많을수록 좋은 거지.'라고 생각하는 것은 아닌지 모르겠다. 최적 생계비를 고민해서 정하고, 삶에서 그것을 관철시키지 못한다면 행복한 밥벌이는 애초에 존재할 수 없다. 아무리 좋아하는 일을 한다 하더라도 끝도 없이 돈을 벌고 싶다는 탐욕을 제어하지 못한다면 좋아하는 일 역시 돈벌이의 수단으로 전락해버릴 테니까 말이다. 절대 잊지 말자. 그렇게 되면 좋아하는 일은 더 이상 좋아하는 일이 아닌 것이 될 수밖에 없다는 사실을.

나의 최적 생계비

내 이야기를 해보자. 앞으로 우리 사회의 사회적 안전망의 수준에 따라 달라지겠지만 지금 수준으로 볼 때 나의 최적 생계비는 한 달에 600만 원 정도다. 누군가에게는 턱도 없이 모자란 돈일 것이고, 또 누군가에게는 꿈만 같은 돈일 거다. 하지만 나는 그 정도면 될 것 같다. 그럼 왜 하필 600만

원이냐? 대충 계산해보니 아껴서 살면 아내와 아들과 가끔 여행도 가고, 둘째 아이도 생계 걱정 없이 키울 수 있을 것 같고, 부모가 아프면 경제적으로도 조금 도와드릴 수 있을 것 같고, 주변 사람들에게 따뜻한 밥 한 끼 대접하는 데도 부족함이 없을 것 같아서다. 참, 그리고 좋은 차는 아니더라도 우리 가족 단란하게 움직일 수 있는 자동차도 한 대 정도는 가질 수 있을 것 같아서다.

물론 직장을 그만둔 지금은 그 정도를 못 번다. 나의 최적 생계비를 벌려면 시간이 조금 더 걸릴 것 같다. 하지만 나는 최적 생계비를 정했다. 그리고 인생에서 큰 불행이 닥치지 않는 한 최적 생계비를 관철시키며 살 것이다. 아마 여러분은 지금 '600만 원'이라는 금액에 집중하고 있을 것이다. 하지만 최적 생계비기 얼마인지는 전혀 중요하지 않다. 그리고 600만 원이 정답도 아니다. 더 많은 여유를 누리고 싶은 사람은 더 높은 최적 생계비를 정해도 관계없다. 중요한 것은 '나는 돈이 얼마가 있으면 행복한 사람인가?'라는 질문을 스스로에게 진지하게 해보는 과정이다. 그 과정 자체가 행복한 밥벌이에서 아주 중요하다.

노파심에 한 가지 더 말하자면, 여러분은 분명 최적 생계비를 고민하면서 점점 더 그 금액이 높아지는 경험을 하게 될 것이다. 이것도 하면 좋을 것 같고, 저것도 하면 좋을 것 같은 욕심이 들 것이다. 최적 생계비의 금액을 얼마로 하건 그건 개인의 기호와 취향의 차이니 왈가왈부할 수 없다. 하지만 분명한 것은 최적 생계비의 금액이 적으면 적을수록 더 빨리 행복한 밥벌이를 할 수 있다는 사실이다. 최적 생계비가 1,000만 원인 사람보다 300만 원인 사람이 더 빨리 행복한 밥벌이를 할 수 있다. 최적 생계비가 1,000만 원인 사람은 그 액수를 채우기 전까지는 늘 결핍감에 시달리느라 좋아하는 일을 즐길 수 없을 테니 말이다. 그래서 동서고금의 수많은 철학자와 사상가들이 "탐욕을 버린 만큼 행복해질 수 있다."라고 말한 것 아니었을까? 행복해지고 싶다면 엔간하면 욕심을 버리라고, 그럼 좀 더 빨리 좀 더 손쉽게 행복해질 수 있다고 말이다.

행복한 밥벌이를 하고 싶다면 먼저 묻자. '나의 최적 생계비는 얼마인가?'라고. 그리고 그 최적 생계비를 끈질기게 관철시켜나가자. 지금 밥벌이가 최적 생계비에 못 미치는 경우라면 돈을 조금 더 벌 수 있도록 열심히 해야 하고, 지금의 밥벌이가 최적 생계비를 충족한다면 나머지 시간에는 더 많은 돈을 벌려고 아등바등하지 말고 그냥 놀자. 혹시 너무 놀다가 지겨워지면 사회적 약자를 위한 일들을 하는 것은 어떨까? 다 쓰지도 못할 돈을 이유도 모른 채 악착같이 벌지 말고. 아직은 너무 과한 욕심일까?

12

우리의 인장강도는
얼마일까

세월호의 아픔을 위로하며

새벽에 글을 쓰고 집으로 돌아가는 길이었다. 일상처럼 뉴스를 검색했다. 또 한 번 충격적인 사건이 일어났다. 삼풍백화점 참사, 성수대교 참사 이후 이제는 제발 없었으면 좋겠다고 생각했던 참사가 또 다시 발생했다. 2014년 4월 16일, 수백 명의 승객을 싣고 제주도로 향하던 세월호가 바다에 가라앉으면서 생때같은 고등학생들을 수장시켜버렸다. 이 글을 쓰는 지금도 여전히 구조 활동 중이다.

매체에서는 눈에 넣어도 아프지 않을 새끼를 하루아침에 잃은 어미들의 오열을 너도나도 중계했다. 자식을 잃은 고통은 아마 인간이 겪을 수 있는 고통 중 가장 극한 고통이 아닐까? 화면 너머로 보이는 자식 잃은 부모의 비통함은 여러 가지 형태로 나타났다. 어느 어미는 오열을 하고, 어느 부모는 졸도를 하고, 또 어느 부모는 자식의 죽음을 알리러 온 사람의 멱살을 잡고 흔든다. 그네들의 그 어떤 행동도 이해 못할 것이 없다. 그네들은 모두 어떤 식으로든 자식을 떠나보내는 중이니까.

하지만 유독 어느 한 부부는 자식의 죽음을 접하고 뒤쪽에서 고개를 떨
군 채 아무 말 없이 서로의 손을 잡고 하염없이 울고만 있었다. 4월 17일 오
전, 나는 그 부부의 모습을 보고 조용히 서재로 와서 한참을 울었다. 이럴
때는 감정이입 능력이 재능이 아니라 저주라고 느껴진다. 두 아이를 둔 애
비로서, 그 부부 속으로 들어가는 느낌은 정말이지 고통스럽다. 그들의 비
통함에 비할 바는 아니겠지만 그네들의 비통함의 100분의 1, 아니 1,000분
의 1만으로도 충분히 아프고 괴로우니까 말이다.

인장강도

세월호 사건 이야기를 꺼내든 것은 자식을 떠나보낸 자들의 아픔을 위
로하고 떠난 자들을 추모하기 위해서만은 아니다. 여러분에게 전하고 싶은
또 다른 이야기가 있기 때문이다. 세월호의 아픔은 잠시 뒤로 하고 먼저 이
이야기부터 해보자.

공학 용어 중에 '인장강도'라는 것이 있다. 인장강도란 '어떤 재료가 견딜
수 있는 최대응력'을 말한다. 공학을 전공하지 않은 사람은 '응력'이라는 용
어 때문에 의미 파악이 쉽지 않을 것이다. 그럼 다시 응력이 무엇인지 알아
보자. 응력은 '재료의 외부에 힘이 작용할 때 그 내부에 생기는 저항력, 변
형력'을 의미한다. 종합해서 쉽게 풀어보면 인장강도라는 것은 결국 특정한
외부의 힘에 대하여 버티는 힘(응력)인 셈이다.

여기서 우리가 주목해야 할 점은 '응력'이라는 단어의 영문 표현이다. 응
력은 영어로 '스트레스'(Stress)다. 즉 인장강도를 달리 표현하면 외부의 스트
레스에 견디는 능력이라고도 할 수 있는 셈이다. 그렇다. 어떤 재료의 특성
을 표현하는 인장강도라는 개념은 우리에게도 중요한 의미가 있다. 재료들

이 응력(Stress)을 견딘다면 우리 역시 늘 스트레스(응력)를 견디며 살아가니까 말이다. 재료마다 서로 다른 인장강도가 있듯이 사람마다 견딜 수 있는 자신만의 스트레스 크기와 강도가 정해져 있다. 이제 우리는 자식을 잃은 부모가 왜 오열하고, 졸도하고, 고개를 떨군 채 하염없이 눈물을 흘리는지 이해할 수 있을 것도 같다. 자식을 잃을 정도의 응력(Stress)은 그네들의 인장강도를 훨씬 넘어서는 것이기 때문일 것이다.

우리는 대체로 자신의 인장강도를 알지 못한다. 한 재료의 인장강도를 알아볼 때 하는 실험이 있다. 파단실험이라고 하는데, 재료의 양쪽을 잡은 다음 재료가 끊어질 때까지 양쪽에서 잡아당긴다. 재료가 끊어지기 바로 직전까지 버틴 힘이 그 재료의 인장강도다. 여기서 우리는 자신의 인장강도를 알지 못하는 이유를 알 수 있다. 운이 좋은 우리는 파단실험을 당하지 않았기 때문이다. 아니, 피할 수만 있다면 언제나 파단실험을 피하려고 했기 때문이다. 그래서 우리는 우리가 어느 정도의 스트레스까지 견딜 수 있는 사람인지 모른다.

미로(Me路를) 찾아가는 과정에서 자신만의 인장강도를 파악하는 것은 매우 중요하다. 물론 군이 극한의 파단실험을 할 필요는 없다. 하지만 어느 정도까지 스트레스를 견딜 수 있는 사람인지, 있는 그대로의 자신을 파악해야 한다. 행복한 밥벌이를 위한 필수 과정이다.

회사를 그만두고 난 이후 지인으로부터 함께 창업을 하자는 제안을 받은 적이 있다. 거절했다. 사실 나는 창업을 하고 싶다는 욕구가 있었다. 하지만 그러지 않기로 했다. 나는 왜 지인의 제안을 거절했을까? 창업을 한다는 것은 사장이 된다는 것이고, 사장이 된다는 것은 직원들의 인생에 일정 정도 개입한다는 의미이다. 더 적나라하게 말하자면 사장은 직원의 밥벌이를 일정 부분 책임지는 자리인 것이다.

창업을 한다는 것, 사장이 된다는 것은 나의 인장강도를 넘어서는 일이라는 것을 이제 안다. 그것이 내가 지인의 제안을 거절한 이유다. 한때 나는 사장이 될 충분한 자질이 있는 사람이라고 떠벌리고 다녔다. 거짓말이었다. 아니 자기 성찰의 부족으로 인한 경솔함이라고 이야기하는 편이 낫겠다. 나는 나와 우리 가족의 밥벌이를 책임질 만큼의 인장강도밖에 없다. 다른 누군가의 밥벌이를 책임지는 무거운 응력(스트레스)을 견뎌낼 수 없다. 이것은 자신감의 결여나 자기 폄하 같은 것이 아니다. 있는 그대로의 내 모습을 정확히 파악하고 있을 뿐이다. 내가 보고 싶어 하는 자아와 실제 자아의 간극을 인정하는 데 꽤 시간이 걸렸지만 지금이라도 실제 자아를 알게 되어 다행이다. 실제 자신의 인장강도를 객관적으로 파악하지 못하면 반드시 무리수를 두게 마련이니까 말이다.

자신에게 주어진 인장강도를 최대한 객관적이고 정확하게 파악하는 것은 매우 중요하다. 그래야 행복한 밥벌이를 찾아가는 자신만의 속도와 방법을 알 수 있게 되기 때문이다. 멀쩡히 다니던 회사를 그만두고 호기롭게 창업을 한 G라는 친구가 있다. 주변 사람들은 그의 용기와 도전정신에 박수를 보내주었다. 그리고 뛰어난 화술, 사교성을 갖춘 그는 자신의 성공을 전혀 의심하지 않았다. 하지만 결과는 좋지 못했다. 창업을 한 지 2년을 미처 다 채우지 못했다. 게다가 어떻게든 버텨보려는 욕심 때문에 주변 사람들에게 크고 작은 돈을 빌리게 되었고, 그 빚들을 감당하지 못해 연락을 두절하고 잠수를 타버렸다. 자신의 인장강도를 미처 파악하지 못했던 그는 매달 매출, 직원들의 월급, 불투명한 사업의 미래 같은 압박감을 견디지 못한 것이다. 한마디로 사장이라는 자리가 주는 근본적인 스트레스를 이기지 못하고 파단된 것이다.

반대의 경우도 있다. 내가 본 직장인들은 대체로 돌발변수를 만나거나 예기치 못한 문제에 봉착하면 당황하거나 짜증을 내거나 아니면 적당한 핑계를 대고 문제로부터 도망가려고 했다. 즉 업무가 주는 스트레스를 감당할 수 없는 사람들이 대부분이었다. 하지만 함께 일했던 동료 T는 전혀 그렇지 않았다. 함께 일하면서 그가 가진 인장강도에 놀란 적이 한두 번이 아니었다. 그와 신규 프로젝트를 함께한 적이 있었다. 하루가 멀다 하고 끝도 없이 새로운 문제들이 튀어나왔다. 하지만 그는 단 한 번도 당황하거나 짜증을 내지 않고 문제들을 차분히 풀어나갔다. 나는 그가 행복한 밥벌이를 하기에 충분한 인장강도를 갖추었다고 확신했다. 하지만 그는 새로운 일에 도전할 만한 그릇이 아니라고 말하면서 지금도 여전히 월급쟁이로 남아있다. 창업에 실패한 G와 언제까지나 직장인으로 남아있으려는 T나 마찬가지다. 둘 다 자신의 인장강도를 제대로 파악하지 못한 것이다.

이제 스스로에게 물을 차례다. 우리의 인장강도는 얼마일까? 더 구체적으로 물어보자. 여러분은 직장이 주는 스트레스를 어디까지 견딜 수 있는가? 직장에서는 자유를 어느 정도 제한당할 수밖에 없다. 문제는 우리가 어느 정도의 스트레스까지 감당할 수 있느냐는 것이다. 옳고 그름의 문제가 아니다. 그냥 있는 그대로의 자신을 보자. 9시에 출근해서 6시에 퇴근하는 생활이 견딜 만한 사람도 있지만 그런 틀에 박힌 생활을 하는 것이 죽는 것보다 싫은 사람도 있을 수 있다. 그 두 부류의 사람이 행복한 밥벌이를 찾아가는 방법은 현저히 다를 수밖에 없다.

인생에 정답이 없듯이 행복한 밥벌이를 찾아가는 방법에도 정답은 없다. 각자의 정답이 있을 뿐. '9 to 6'가 견딜 만하고 상사의 말도 안 되는 억지도 견딜 만한 사람들은 완만하게 가야 할 것이고, 직장이 주는 그 어떤 자유의 제한도 견디지 못하는 사람은 가파르게 가야 할 것이다.

마찬가지다. 여러분은 최종 생산물과의 거리를 어느 정도까지 감당할 수 있나? 사람에 따라서 돈만 받으면 자신이 하는 일이 어디에 어떻게 쓰이는지 전혀 몰라도 상관없이 일할 수 있는 사람도 있다. 반면에 자신이 하는일이 최종 생산물의 어디에 어떻게 쓰이는지 알지 못하면 견디지 못하는사람도 있다. 심지어 최종 생산물의 모든 것을 자신이 통제하지 못하면 일하는 의미를 전혀 느끼지 못하는 사람도 있다. 이런 사람은 자신의 인장강도에 맞게 행복한 밥벌이를 찾아가야 한다. 자신이 하는 일이 어디에 어떻게 쓰이는지 몰라도 상관없는 사람은 그냥 월급쟁이를 하는 편이 낫다. 당장은. 그리고 최종 생산물을 통제하고 싶어 하는 사람들은 최대한 빨리 그런 밥벌이를 할 수 있는 환경을 찾거나 만들어야 한다.

핵심은, 어떤 경우든 간에 현재 자신의 인장강도를 잘 파악해야 한다는것이다. 그래야 자신의 인장강도에 맞게 행복한 밥벌이를 찾아가는 속도와방향을 조절할 수 있으니까. 자신에게 어울리는 그 미묘한 속도와 방향을찾는 기준이 바로 인장강도 속에 있을 것이다.

인장강도는 성숙함과 비례한다

행복한 밥벌이의 인장강도에는 두 가지 측면이 있다. 하나는 '직장 안의 인장강도'와 '직장 밖의 인장강도'다. 직장 안에서 받는 스트레스를 견뎌낼 수 있는 힘, 그리고 직장을 떠나서 발생하는 스트레스를 견뎌낼 수 있는 힘의 두 가지 측면으로 나누어 생각해보아야 한다. 평범한 직장인들이 직장을 떠나지 못하는 이유는 '직장 안의 인장강도'는 높은 반면 '직장 밖의 인장강도'는 현저히 낮기 때문이다. 여기서 중요한 사실은 '직장 안의 인장강도'를 높이는 것은 우리를 불행하게 만들고, '직장 밖의 인장강도'를 높이는 것은 우리를 행복하게 만들어준다는 점이다. 우리가 '직장 안의 인장강도'를 파악해야 하는 이유는 지금의 자리에 머물기 위해서가 아니라 행복한 밥벌이를 찾아가는 속도와 방향을 조절하기 위해서다. 그런 의미에서 '직장 밖의 인장강도'가 바로 '인생의 인장강도'라고 말해도 좋을 것이다.

행복한 밥벌이를 찾고 싶지만 '인생의 인장강도'가 현저히 낮다는 안타까운 현실에 봉착한 사람들이 있을 것이다. 나 역시 그랬다. 현저히 낮은 내 '인생의 인장강도'를 처음 알게 되었을 때, 스스로에 대한 실망감 혹은 자괴감 때문에 적지 않게 괴로웠다.

우리네 직장인들은 언제 우울증을 겪게 될까? 직장이 주는 스트레스가 견딜 수 없을 지경에 이르렀지만 서글프게도 직장 밖이 주는 스트레스 또한 감당할 수 없을 것 같다고 느껴질 때면 어김없이 직장 우울증이 발생한다. 이럴 수도 저럴 수도 없는 암담함이 직장 우울증의 본질이다.

하지만 걱정할 것 없다. 재료의 인장강도와 우리의 인장강도는 비슷한 것처럼 보이지만 결정적인 차이가 하나 있다. 재료의 인장강도가 자체적으로 커지는 경우는 없지만 한 사람의 인장강도는 얼마든지 커질 수 있다. 달리 말하면 태어나면서부터 사장의 인장강도를 갖고 태어난 사람도 없고, 태생적으로 월급쟁이의 인장강도를 가진 사람도 없다는 말이다.

스트레스를 견뎌내는 힘은 곧 한 사람의 성숙도다. 성숙한 사람은 사소한 문제들 때문에 스트레스를 받지 않는다. 평범한 사람에게는 극심한 스트레스를 주는 문제도 성숙한 사람은 담대하게 맞서며 극복한다. 우리는 언제, 누가 성숙하다고 느끼나? 간단하다. 우리에게는 세상이 무너질 것 같은 문제인데 어떤 사람은 그 문제를 담담하고 의연하게 견뎌나갈 때 우리는 그 사람의 성숙함을 알게 된다. 우리가 성숙할 수만 있다면 우리의 인장강도, 더 정확히는 '인생의 인장강도' 역시 커질 것이다.

이제 남은 것은 '우리는 어떻게 성숙해질 수 있는가?' 하는 질문이다. 사소한 일에도 당황하고, 짜증내고, 분노하고, 포기해버리는 우리가 도대체 어떻게 성숙할 수 있을까? 어느 철학자의 말처럼 삶은 일정 부분 경험으로 극복할 수밖에 없다. 그렇다. 성숙은 매우 소중한 자산이다. 이 자산을 증식하는 방법은 많은 경험을 통해 아파하는 방법밖에 없다. 소중한 사람이 죽었을 때 느끼는 그 아픔을 의연하고 담대하게 감당할 수 있는 사람은 역설적이게도 자신에게 소중한 어떤 존재의 죽음을 이미 경험해보고, 충분히 아파해본 사람일 것이다. 성숙은 돈으로 살 수 있는 것이 아니다. 흉내 낼 수 있는 것도 아니다. 삶으로 직접 겪어내야만 하는 것이다.

다섯 살짜리 꼬마보다 여든 살의 노인이 더 성숙한 이유는 단순히 물리적 나이가 많아서가 아니다. 여든 살의 노인이 다섯 살짜리 꼬마보다 아픈 경험이 훨씬 더 많기 때문이다. 성숙하기 위해서 굳이 누군가의 죽음 같은 극단적 경험을 해야만 하는 것은 아니다. 우리 삶에 어쩔 수 없이 다가오는 아픔들을 진지하게 직면하는 것으로 충분하다. 그런 측면에서 나는 아들이 조금 더 크면 새끼강아지를 한 마리 사줄 생각이다. 아들이 그 강아지와 함께 성장하고 뛰어놀게 해주고 싶다. 그리고 마침내 그 강아지가 죽었을 때 많은 추억을 함께한 그 강아지를 뒤뜰에 묻어주는 과정을 아들과 함께해주고 싶다. 아들에게 그런 아픔의 경험을 선물해주고 싶다. 그런 추억과 아픔의 경험이 쌓여서 아들은 성숙해질 테니까 말이다.

나이가 든다고 경험을 많이 하는 것은 아니다. 피상적인 경험은 우리를 전혀 성숙시키지 못한다. 우리 주위에도 철딱서니 없는 어른과 노인들이 얼마나 많은가? 그들은 그들에게 주어졌던 경험을 애써 외면했거나 진지하게 직면하지 않았던 것이 분명하다. 강아지를 키우다가 죽을 것 같으면 그 아픔을 감당하기 싫어 어디론가 팔아버렸을 것이다. 그렇게 자신에게 주어진 아픈 경험을 절절하게 직면하지 않았을 것이다. 헤어질 것이 아플까 봐 사랑도 대충 했을 것이고, 직장에서 상처받을까 봐 일도 대충 했을 것이다. 그런 식으로는 아무리 많은 경험을 해도 성숙해지지 못한다.

이제 우리의 인장강도를 키울 방법을 어렴풋이나마 알겠다. 철을 뜨거운 용광로에 담금질하듯이 우리에게도 담금질이 필요하다. 여러분이 어디에 있든 무엇을 하든 관계없다. 모든 경험에 진지하게 직면하자. 사랑을 하고 있다면 진지하게 사랑하자. 창업을 했다면 진지하게 일하자. 꿈을 찾고 있다면 진지하게 찾자. 그런 진지한 경험들은 우리에게 필연적으로 아픈 경험을 줄 것이다. 인생은 언제나 우리 마음대로 되는 것이 아니니까. 하지만 그 아픔까지 기꺼이 감당하자. 그럼 우리는 성숙할 것이다. 그때가 되면 우리의 인장강도는 지금보다 훨씬 커져 있을 것이다. 그 아픔의 깊이만큼 우리가 감당할 수 있는 스트레스의 용량도 늘어날 것이다.

생각해보자. 절절하게 사랑하는 부모의 죽음을 감당했던 사람이, 뜨겁게 사랑하는 연인에게 이별을 통보받은 아픔을 감당했던 사람이, 자신의 모든 것을 건 회사가 부도가 나는 아픔을 감당했던 사람이 못할 것이 뭐가 있단 말인가. 그런 깊이를 가진 사람이 겨우 먹고사는 문제에 집착하고 당황하고 짜증낼 리가 없지 않은가. 그리고 그런 사람만이 비로소 타인에게 진정 어린 배려와 위로를 해줄 수 있다. 이렇게 보아도 좋다. 나의 문제에 천착하지 않고 진정으로 타인을 위로하고 격려할 수 있는 사람이 가장 큰 인장강도를 가진 사람이라고 말이다. 다시 아프게 돌아보자. 우리는 지금 얼마만큼의 인장강도를 가진 사람인지.

덤으로 직장 우울증을 근본적으로 해결할 방법을 찾았다. 우리가 점점 성숙해져서 '인생의 인장강도'가 '직장 안의 인장강도'를 압도하기 시작했을 때 우리는 더 이상 직장 우울증에 시달릴 이유가 없다. 직장을 떠나 발생할 수 있는 스트레스를 감당할 수 있는 사람은 직장 우울증을 겪을 수가 없다.

이제 세월호 안에 자식을 두고 온 부모의 이야기를 하면서 마무리를 하자. 오열하고, 졸도하고, 묵묵히 눈물 흘리는 그 절절한 아픔의 깊이를 가진 그네들은 앞으로 누구보다 성숙하고 강한 사람이 될 것이다. 그리고 웬만한 상처들은 담담하게 받아낼 것이다. 세상에 자식을 먼저 떠나보낸 아픔보다 더 큰 아픔은 없을 테니까. 평범한 우리는 감히 범접할 수도 없는 아픔의 깊이 때문에 그들은 누구보다 성숙한 사람들이 될 것이다.

평범한 우리가 자식을 잃은 부모를 감히 위로나 할 수 있을까? 누가 그들을 위로할 수 있을까? 바로 어제 자식을 잃고 오열하고 졸도했던 그 아픔을 가진, 세월호에 자식들을 묻어야 했던 사람들만이 앞으로 자식을 잃을 부모들의 아픔을 진정으로 위로하고 격려할 수 있을 것이다.

내가 본 삶의 진실이 세월호 안에서 생을 마감한 이들과 그들을 떠나보낸 사람들에게 어설프나마 작은 위로가 될 수 있기를 진심으로 바란다. 나의 어설픈 위로가 누군가를 불편하게 한다면 나는 기꺼이 그들의 비난을 감내할 각오가 되어 있다. 마지막으로 세월호의 아픔을 가진 사람과 여러분에게 이 말만은 꼭 전하고 하고 싶다. "아프지만 꼭 행복하세요!"

PART **3**

결국 우리에게
필요한 건 시간이다

01

결국 중요한 것은
시간이다

"어떻게 행복한 밥벌이를 찾을 수 있을까?"라는 질문을 쫓아서 여기까지 왔다. 우리네 직장인들에게 이 질문이 아주 소중하다는 것은 두말할 나위가 없다. 그래서인지 이 질문에 답하는 책도 많고, 조언을 하는 사람도 많다. 직장에서 경력을 잘 관리하라고 말하기도 하고, 구체적으로 영어를 공부하라거나 자격증을 따라고 말하기도 한다. 또 요즘에는 고전이나 인문학 책을 읽으라는 이야기도 적지 않게 들린다. 모두들 각자의 방법으로 답답한 현실을 타개할 대안을 제시하는 셈이다.

그런데 조금 의아스럽지 않나? 그 많은 책과 조언에도 불구하고 우리는 여전히 행복한 밥벌이 근처에도 가지 못했으니. 왜? 도대체 왜? 젠장, 이제 겨우 알게 되었다. 그 많은 대안들은 전부 다 의미가 없다. 제일 중요한 질문을 건너뛰어 버렸기 때문이다. 영어 공부, 자격증, MBA, 고전, 인문학……다 좋다. 뭐든 다 좋다. 어떤 식으로든 도움이 될 것이라는 사실은 다 안다. 그런데 정작 문제는 무엇인가? 그 많은 대안을 실행에 옮길 시간이 없다. 시간, 이것이 가장 중요하고 또 치명적인 문제다.

　그렇다. 우리는 시간이 없다. 대안이 뭐가 중요한가? 영어? 누가 모르나, 영어 공부하면 좋은 줄. 자격증? 따면 좋은 거 다 안다. MBA? 나도 하고 싶다. 고전, 인문학? 일하느라 지쳐서 첫 장만 펼치면 숙면 중이다. 아침에 분주하게 출근해서 커피 한 잔 마시고 회의하고 나면 우르르 밥 먹으러 몰려가는 점심시간이다. 그리고 식곤증을 이기느라 또 커피 한 잔 들이켜고 업무 정리하면 오후 3시. 팀장이 부른다. 하던 업무도 아직 마무리가 안 되었는데 또 새로운 업무를 잔뜩 준다. 업무 지시만 1시간째다. 업무 지시를 하는 건지 강의를 하는 건지 잘 모르겠다. 이제 일 좀 해보려고 자리에 앉으면 오후 5시다. 정신없이 일하다 보니 저녁 8시가 훌쩍 넘었다. 제길, 오늘 회식이란다. 그렇게 일과를 다 마치고 집에 돌아오면 11시를 훌쩍 넘기기 일쑤다.

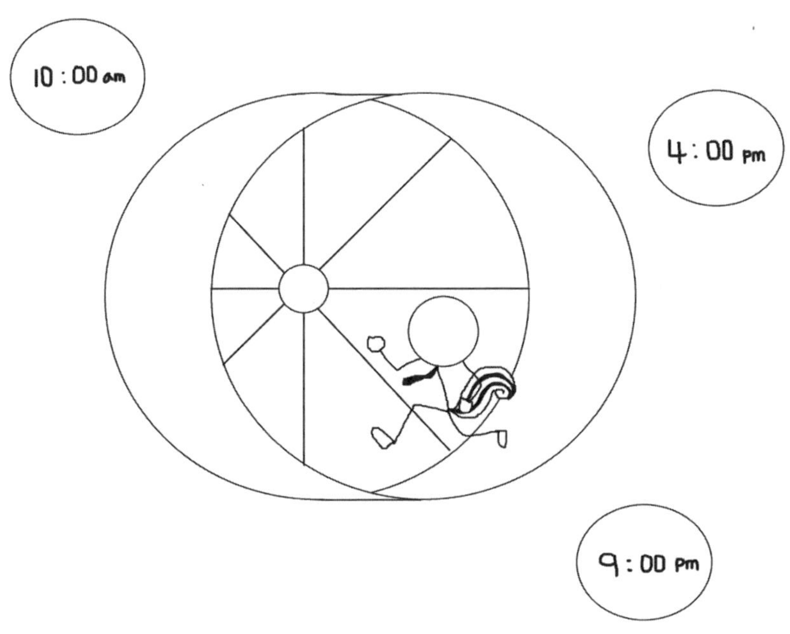

이것이 우리네 직장인의 일상이다. 늘 일은 많고 시간은 없다. 우리네 직장인이 행복한 밥벌이를 찾지 못하는 이유는 대안을 모르기 때문이 아니다. 대안이 정답인지 오답인지도 상관없다. 언감생심 시도조차 해볼 시간이 없으니까 말이다. 평범한 직장인으로 시작해서 성공을 거둔 사람들은 밤잠을 줄여가며 일하고 공부했단다. 우리는 벌써 기가 죽는다. 우리에게는 늦잠 자지 않고 정시에 출근하는 것만 해도 성공이니까. 엄살이 아니다. 우리네 직장인은 정말 시간이 없다. 밤잠 줄여가며 MBA를 하려고 했다간 정말 과로사를 할지도 모른다.

다 필요 없다. 그냥 시간이다. 행복한 삶이든 행복한 밥벌이든 간에 시간이 있어야 한다. 행복한 밥벌이를 하는 방법에 대한 많은 조언들이 있지만 현실적 조건에서는 다 공허할 뿐이다. 늘 시간에 쫓기는 직장인의 현실에 대해 함께 고민하지 않는 대안은 전혀 의미 없다. 부족한 시간은 가학적인 근면으로 대체하라는 꼰대 같은 이야기는 이제 짜증만 난다.

낮에는 일하고 밤에는 공부하고 주말에는 대학원을 다니고 있다고 자랑스럽게 말하는 사람에게 한마디 해주었다. "좋겠다!" 나는 그가 전혀 행복해 보이지 않았다. 내 눈에는 그가 좀비처럼 보였다. 퀭한 초점 없는 눈으로 그저 어디론가 열심히 걸어가기만 하는 좀비.

행복한 밥벌이를 찾기 위해서는 반드시 넉넉한 시간이 필요하다. 직장에서 시간을 확보하는 제일 쿨한 방법은 직장을 그만두는 것이다. 그럼 시간은 확실히 확보된다. 하지만 늘 생활비에 쪼들리는 우리에게는 쿨한 방법이 전혀 쿨하지 않다는 것을 알고 있지 않나? 그러니 이제부터 직장을 다니면서 시간을 확보할 수 있는 현실적인 방법을 찾아보자. 아마 이 부분은 논란의 소지가 많을 것도 같다. '그 방법은 조금 극단적이지 않나?' 하는 생각이 드는 대목도 있을 것이다. 하지만 나는 직접 겪은 직장의 빡센 현실을 통해서 알게 되었다. '대충 좋은 게 좋은 거다.'라는 식으로는 절대 행복한 밥벌이로 갈 수 있는 시간을 확보할 수 없다는 사실을.

만약 돈이 충분히 많아 당장 직장을 그만둘 수 있다면 이번 장은 건너뛰어도 좋다. 그게 아니라면 기존의 알량한 직업윤리는 일단 냉장고에 넣어두시라.

이번 이야기는 행복한 밥벌이는 찾고 싶지만 돈을 벌기 위해 어쩔 수 없이 아직은 직장을 다녀야 하는 빡센 인생들이 반드시 알아야 하는 것들이다. 행복한 밥벌이를 찾고 계발하는 데 있어서 가장 중요한 것은 직장에서 시간을 확보할 수 있는 방법이다. 이제 직장에서 시간 빼는 법에 대해서 함께 이야기해보자.

02

정신무장, 성공의 노선을 정하자

노선을 정하자

직장에서 시간을 확보하려면 가장 먼저 해야 할 것이 있다. 우선 자신의 노선을 확실히 정해야 한다. 아무 생각 없이 직장생활을 하는 것이 가장 위험하다. 직장에서 자신을 위한 시간을 확보한다는 것은, 비유하자면 직장이라는 물살을 거슬러 올라가는 것과 같다. 다들 알겠지만 직장이라는 물살은 너무 거세다. 사장과 상사는 언제나 할 일이 많다고, 그래서 바쁘다고 우리를 다그치고 또 그 다그친다. 그 다그침에 말려들어간 동료들과 일하다 보면 우리 역시 무엇인가 바빠야 할 것만 같다. 직장은 절대 만만한 곳이 아니다. 노선을 확실히 정하지 않으면 그 거센 물살에 휩쓸려갈 것이 분명하다. 그때는 정말 죽도 밥도 안 된다.

그럼 이제 직장에서 선택해야 하는 노선이 무엇인지 알아보자. 간단하다. 직장에서 우리가 선택할 수 있는 노선은 크게 보자면 두 가지뿐이다. '직장에서 성공하는 노선'과 '인생에서 성공하는 노선'. 설마 아직도 직장에서의 성공이 인생의 성공을 담보할 수 있다고 생각하거나 혹은 그 둘 사이에 적절한 균형을 잡을 수 있다고 믿는 순진한 사람은 없기를 바란다. 정말 건강한 직장이 아니라면 두 노선은 결코 양립할 수 없다. 그리고 내가 본 바로는 한국에서 그런 건강한 직장은 정말 극소수에 불과하다. 그러니 최대한 빨리 두 가지 노선 중 한 가지를 확실히 해야 한다. 보고 싶은 것을 보지 말고 있는 그대로의 진실을 보자.

직장에서 성공하는 노선

우선 '직장에서 성공하는 노선'을 선택하는 경우에 대해서 이야기해보자. 대체로 이런 부류는 야심 있고, 성취욕도 강하고, 지는 것을 죽기보다 싫어한다. 업무를 맡기면 어떤 식으로든 성과를 낸다.

직장에서의 성공을 노골적으로 말하자면 임원이다. 평범한 월급쟁이가 명예, 권력, 부를 모두 얻을 수 있는 유일한 방법은 임원이 되는 것뿐이다. 말하자면 직장에서 성공하는 노선을 선택한 사람들은 임원이 되기로 선택한 셈이다. 그런데 문제는 '직장에서 성공하는 노선'을 선택한 사람은 직장에서 시간을 빼는 것이 이미 불가능하다는 사실이다. 아니, 그 노선을 선택한 사람은 개인적인 시간을 갖는다는 것 자체가 위험하거나 쓸데없는 짓이라고 여길 것이다.

당연하다. 일반적인 대기업 기준으로 신입사원이 100명 들어오면 임원은 그중 한 명이 될까 말까다. 대부분의 직장은 모두 마찬가지다. 어떤 직장이든 성공하려면 동료들보다 더 많은 성취와 결과를 만들어내야 한다는 것은 상식이다. 그 성취와 결과는 공짜로 얻어걸리는 것이 아니다. 야근은 물론 주말에도 항상 머릿속에는 일 생각으로 가득 찬 사람들만이 그럴 수 있다. 그뿐인가? 틈틈이 영어 공부나 회사가 필요로 하는 자기계발도 게을리

할 수 없다. 생각해보자. 직장에서 오래 버티는 것도 녹록지 않은 것이 현실인데, 그런 직장에서 성공을 하겠다니 얼마나 열심히 일을 해야 하는 것이겠나? 이런 부류들이 개인적인 시간을 확보하는 것은 이미 물 건너간 셈이다. 아니 개인적인 시간 자체가 의미 없을지도 모르겠다. 이런 부류는 직장과 자신을 동일시해버리는 경향이 강하니까.

나는 개인적으로 '직장에서 성공하는 노선'은 추천하고 싶지 않다. 직장에서의 성공이 돈도 많이 벌고 아주 화려한 것처럼 보이지만 실제로는 전혀 그렇지 못하다는 것을 경험으로 알고 있기 때문이다. 장기적으로 봤을 때 얻을 것보다는 잃을 것이 더 많다. 직장에서 성공을 꿈꾼 유능하고 야심찬 동료들의 말로는 대체로 그다지 좋지 못했다. 직장의 별인 임원이 되기 위해 밤낮 없이 일하다가 별안간 심근경색으로 죽음을 맞이한 동료도 보았고, 임원 문턱까지 갔다가 치열한 경쟁에서 밀려 마치 삶의 의미를 잃은 것처럼 구는 동료도 보았다. 직장에서 성공하는 것 역시 결코 쉬운 일이 아니다. 자신의 모든 것을 걸어야 하는 일이다.

그렇다면 무사히 임원만 될 수 있으면 정말 좋은 걸까? 그럼 정말 행복한 삶을 살 수 있을까? 대기업의 임원이 되어 나름 성공했다고 자타가 인정하는 사람을 알고 있다. 그는 명예퇴직을 한 날 동료들과 인사 한마디 나누지 못하고 짐을 쌌다. 당연한 일이었다. 임원이 되기 위해, 그 자리를 유지하기 위해 얼마나 많은 사람들에게 민폐를 끼쳤는지 그도 알고 주위 사람들도 잘 알고 있기 때문이었다. 그는 아마 두려웠을 것이다. 아무 권력도 없어진 그는 부하직원과 동료들의 냉소가 두려웠을 것이다.

유능해 보이고 못할 것이 없어 보이던 그는 2년 동안 집에서 쉬다가 지금은 고향으로 내려가 당구장을 하고 있다. 그뿐이 아니다. 직원들에게 항상 독선적이고 강압적으로 업무지시를 하던 임원이 있었다. 그는 명예퇴직

후 협력업체로 가서 졸지에 예전 부하직원들의 눈치를 보며 이런저런 부탁을 해야 하는 처지가 되었다. 직장에서 성공하는 노선을 선택하는 것은 분명 얻을 것보다 잃을 것이 많다. 잃은 것은 가족, 건강, 자아, 친구 등 수도 없이 많지만 얻을 것이라곤 퇴직 후 남은 여생을 보낼 수 있는 안정적인 노후자금뿐이다.

그네들의 삶을 폄하하고 싶지는 않다. 그들 역시 나름 최선을 다한 삶을 살아내었으니까. 하지만 그 삶을 추천하고 싶지는 않다. 만약 여러분이 '직장에서 성공하는 노선'을 선택했다면 인생에서 행복한 밥벌이를 하겠다는 꿈은 애초에 버리시라. 그냥 임원이 되어 부하직원들한테 군림하고 높은 연봉을 받는 것으로 만족해야 할 것이다. 뭐 그것도 나쁘지 않다. 애초에 돈을 벌려고 들어간 직장인데 임원이 되면 부하직원 앞에서 뭔가 대단한 사람처럼 폼까지 잡을 수 있으니 나쁘지 않은 셈이다. 하지만 절대 잊지 마시라. 돈을 벌기 위해 들어간 직장에는 행복한 밥벌이가 없다는 사실. 그것은 철물점에 들어가서 두부를 찾는 어리석은 짓과 전혀 다르지 않다.

아무 노선도 선택하지 않았을 때

앞서 직장에서 두 가지 노선만 있다고 했지만 사실 엄밀히 말하자면 세 가지 노선이 있다. 실제 직장에서는 아무 노선도 선택하지 않는 사람이 대다수니까. 그냥 시키는 일 하다가 월급 나오면 받고, 눈치 보면서 대충 쉬는 사람들은 아무 노선도 선택하지 않은 것이다. 아니 어쩌면 이들 역시 나름 직장에서 성공하려는 것인지도 모른다. 다만 이 부류에게 직장에서의 성공이란 그저 별 탈 없이 무난하게 오래 직장을 다니는 것일 뿐이다. 전형적인 월급쟁이다. 이 부류는 정말 최악이다.

언뜻 이런 생각을 할지도 모르겠다. 직장에서 성공하려는 것이 아니니 최소한 개인적인 시간은 확보할 수 있는 것 아니냐고. 심각한 오판이다. 이 부류는 시간 확보는 고사하고 그나마 지금 있는 자리도 지키지 못할 확률이 매우 높다. 앞서 말했듯이 직장이라는 물살은 너무 거세기 때문이다. 월급 받고 다니는 직장에서 직원들이 여유를 가지도록 가만히 내버려둘 것 같나? 내가 본 사장과 상사들은 할 수만 있다면 직원들의 등골마저 빼먹고 싶어 하는 사람들이 절대 다수였다.

아무 노선도 선택하지 않은 사람 역시 필연적으로 '직장에서 성공하는 노선'을 선택한 사람들만큼 빡세게 일할 수밖에 없다. 더 안타까운 것은 이 부류는 일만 등골 빠지게 하고 공은 '직장에서 성공하는 노선'을 선택한 사람들에게 다 빼앗긴다는 사실이다. 당연하다. 빡세게 일을 해야 하는 '판'을 벌리는 것은 언제나 '직장에서 성공하는 노선'을 선택한 사람들이다. 그러니 아무 노선도 택하지 않은 사람들은 야심 있는 동료가 성과를 내기 위해 만든 그 '판'에서 성실하게 '뺑이'만 실컷 치게 마련이다. 그냥 등골만 빠지는 것이다.

비관적으로 보는 것이 아니다. 필연적으로 그리 될 수밖에 없다. 사장, 상사들이 무엇인가 바쁘고 다급한 분위기를 조성하면 아무 노선도 선택하지 않은 사람들은 그 분위기에 압도당해 휩쓸리지 않을 도리가 없다. 그렇지 않으면 '별 탈 없이 무난한 직장생활'조차 보장받지 못하게 될까 전전긍긍할 테니까 말이다. 차라리 '직장에서 성공하는 노선'을 확실히 선택하는 것이 낫다. 잠시지만 임원이 되어 어깨에 힘도 한번 주어볼 수 있을 것이고, 적어도 퇴직 후에 먹고살 걱정은 안 할 테니까 말이다. 기업의 임원은 퇴직 후에도 명예유지비조로 적지 않은 급여를 받는다는 것이 공공연한 비밀이다.

노선을 정하지 않은 사람들은 어느 쪽이라도 좋으니 빨리 자신의 노선을 확실히 정하는 것이 좋다. 어영부영하다가 행복한 밥벌이는커녕 퇴직 후 먹고사는 것마저 막막해질 수도 있으니까 말이다. 아무 노선도 선택하지 못한 이 부류는 '직장에서 성공하는 노선'을 선택하는 사람과 마찬가지로 절대 행복한 밥벌이를 하지 못할 것이다. 왜? 직장을 다니면서 행복한 밥벌이를 찾고 계발할 시간을 결코 만들어내지 못할 테니까. 그저 직장의 분위기에 이리저리 휩쓸리다가 아주 애매한 나이에 명예퇴직을 당하게 될 것이다. 서글프지만 적나라한 우리네 직장의 현실이다.

인생에서 성공하는 노선

이제 인생에서 성공하는 노선이다. 이 노선을 명확히 해야만 겨우겨우 직장에서 시간을 뺄 수 있고, 직장이라는 거센 물살을 거스르면서 조금씩이라도 앞으로 나갈 수 있을 것이다. '인생에서 성공하는 노선'을 선택한다는 말은 기본적으로 지금 직장을 나의 행복한 밥벌이를 찾고 계발하는 '수단'으로 인식한다는 말이다. 그러니 '인생에서 성공하는 노선'이라는 말은 고상한 미사여구가 아니다. 직장이라는 현실에서 이 노선을 택한다는 것은 승진에서 누락될 수도 있고, 팀장에게 욕을 먹을 수도 있고, 동료들에게 왕따를 당할 수도 있다는 의미이기도 하다. 거칠고 빡센 길이다.

그 정도 각오가 있어야 '인생에서 성공하는 노선'을 선택했다고 말할 수 있다. 하지만 너무 걱정할 것은 없다. '인생에서 성공하는 노선'은 잃을 것보다는 얻을 것이 많은 선택이니까. 생각해보면 당연한 이야기다. 직장보다 인생이 더 중요하고 의미 있다는 것은 두말할 나위가 없지 않은가. 지금의 척박한 현실로 보면 직장에서의 성공은 필연적으로 인생에서의 실패를 가져올 수밖에 없다. 직장에 몰빵하다 보면 인생에서 소중한 것들을 돌보지 못하게 된다는 것을 이미 우리는 잘 알고 있지 않은가?

직장을 다니면서 행복한 밥벌이를 찾고 계발하기 위해서는 시간이 필요하다. 그 소중한 시간의 확보는 '나는 직장에서 실패하는 한이 있더라도 인생에서는 성공하겠다!'라는 강력한 자기 선언에서 시작된다. 더 적나라하고 구체적으로 말하면 '나는 승진에서 누락되고, 팀장에게 욕을 먹고, 동료들에게 따돌림을 당해도 마지막까지 굳건히 버티겠다.'는 의지가 있어야 한다. 그 정도의 의지가 없다면 언제나 바삐 돌아가는 직장의 거센 물살을 결코 거슬러 올라갈 수 없다.

직장에 쓸데없이 너무 많은 의미를 부여하지 말자. 우리는 왜 직장에 들어왔나? 자아실현을 위해? 꿈을 이루기 위해? 국가에 이바지하기 위해? 회사를 번영시키기 위해? 정직해지자. 우리는 다 그저 먹고살기 힘들어서 혹은 조금 더 안정적으로 밥벌이를 하려고 직장에 들어온 것뿐이다. 인정하자. 그리고 그 초심을 잃지 말자. 직장은 파카 같은 것이다. 추운 날 입고, 더워지면 벗는 파카 말이다. 물론 옷 중에서는 조금 비싸고 중요하기는 하지만 어쨌든 옷은 옷일 뿐이다.

행복한 밥벌이를 위해 '인생에서 성공하는 노선'을 선택하는 것은 아주 중요하고 필수적이다. 그 노선을 선택했을 때 직장에 압도당하지 않고 비로소 직장이 나의 행복을 위한 수단으로 보이기 시작할 것이고, 행복한 밥벌이를 위한 시간을 확보할 수 있을 테니까. 그렇지 않으면 직장에서 우리의 시간을 확보하면서 발생할 수 있는 수많은 난관을 결코 헤쳐나갈 수 없을 것이다. 이제 직장을 다니면서 노선을 분명히 하자. '인생에서 성공하는 노선'으로.

03

성공 노선 행동강령
주중 수칙

직장인은 월요일부터 금요일까지는 하루의 대부분을 직장에서 보내는 셈이다. 그러니 주중에 어떤 식으로든 시간을 확보하지 못하면 행복한 밥벌이를 찾아가기가 아주 힘들어진다. 직장에서 시간을 확보해야 한다는 이야기를 백날 해봐야 소용없다. 직장에서는 항상 다급한 일이 있을 테니까. 직장에서 시간을 확보하기 위해서는 아주 구체적인 행동수칙이 필요하다. 행동수칙들을 하나씩 새기면서 시간을 확보해나가자.

출근 시간만큼 퇴근 시간도 엄수

우선 출근 시간을 칼같이 지키는 것처럼 퇴근 시간도 칼같이 지켜야 한다. 이것은 기본 중의 기본이다. 이것부터 삐걱거리면 정말 답이 없다. 안다. 힘들다는 거. 상사는 끊임없이 눈치를 주고, 동료들은 뭔지 모르지만 다들 열심히 일하고 있고, 매출 떨어졌다고 회사 분위기는 아주 엉망이다. 이런 상황에서 어찌 언감생심 칼퇴근을 하겠다고 말할 수 있겠나?

그럼에도 불구하고, 힘들겠지만 퇴근 시간을 엄수해야 한다. 주중을 정신없이 보내다가는 인생을 정신없이 보내게 될 것이다. 정 안 되면 처음에는 퇴근 시간을 하루에 20분씩 앞당기거나, 일주일에 한 번은 칼퇴근을 한다고 정하시라. 그리고 개구리를 물에 넣고 서서히 끓이면 뛰쳐나오지 못하고 죽는 것처럼 조금씩 퇴근하는 시간을 앞당기고 칼퇴근하는 날을 늘려가시라.

재미있는 사실은 개구리를 삶는 이 방식이 바로 직장이 우리를 길들이는 방법이라는 점이다. 사장과 상사가 매일 조금씩 퇴근 시간을 늘리면 어느 사이엔가 우리는 11시까지 야근을 아주 당연하게 하게 된다는 말이다. 그러니 직장이 우리를 길들였던 방법을 역으로 돌려주면 된다. 퇴근하는 시간을 조금씩 앞당기고, 칼퇴근하는 날을 조금씩 늘려가면 한 번에 돌변하는 것보다 주위 사람들의 반발이 적을 것이다.

가끔 사장이나 상사들은 직원들에게 '할 일 다 했으면 일찍 퇴근해도 돼!'라고 말한다. 이 말에 포섭당하지 말아야 한다.

이 말은 두 가지 의미에서 거짓말이다. 우선 우리의 '할 일'은 우리가 아니라 사장이나 상사가 정한다. 그러니 '할 일 다 했으면 일찍 퇴근해도 된다.'는 말은 '닥치고 11시까지 야근해!'라는 말과 같은 의미다. 다들 경험해보지 않았나? 업무 정리하고 퇴근하려고 하는 찰나 팀장이 새로운 일을 시킬 때의 그 암담함.

그리고 '할 일 다 했으면 일찍 퇴근해도 돼!'는 말이 거짓말인 또 다른 이유가 있다. 이 말은 '우리의 급여는 성과(할 일)를 냈기 때문에 받는 것'이라는 의미를 깔고 있다. 우리는 성과를 내기 때문에 급여를 받는 것이 아니다. 사장은 직원이 그렇게 생각해주기를 바라겠지만 전혀 아니다. 사장이 직원들에게 급여를 주는 이유는 올해 매출이 3,000억을 달성했기 때문이겠지만, 우리가 월급을 받는 이유는 꼴도 보기 싫은 인간들과 하기 싫은 일에 많은 시간을 썼기 때문이다. 친한 친구와 소주 한잔도 하지 못했고, 소중한 가족들과의 행복한 시간도 헌납한 대가로 월급을 받는 것일 뿐이다. 그러니 우리에게 성과, 즉 '할 일'은 없는 셈이다. 오직 '일할 시간'만 있는 셈이다. 급여를 성과와 연결짓는 것은 사장과 상사의 아주 교묘한 논리다. 시간은 정량적이지만 성과는 아주 주관적이고, 사장이 언제든 바꿀 수 있으니까 말이다. 여기에 말리면 안 된다. '자본론'에서 칼 마르크스는 노동의 양을 성과(한 일의 양)가 아니라 '시간'으로 계산했다는 사실을 절대 잊어서는 안 된다.

오버하지 말자. 노동의 양은 분명 성과의 양이 아니라 시간의 양이다. 도저히 해결하기 버거운 업무를 떠넘기듯이 받았다고 해보자. 이리저리 궁리하고 모색하느라 구체적인 성과도 없이 매일 야근을 했다면 사장과 상사는 아무 일도 안 한 것이라고 말할 것이다. 하지만 우리는 분명 열심히 일한 것이다. 그 일에 시간을 썼으니까. 우리는 받는 만큼만 일하면 된다. 칼퇴근은 직장의 시간 전쟁에서 반드시 확보해야 하는 필수 고지다. 여기서부터 밀리면 이 전쟁에서 승산이 없다.

과도한 업무는 하지 않기

직장에서 시간을 확보하기 위한 또 하나의 행동수칙이 있다. 과도한 업무를 거부해야 한다. 직장인들이 야근을 하는 이유는 사장, 상사가 눈치를 주기 때문이기도 하지만 한편으로는 정말 일이 많아서이기도 하다. 과도한 업무에 시달리기 전에 이런 근본적인 질문을 해보자. "우리에게 왜 일이 많은 걸까?"

질문에 답하기 전에 직장이라는 것이 왜 생겼는지 곰곰이 한번 생각해보

자. 직장이라는 개념은 제2차 세계대전 즈음에 생겨난 것이다. 전쟁은 상품 생산의 효율성을 극대화시켰다. 당연하다. 전쟁상품 즉, 군수물자의 효율적 생산이 전쟁의 승패를 갈랐을 테니 말이다. 효율을 극대화하는 과정에서 생겨난 조직의 개념을 민간영역에 적용한 것이 바로 기업이라는 형태다. 그래서 '전략'(Strategy)과 같은 많은 전쟁용어가 아직도 직장에서 그대로 사용되고 있는 것이다. 직장에서 업무를 분업화, 전문화시키는 것도 모두 효율을 위해서다.

정말 효율적인 조직에서는 특정한 개인에게 과도한 업무가 돌아가지 않는다. 효율적이라는 의미는 단위 시간당 최대한 많은 상품을 만들어낸다는 의미다. 그런데 특정한 개인에게 과부하가 걸리면 단위 시간당 최대한의 상품을 만들지 못할 개연성이 아주 높아진다. 즉 특정한 개인에게 과도한 업무가 몰렸다는 것 자체가 이미 전혀 효율적이지 않은 상황이란 의미다.

여기서 의아해진다. 효율을 지향하는 직장에서 일하는 우리는 왜 매일 과도한 업무에 내몰리는 걸까? 그것은 직장의 부조리 때문이다. 적어도 우리 사회의 직장은 전혀 효율적이지 못하다. 권한이 많은 사장이나 상사는 그 권한을 이용해 자신이 해야 할 일까지 교묘하게 안 하려고 하는 것이 우리네 직장의 현실이다. 사장이나 상사가 교묘하게 회피한 업무의 공백은 누군가에게 부과될 수밖에 없다. 직장은 모든 관계가 촘촘하게 얽혀 있으니까 말이다. 직장의 과도한 업무는 대체로 이런 식으로 만들어진다.

사장이나 상사는 어떤 사안에 대해 명확하게 의사결정을 해주어야 한다. 그것이 그들의 업무다. 하지만 "이번 건은 김 과장이 전문가니까 어떻게 해야 할지 검토해봐."라며 자신이 해야 할 업무마저 은근슬쩍 부하직원에게 떠넘긴다. 전문가라는 칭찬에 꽂혀서 사장과 상사의 업무까지 시나브로 넘겨받은 우리는 구체적인 업무를 진행하지 못하고 업무의 근본적인 방향을 결정하느라 지쳐버리게 되는 것이다.

바로 이것이다. 과도한 업무는 정상적인 것이 아니다. 다만 사장과 상사들이 비정상적인 것을 너무나 당연하게 여기고 있어서 비정상이 마치 정상처럼 비쳐지는 것뿐이다. 과도한 업무는 단호히 거부해야 한다. 직장에서 일을 하지 말라는 이야기가 아니다. 각자 책임과 권한에 맞는 수준의 일만 하면 된다. 자신의 책임과 권한에 부합되는 일만 하면 절대 과도한 업무에 내몰릴 일이 없다. 직장은 기본적으로 효율적인 조직이기 때문이다. 직장이 효율적이지 못한 이유는 누군가에게는 직장의 효율이 불편하기 때문이고 대체로 직장의 효율이 불편한 사람은 권한이 많은 사람일 것이다. 그것이 우리네 직장이 늘 비효율적인 근본적인 이유다.

과도한 업무에 말려들면 행복한 밥벌이를 위한 시간 확보는 없다. 책임과 권한의 경계를 미리 잘 파악해두어야 한다. 그리고 누군가 그 경계를 넘어 일을 은근슬쩍 떠밀려고 할 때는 단호하게 말하자. "그건 제가 할 일이 아닌 것 같은데요!" 처음 한두 번은 싸가지 없는 놈이라고 욕먹을 수도 있다. 또 상사나 동료들과 관계도 어색해질 수 있다. 하지만 상관없다. 당장은 욕하겠지만 다음부터는 우리에게 과도한 업무를 지시하거나 부탁할 일은 없을 테니까. 분명 남는 장사다. 과도한 업무에 내몰리지만 않더라도 꽤 많은 시간을 확보할 수 있을 것이다.

일하면서 틈틈이 쉬기

혹시 직장에서 아무 일도 안 하고 자리에 앉아만 있어 본 적이 있나? 나는 해본 적 있다. 그런데 이상하더라. 아무 일도 안 했으니 전혀 안 피곤할 거라 생각했는데 전혀 그렇지 않았다. 물론 빡세게 일한 날만큼 피곤하지는 않았지만 여전히 퇴근 후에는 평소처럼 머리가 띵했고 양쪽 어깨의 곰

두 마리는 여전히 내려오지 않았다.

직장에서 피곤한 이유는 일을 많이 하기 때문이기도 하지만 한편으로는 직장이라는 공간에 있다는 것 자체 때문이기도 하다. 인지하든 못하든 우리는 직장에 들어설 때 일정 부분 긴장을 하게 된다. 불편한 동료들, 부담스러운 상사, 여전히 답이 없는 업무까지 그냥 직장에 있는 것만으로도 우리는 월급을 받아야 한다. 그 자체로 이미 고된 일이니까.

행복한 밥벌이를 위해서는 직장에서 시간을 확보해야 한다고 말했다. 하지만 그 시간은 단순히 물리적 시간만을 의미하는 것은 아니다. 나는 직장을 다니면서 글을 썼다. 책도 한 권 냈다. 그 과정을 겪으면서 내가 깨닫게 된 것이 있다. 직장에서 틈틈이 쉬어야 한다는 것이다. 한때 나는 일찍 퇴근하기 위해 근무시간에 완전히 타이트하게 일했다. 잠시 커피 한 잔 마시는 것도 포기하고, 점심도 30분 만에 마시듯이 먹고 자리에 앉아서 일했다. 그래야 주어진 일을 겨우 마무리하고 정시에 퇴근할 수 있었다. 내가 정시에 퇴근을 하려고 했던 이유는 퇴근 후에 글을 쓰고 싶었기 때문이었다. 하지만 그렇게 빡세게 일하고 난 이후에 글을 쓰려고 근처 커피숍에 앉았을 때는 머리가 멍해져서 정작 한 글자도 적을 수 없었다.

직장에서 시간을 확보한다는 의미에는 다른 일을 할 수 있는 에너지를 확보한다는 것까지 포함되어야 한다. 6시에 퇴근하면 뭐하나? 6시에 퇴근하기 위해 아침 8시부터 쉬지 않고 일을 하면 퇴근 무렵에는 이미 반송장인 것을. 착각하지 말자. 우리는 슈퍼맨이 아니다. 사람은 자기가 집중할 수 있는 에너지의 양이 한정되어 있다. 그 에너지를 다 쓰면 아무리 시간이 많아도 다른 생산적인 일을 할 수 없다.

오늘은 아들에게 꼭 동화책을 읽어주리라 마음먹은 날, 겨우겨우 7시에 퇴근해서 집에 오니 이미 8시를 넘겼다. 씻고 정리하고 아들에게 읽어줄 동화책을 펼쳤다. 눈을 떠보니 동화책은 두 장을 채 넘기지 못했고, 시계를 보니 다음 날 새벽 5시 30분이다. 그때의 서글픔이란…….

일찍 퇴근하는 것도 좋고, 과도한 업무를 거부하는 것도 좋다. 하지만 그것만으로는 주중 행동수칙으로 충분치 못하다. 직장에서 틈틈이 쉬어야 한다. 화가가 되고 싶은 월급쟁이라면 퇴근 후 그림을 그릴 수 있는 에너지는 남겨두어야 한다. 영화감독이 되고 싶은 월급쟁이라면 퇴근 후 영화 한 편 볼 에너지는 남겨두어야 한다. 아직 무엇을 해야 할지 찾지 못한 월급쟁이라면 앞서 말한 '미로'를 찾아갈 에너지는 남겨두어야 한다.

일을 하다가 너무 스트레스를 받으면 그냥 다 덮고 잠시 산책을 하자. 분위기 좋은 카페에서 직장의 일은 잠시 잊고 여유를 즐기자. 외향적인 사람이라면 친구나 애인 혹은 아내에게 전화를 해 잠시 수다를 떨자. 그렇게 기분 전환을 하고 에너지를 지켜내자. 진짜 우리의 인생은 퇴근 후에 시작된다는 마음가짐으로 직장생활을 해야 한다. 언제나 바쁜 일상에 쫓기는 우리네 직장인들은 '오늘 해야 할 일을 내일로 미루는 것'을 걱정할 것이 아니라 '내일 해도 될 일을 오늘 하는 것은 아닌지'를 늘 걱정해야 한다.

직장 근처에 아지트 하나 만들기

주중 행동수칙 마지막이다. 직장 근처에 작은 일탈을 할 아지트를 하나 만들어라. 늘 고객을 응대해야 하는 서비스업 종사자가 아니라면 아무리 바쁜 직장인이라도 주중에 1~2시간 정도의 여유는 만들 수 있다. 하지만 그 여유 시간에 대부분은 아무 의미도 없는 인터넷 서핑을 한다. 사무실의 자기 자리에 앉아서는 행복한 밥벌이를 위한 어떤 생산적인 일도 할 수 없음은 물론이고 제대로 된 휴식조차 할 수 없다. 당연하다. 잠시 딴짓을 하는 동안에도 동료와 상사의 눈치를 끊임없이 봐야 하니까.

내 아지트는 직장 근처 후미진 곳에 있는 카페였다. 처음에는 조용한 곳을 찾느라 갔지만, 자주 가다 보니 카페 사장과도 친해졌다. 사장에게 양해를 구한 다음 내가 읽고 싶은 책 몇 권 그리고 작은 노트북 하나를 맡겼다. 큰 프로젝트가 끝나 조금 여유가 생기거나, 출장을 갈 때 1시간 정도 먼저 사무실을 나와 아지트로 갔다. 그 시간만큼은 내가 읽고 싶은 책을 읽거나 짧은 글을 썼다. 행복한 밥벌이를 위한 나만의 사무실이었던 셈이다. 나는 그곳에서 누구의 눈치도 보지 않고 오직 나만의 시간을 가졌다. 나는 그렇게 그곳에서 행복한 밥벌이라는 꿈을 키웠고 실현했다.

시간은 공간과 떼어놓고 생각할 수 없다. 시간을 확보한다는 것은 공간을 확보한다는 것과 일정 부분 같은 의미다. 시간을 내어 여러분의 직장 주위를 둘러보고 꽤 괜찮은 아지트를 하나 만드시라. 그리고 그곳에서 여러분의 행복한 밥벌이라는 꿈을 찾고 그것을 실현하시라. 여러분이 원하는 일을 하기 위해 준비해야 할 것이 있다면 여건이 허락하는 한도 내에서 그곳에서 차근히 준비하시라.

꼭 무엇인가 준비를 하지 않아도 좋다. 직장에서 펼쳐놓고 읽기 부담스러운 책이나 영화 같은 것들을 거기서 즐기는 것도 좋다. 그런 아지트가 하나 있다는 것만으로도 지금의 직장이 조금 더 견딜 만해질 테니까. 나만의 공간이 있다는 사실 자체만으로도 월요일 아침 무거운 발걸음이 조금은 가벼워질 것이다. 매일 직장에서 긴장하고 빡세게 사는 우리에게 그 정도 호사는 허락되어도 좋은 것 아닌가?

04

성공 노선 행동강령
주말 수칙

월급쟁이들이 직장에서 개인적인 시간을 확보하는 일은 정말 전쟁이다.

언제나 우리를 바쁘게 만들지 못해 안달이 난 사람들과 오전, 오후, 저녁을

함께해야 하니 당연히 전쟁일 수밖에. 평범한 직장인들이 주중에 직장에서 개인적인 시간을 아무리 많이 확보해본들 1~2시간이 고작일 것이다. 정말 괜찮은 직장을 다니는 사람이라도 3~4시간 이상은 힘들다.

직장에서 행복한 밥벌이를 위한 시간을 확보하는 것이 전쟁이라면, 주중은 현 전선을 겨우 유지하고 지켜내는 수비에 가까울 것이다. 하지만 전쟁에서는 수비만으로 승리할 수 없다. 승리를 위해서는 적극적인 공격이 필요하다. 그렇다면 전선 확대를 위한 적극적인 공격이 이루어지는 시점은 언제인가? 바로 주말이다. 하루를 온전히 사용할 수 있는 주말이야말로 행복한 밥벌이를 공격적으로 찾고 그것을 계발해야 하는 시기다. 소중한 주말을 잘 활용하기 위한 몇 가지 행동수칙을 알아보자.

주말은 주중에서 이어진다

일단 우리네 주말의 일상부터 한번 되짚어보자. 토요일과 일요일은 어떤가? 혹시 주중에 직장에서 파김치가 되도록 시달린 덕에 주말은 시체처럼 침대 위에서 잠만 퍼질러 자지는 않나? 마치 완전히 방전된 배터리를 충전하듯. 평범한 직장인은 1주일에 두 번, 한 달에 여덟 번뿐인 완전한 자유시간을 그렇게 허망하게 흘려보내는 경우가 대부분이다.

주말에 너무 피곤해서 아무것도 할 수 없다는 이야기를 하면 꼭 '더 부지런해지면 된다!'라는 이야기를 하는 사람들이 있다. 헛소리다. 주말에 시체처럼 누워 있는 이유는 게으르기 때문이 아니다. 그 이유는 크게 두 가지다. 첫째, 앞서 말했듯 주중에 과도하게 많은 일을 하느라 체력이 완전히 방전됐기 때문이다. 1주일에 두 번 야근하고, 두 번 회식하는 직장에서 주말에도 파릇파릇하게 생기 있는 사람은 슈퍼맨 말고 없다. 아니 슈퍼맨도 주말에는 하루 종일 자야 될 테다.

또 하나 이유가 더 있다. 운 좋게 야근도 피하고 회식은 건너뛰어 에너지를 조금 충전해놓았다고 해도 달라지는 건 없다. 직장인들에게 금요일은 즐거움이지만 일요일은 괴로움이다. 일요일 오전이 넘어가면 미처 다 마무리하지 못한 업무, 상사의 잔소리에 벌써 마음이 무거워지고 다음 주가 걱정이다. 그러니 컨디션이 괜찮아도 미리 침대에 누워 채널을 이리저리 돌리며 다음 주에 쓸 배터리를 추가 충전할 수밖에 없다.

주말에 시간을 확보하려면 주중 행동수칙을 잘 지켜야 한다. 주말은 주중에서 이어지는 것이니까. 주중에 빡세게 일하면 주말에는 침대에서 쉴 수밖에 없다.

주말특근은 없다

그나마 주말에 시체놀이라도 할 수 있는 사람은 형편이 나은 편이다. 많은 직장인들이 중요하고 급한 일을 처리하러 주말에도 출근을 하는 경우가 종종 있다. 이건 정말 최악이다. 행복한 밥벌이를 준비하는 것은 고사하고 기본적인 충전도 못하는 생활이니까 말이다.

주말특근을 하는 사람들은 두 부류다. 첫째, 사장이나 상사들의 압박을 못이기는 경우다. 나 역시 그랬다. 내가 직장에서 했던 업무 중 주말에 출근을 해야 하는 업무가 있었다. 전시회 업무였다. 그 전시회는 회사 사장까지 와서 보는 나름 대외적이고 중요한 업무라 당시 전 팀원이 토요일 새벽부터 일요일 저녁까지 일을 해야 했다.

한동안은 나도 그 다급하고 중요한 일에 휩쓸려 주말에도 열심히 일을 했다. 하지만 조금 시간이 지나서는 전시회 아니라 전시회 할아버지가 와도 주말에는 절대 출근을 하지 않았다. 행복한 밥벌이를 위해 할 일도 많았고, 주말만큼은 온전히 가족들과 보내고 싶었기 때문이다. 결과는 여러분이 짐작하는 대로다. '책임감 없는 새끼' '다들 고생하는데 자기만 생각하는 이기적인 인간' '동료애라고는 눈 씻고 찾아봐도 없는 새끼' 등 욕이란 욕은 다 먹었다. 하지만 어쩌겠나? 언제나 인생은 선택이고, 행복한 인생이란 덜 중요한 것을 버리고 더 중요한 것을 선택하는 과정인 것을. 행복한 밥벌이를 하겠다고 마음먹은 사람들이 감당해야 할 몫이다.

정말 잘 안다. 직장을 다니면 주말이라고 해도 어쩔 수 없이 출근할 수밖에 없는 사정이 있다는 것을. 직장생활만 햇수로 7년이다. 내가 그것을 어찌 모르겠나. 하지만 매번 그 어쩔 수 없는 상황에 끌려다녀서는 안 된다. 주말특근은 절대 하면 안 된다. 한 번이 두 번 되고, 두 번이 세 번이 되게 마련이다. 처음부터 단호하게 끊는 것이 상책이다. 하지만 만약 이미 습관적으로 주말특근을 하고 있다면 지금 당장 정하시라. 한 달에 한 번 혹은 두 달에 한 번만 주말에 출근하겠다고 말이다. 미리 그 사실을 팀장에게 공지해도 좋고, 그것이 부담스럽다면 자신이 정한 기준보다 더 많은 특근을 강요할 경우 그 즉시 단호하게 '노'라고 답하시라.

두 번째는 자발적으로 주말특근을 하는 경우다. 이유는 다양하다. 우선 주말에 집에서 노느니 회사에 나와서 일하면 돈을 번다고 생각하는 부류가 있다.

나를 정말 황당하게 했던 사건이 있었다. 동료 중 술만 마시면 습관적으로 단란주점을 가는 Y라는 친구가 있었다. 금요일 저녁 Y와 함께 술을 마신 적이 있었다. 아니나 다를까 Y는 단란주점으로 향하기 위해 함께 술자리를 했던 사람들을 포섭 중이었다. 그중 Y와 친했던 한 동료는 그가 걱정되었는지 Y를 말리며 이렇게 말했다. "Y 대리, 이번 달만 몇 번째야? 이제 돈도 없잖아. 오늘은 그냥 집에 가자." 돌아온 Y의 답변이 가관이었다. "에이, 그까짓 거 얼마 한다고. 한 달만 주말특근하면 되잖아!"

Y는 자신이 합리적이라 생각하는 모양이었다. 어차피 직장에 와서 시간 때우면 돈은 나온다. 게다가 주말특근은 시급이 1.5배로 계산되니 나름 합리적이라고 생각하는 것도 이해는 간다. 심지어 Y는 주중에 대충 시간만 때우면서 주말특근에 할 일을 남겨두기 일쑤였다. 이런 부류는 정말 답이 없다. 단언하건대 Y는 죽을 때까지 행복한 밥벌이는 구경도 못할 것이다. 그는 오직 한 번뿐인 자신의 인생을 때우며 살고 있는 것이다. 대체 이게 무슨 짓이란 말인가?

또 어떤 사람은 특근 수당이 없는데도 자발적으로 출근하기도 한다. 그런 사람들에게 왜 그러냐고 물어보면 무엇인가 뿌듯한 표정을 지으면서 이렇게 대답한다. "다, 투자야! 직장에서 열심히 하는 모습을 보이면 나중에 다 돌려받게 되어 있어! 지금 조금 힘들다고 특근 안 하는 건 장기적인 안목이 없어서 그런 거야!" 차라리 Y가 낫다. 그는 특근 수당을 안 받으면 절대 주말에 출근을 하지 않을 테니까 말이다. 있을지 없을지도 모를 장기적인 보상 때문에 지금 소중한 시간을 허비하는 것은 정말 최악이다. 그리고 그건 전혀 장기적인 안목도 아니다. 겨우 직장을 다닐 동안의 이야기가 무슨 장기적 안목이란 말인가.

정리하자. 행복한 밥벌이를 위해서는 주말특근은 절대 해서는 안 된다. 정 안 된다면 주말특근 횟수를 정해야 한다. 그리고 그 횟수를 절대 넘겨서는 안 된다. 그리고 특근을 어쩔 수 없이 했다면 장기적인 안목 같은 헛소리하지 말고 무조건 특근 수당을 받아야 한다. 장기적인 안목의 투자는 사장이 하면 된다. 우리까지 굳이 그럴 필요는 없다. 우리는 일한 만큼 돈으로 받고, 돈 받은 만큼 일하면 된다. 장기적인 안목은 진짜 우리를 행복하게 해주는 일을 할 때 가지도록 하자. 그래도 된다.

금요일 퇴근과 동시에 전화기를 꺼라

첨단 기술이 다 좋은 것은 아니다. 최소한 우리네 직장인들에게는 그런 것 같다. 처음 KTX가 생겼을 때 정말 좋아했다. 서울에서 부산까지 출장 시간을 현저히 줄여주었기 때문이다. 그런데 지금 와서 생각해보면 KTX 때문에 직장인들의 삶이 더 윤택해진 것인지 잘 모르겠다. KTX가 없던 시절에는 지방으로 출장을 가면 어쩔 수 없이 그곳에서 하루를 묵을 수밖에 없었다. 덕분에 근무지가 다른 동료 직원들과 저녁 한 끼를 먹을 수도 있었고, 아니면 평소 자주 만날 수 없었던 그 지방의 친구를 불러내 소주 한잔이라도 할 수 있는 여유가 있었다. 하지만 지금은 그 모든 소소한 즐거움과 낭만이 날아가버렸다. 이제 상사는 출장 가는 길에 당연한 듯이 말한다. "빨리 일 끝내고 복귀해서 내일 출근해!"

이제 아무리 먼 출장도 당일 마무리하고 허겁지겁 다음 날 출근해야 한다. 첨단 기술 때문에 우리는 더 바빠졌고, 더 빡세졌을 뿐이다. 첨단 기술은 분명 시간을 더 많이 확보하게 해주었지만 그 시간은 월급쟁이인 우리의 것이 아니라 사장의 것이다. 불평할 건 없다. 어차피 월급쟁이는 시간을 팔아먹고 사는 사람들이니까. KTX 덕분에 우리는 반나절의 여유를 잃었고, 사장은 우리가 잃어버린 여유만큼 더 일을 시킬 수 있게 되었다.

첨단 기술 이야기를 꺼낸 것은 스마트폰 이야기를 하기 위해서다. 주말에 직장이라는 공간을 벗어난다고 해서 우리만의 시간을 확보할 수 있는 것은 아니다. 환경이 그리 녹록지 않다.

내 아내는 홈쇼핑 회사에 근무한다. 일의 특성상 주말에도 늘 방송을 주시해야 하고, 주말 매출 결과에 대해 메신저 대화방에서 동료들과 끊임없이 이야기를 나눈다. 나는 가끔 차라리 아내가 주말에 직장에 나가는 것이 더 낫다는 생각이 들 때가 있다. 주말에 집에 있다고 해서 휴식을 하거나 그나마 충전을 하는 것도 아니니까 말이다. 그냥 주말에도 일을 하고 있는 것이다. KTX가 물리적 이동시간을 줄여주었다면 스마트폰은 월급쟁이가 있는 모든 장소를 사무실로 만들어버렸다.

사장은 얼마나 좋을까? 특근 수당을 한 푼도 주지 않고 일을 시킬 수 있고, 심지어 통신비마저 직원들이 알아서 내니까. 사실 내가 하고 싶은 말은 한마디면 끝이다. "당장 전화기를 꺼라!" 직장을 가지 않는다고 해서 행복한 밥벌이를 위한 시간을 확보했다고 믿는 순진한 사람은 이제 없어야 한다. 직장은 첨단 기술을 등에 업고 직원들의 시간을 더욱 더 집요하게 잠식해 들어오고 있다. 이렇게 생각하면 된다. 지금 머릿속에 직장일을 생각하고 있다면 이미 일을 하고 있는 것이라고.

직장에서 오는 수많은 메시지의 쉴 새 없이 울리는 '까똑' 소리에도 불구하고 자신의 시간을 오롯이 확보할 수 있는 사람은 없다. 금요일 저녁 퇴근과 함께 전화기를 꺼라! 그렇지 않으면 여러분의 주말 시간 확보는 불가능하다. 전화기를 끄지 않은 주말은 조금 여유있게 일하는 평일 외근과 전혀 다를 바가 없다. 차라리 출근을 해라. 특근 수당이라도 받게.

직장 사람들과 취미생활을 함께하지 않는다

주말 시간을 온전히 확보하기 위해서는 직장 동료들과 취미생활을 함께해서는 안 된다. 물론 예외는 있다. 같은 직장을 다니지만 인간적인 교감이 있는 사람이 한두 명 정도는 있게 마련이다. 이런 사람들과 주말에 만나 식사하고 여러 가지 이야기를 나누는 것은 좋다. 그것 자체로 이미 훌륭한 휴식이 될 테니까. 하지만 특정한 목적을 가지고 동료들을 주말에 만나는 것은 피해야 한다.

직원들 중 주말에 삼삼오오 골프, 등산 같은 모임을 갖는 사람들이 있다.

직장에서 성공하려는 사람들의 전형적인 전략이다. 사무실과 다른 공간에서 동료들을 자주 만나다 보면 끈끈한 유대감 같은 것이 형성되는 느낌이 들 때가 있다. 직장에서 성공하려는 영민한 사람들은 그 느낌을 아주 잘 이용한다. 사석에서 상사를 은근슬쩍 형님이라 부르고, 부하를 은근슬쩍 동생처럼 대하면서 자신만의 패거리로 만들어 직장이라는 약육강식의 세계에서 상부상조하자는 암묵적인 거래를 하는 것이다. 하지만 이런 건 다 의미 없는 짓이다. 직장에서 끝을 보겠다고 하는 사람에게는 유효한 전략일지 모르나 행복한 밥벌이를 원하는 사람에게는 완전한 시간 낭비다.

직장의 패거리 문화는 기본적으로 적과 동지밖에 없는 조폭 문화와 별반 다르지 않다. 처음 몇 차례 동호회나 사적인 모임에 나가다 안 나가면 동지에서 졸지에 적이 되게 마련이다. 재미있는 사실은 당신이 모임에서 적이 되는 순간 남은 동지들의 결속력은 당신의 욕을 하면서 더욱 견고해질 것이란 점이다.

행복한 밥벌이를 찾게 되면 결이 비슷한 같은 '꽈'를 얼마든지 만날 수 있다. 직장 동료는 아주 예외적인 경우가 아니라면 소중한 친구가 될 수 없다. 주말 시간을 확보하기 위해 최대한 직장 동료를 만나는 것을 자제하시라. 그 시간에 진정으로 무엇을 하고 싶은지 탐색하고 그것을 계발하는 것이 훨씬 더 남는 장사다.

최소한 주말만은 더 이상 회사에 헌납하지 말자. 척박한 환경 때문에 어쩔 수 없다는 변명 대신 수단과 방법을 가리지 말고 그리 하자. 좋아하는 취미생활을 즐기거나 가족들과 즐거운 시간을 보내는 것도 좋다. 행복한 밥벌이도 결국은 행복한 삶을 살기 위해 필요한 것이니까.

성공 노선 행동강령
휴가 수칙

행복한 밥벌이를 찾기 위해서는 퇴근 후나 주말로는 역부족일 수 있다. 때로는 1주일 혹은 한 달 정도의 뭉텅이 시간이 필요할 것이다. 긴 여행이 필요할 수도 있고, 원하는 새로운 직업을 갖기 위해 교육을 받아야 할 수도 있다. 아니면 너무 지쳐서 그저 아무 생각 없이 쉬고 싶다는 생각이 들 때도 있을 것이다. 어쨌든 휴가가 필요하다. 비정규직이거나 혹은 정말 생존을 위해 일하는 사람들에게는 다소 공허하게 들릴지도 모르겠다. 그런 사람들은 행복한 밥벌이를 위해서는 충분한 시간과 휴식이 필요하다는 이야기 정도로 받아들여주면 고맙겠다. 이제 휴가에 관한 이야기를 해보자.

한 달에 한 번은 무조건 연차 쓰기

직장에는 연차라는 것이 있다. 근무 횟수에 비례해 주어지는 휴일이다. 하지만 정신병자가 아닌 이상 이 연차를 모두 사용하는 직장인은 거의 없다. 나 역시 마찬가지였다. 이리저리 눈치 보다가 미처 다 사용하지 못한 연차는 연말에 소진 처리되기 일쑤였다. 재미있는 사실은 아무도 연차를 쓰지 말라고 직접 말하지는 않는다는 점이다. 모든 것이 암묵적이다.

결론부터 가자. 한 달에 한 번은 연차를 쓰자. 그것은 우리 직장인에게 주어진 당연한 권리다. 바쁘다고? 여러분이 없으면 직장이 안 돌아갈 것 같은가? 아니다. 더 잘 돌아간다. 그러니 걱정 마시라. 유능해서 일을 많이 하는 직원들은 자신이 없으면 직장이 안 돌아갈 것이라 생각한다. 아니 자신의 유능함을 입증하기 위해 그렇게 믿고 싶어 한다. 하지만 조직의 힘은 의외로 크다. 일개 개인의 유능함 정도는 회사라는 거대한 조직의 힘으로 얼마든지 커버 가능하다.

연차를 주말에 붙여서 가족들과 짧은 여행을 다녀와도 좋고, 혼자서 평일 오후의 낮섬을 즐겨보는 것도 좋다. 굳이 행복한 밥벌이라는 목적에 부합하지 않는 행동이어도 좋다. 그저 한 달에 하루 정도는 하고 싶은 것을 마음껏 할 수 있는 자유를 자신에게 선물해주자. 언제나 정신없이 돌아가는 빡센 직장이지만 한 달에 한 번 정도의 연차를 사용할 수 있다면 직장의 고됨이나 치열함도 어느 정도 견딜 만한 것이 될 것이다.

1년에 한 번, 1주일 휴가 가기

제조업에 종사하는 사람들은 운이 좋은 편이다. 7월 말에서 8월 초 즈음에 대략 1주일 정도의 휴가가 주어지니까 말이다. 다른 업계나 영세한 직장에서 일하는 사람들에게는 정기적인 휴가가 없을 수도 있다. 하지만 어디에 있든 1년에 1주일 정도의 휴가는 가져야 한다. "말이 쉽지 이게 쉬워."라고 말하지 말고, 방법을 찾아야 한다. 경우에 따라 조금씩 다르지만 1년에 1주일 정도 휴가는 법적으로도 보장된 내용이다. 여러분이 원하는 행복한 밥벌이가 어떤 직업이든 간에 그것을 찾고 계발하는 데 1년에 1주일 정도의 뭉텅이 시간은 필요할 것이다.

그림을 좋아하는 사람은 전시회 투어를 가도 좋고, 노래를 좋아하는 사람은 좋아하는 가수들의 콘서트 투어를 가는 것도 좋다. 목공예로 밥벌이를 하고 싶어 하는 직장 동료는 목공예를 배우러 휴가를 내고 지방에 가기도 했다. 아직도 행복한 밥벌이가 어떤 것인지 혼란스럽다면 여러 직업들을 직간접적으로 체험해보는 것도 좋다. 실제로 미국에는 여러 가지 직업을 직접 체험해볼 수 있는 '보케이션 베케이션'(Vocation, Vacation)이라는 상품이 있다. 한국은 아직 미미하지만 비슷한 사례들이 점차 늘고 있으니 알아보면 도움이 될 것이다.

내 경우에는 내가 원하는 직업으로 밥벌이를 하는 사람들을 직접 만나 인터뷰를 했다. 간접적이기는 했지만 행복한 밥벌이를 찾는 데 꽤 많은 도움이 되었다.

1주일 정도의 휴가는 휴가 그 자체로 충분히 의미가 있다. 행복한 밥벌이로 가기 위해서는 언젠가는 지금의 직장을 그만두어야 한다. 그러기 위해서는 주기적으로 직장의 관성으로부터 빠져나오는 연습, 훈련을 해야 한다. 직장이라는 급물살에서 1년에 1주일 정도도 빠져나오지 못한다면 그 급류에 휘말려 속절없이 떠내려가고 말 것이다. 현실적인 여러 문제들에도 불구하고 용기를 내어 휴가를 쓰자. 지금 못하는 것은 나중에도 못한다. 인생의 진리다.

퇴사하기 전에 한 달은 쉬어보기

행복한 밥벌이를 위해 퇴사는 불가피하다. 그러니 직장을 다니면서 해볼 수 있는 것은 다 해봐야 한다. 그런 의미에서 퇴사를 하기 전에 한 달 정도는 휴가를 가져볼 필요가 있다. 아쉽게도 이것만은 나 역시 해보지 못했다. 아마 대부분의 직장인에게는 꿈만 같은 소리로 들릴 것이다. 맞다. 한 달에 하루 연차를 쓰는 것도 온갖 눈치를 다 봐야 하는 것이 우리의 현실이니까 말이다. 나 역시 마찬가지였다. 무급으로라도 한 달 정도 쉬고 싶다고 팀장에게 말했다가 미친놈이라고 면박만 잔뜩 받았다.

대략 10년 이상 직장을 다닌 이들은 자신의 신변에 심각한 이상이 생기지 않는 한 자발적 퇴사는 거의 불가능하다. 행복한 밥벌이를 찾았느냐 못 찾았느냐의 문제와는 전혀 별개다. 10년이 넘어갈 정도로 직장을 오래 다닌 사람들은 직장의 관성에 완전히 몸을 실은 사람들이다. 라이프 스타일, 의식구조 등 거의 모든 것이 직장이라는 기준에 완전히 맞춰져 있다. 이들은 아무리 좋은 대안이 생겨도 그 대안에 0.1퍼센트의 위험이라도 있다면 언제까지나 지금의 직장에 남으려고 할 것이다.

건물 안에서는 그 건물이 어찌 생겼는지 알 도리가 없다. 건물을 제대로 알려면 꽤 긴 시간 동안 멀리 떨어져서 건물을 이리저리 살펴야 한다. 마찬가지로 직장의 일상을 꽤 긴 시간 동안 벗어나지 못한다면 내가 다니는 직장이 정말 어떤 곳인지, 또 나는 그 직장에서 어떻게 살고 있는지 알지 못한다. 그저 어제 출근했으니 오늘도 출근하는 것일 뿐. 그러니 가능하다면 직장을 그만두기 전에 한 달 정도는 휴가를 가져보아야 한다.

개인적으로 10년 정도 직장생활을 한 사람이라면 한 달 정도는 휴가를 갈 자격이 충분히 있다고 생각한다. 직장에서 어느 정도 견딜 만하다면 나는 직장을 다니면서 행복한 밥벌이를 찾고, 그것을 어느 정도 계발하는 방법을 추천한다. 그런 의미에서 직장을 다니면서 꾸준히 준비하여 행복한 밥벌이를 찾고 그것을 훈련한 다음, 한 달 간의 휴가는 직장을 떠날 마지막 마음을 다잡는 데 사용했으면 좋겠다. 머릿속에서 직장을 그만두는 것과 실제 직장을 그만두는 것은 완전히 다른 차원의 문제다. 언제든 직장을 그만둘 수 있다고 자신만만해 하는 사람 중에 막상 정리해고가 되니까 멘붕이 되어 팀장과 임원에게 사정하고 매달리는 사람들을 적지 않게 보았다.

여러분이 시도라도 해보았으면 좋겠다. 나 역시 실제로 휴가를 얻어내지는 못했지만 시도는 해보았다. 아니 그것은 시도가 아니라 베팅이었다. '어차피 그만둘 건데 한 달 휴가를 달라고 해보자!'라는 심정이었으니까. 한 달 정도의 휴가마저 가질 수 없는 직장이라면 미련없이 그만두리라 생각했다. 결과는 좋지 못했다. 선례가 없는 일이라 당시 팀장은 '하루 이틀 연차 쓰고 다시 출근해.'라고 말했다.

승산은 적어도 한 번쯤 시도해볼 만한 일임은 분명하다. 삶을 행복하게 사는 사람들의 인생 모토는 이것이다. "일단 시도해보자, 아님 말고."

06

성공 노선 행동강령
퇴사 수칙

배수진을 치면 죽는다

직장 초년병 시절 호기롭게 그만두는 친구들을 보면서 알게 모르게 위축되었던 기억이 난다. 아무런 준비도 하지 않았던 그들은 젊음이라는 무기 하나만을 믿고 혈혈단신 거칠고 혹독한 세상 속으로 뛰어들었다. 그들이 한 것이라고는 오직 배수진을 친 것뿐이었다. 그렇다면 그들의 배수진은 대체 무엇이었을까? 그것이 무엇이기에 무모할 정도의 도전을 감행할 수 있게 해준 것일까?

배수진은 《사기》(史記) '회음후열전'(淮陰侯列傳)서 '한신'이라는 장수가 뒤에 물을 등지고 적과 싸웠던 것에서 유래한 것이다. 퇴로가 없는 상황에서 사생결단의 의지를 다져 최고의 전투력을 끌어낸다는 전략이다.

경험도 자본도 없이 세상으로 뛰어든 그 친구들은 말 그대로 배수의 진을 친 채 앞으로 나아가기로 결심한 셈이다. 나는 그들의 용기가 부러웠고, 같은 젊음을 가진 나에게 그런 용기가 없음에 위축되었던 것이다. 정말 낭만적이지 않은가? 주인이 던져주는 먹이를 받아먹는, 길들여진 유순한 호랑이이기를 거부하고 거친 세상을 누비며 제 먹을 것은 스스로 사냥하는 거친 호랑이의 삶을 산다는 것. 지금 생각해도 그들은 충분히 격려와 응원을 받아야 할 친구들이었다.

행복한 밥벌이로 가는 방법 중 '배수진'의 전략은 분명 격려받고 응원받아야 할 것이기는 하지만 적극적으로 추천하고 싶지는 않다. 우리 모두는 각자 밥벌이를 할 수 있는 깜냥도 다르고, 거친 세상의 스트레스를 견뎌낼 수 있는 인장강도 역시 다 다르니까 말이다. 퇴로를 불사르고 목숨을 걸고 전쟁에 임하는 '배수진' 전략은 분명 낭만적이지만 합리적인 전략은 아니다. 이것을 젊음이란 낭만에 취해 함부로 사용해서는 안 된다.

우리 역사에도 배수진의 전략을 사용한 사례가 있다. 임진왜란 초기에 신립은 탄금대에서 배수의 진을 치고 왜군을 맞이했다. 당시 신립은 조선 최고의 명장이라 불렸다. 그러니 조선의 최정예군을 내주었던 것은 너무나 당연한 결정이었다. 후대 역사에서는 그 전쟁을 탄금대 전투라고 한다. 배수의 진을 치고 임한 전투의 결과는 어찌 되었을까? 패배였다. 그것도 조선의 치욕적인 패전 중 하나로 꼽힐 정도의 대패였다. 퇴로를 불사르고 결사항전의 각오로 임하는 것은 낭만적일지는 모르나 탄금대 전투에서 볼 수 있듯이 대단히 위험천만한 일인 것은 분명하다.

배수진 전략은 특히 최악의 상황을 맞이했을 때는 아주 유용한 전략이다. 그러니 최악의 상황에 직면했을 때 사용하면 된다. 하지만 다른 대안이 있는데도 굳이 배수진 전략을 선택하는 것은 치기어린 만용이라고도 할 수 있다. 행복한 밥벌이를 위해 우리가 정말 해야 할 일은 배수진을 치는 것이 아니라 배수진을 치지 않아도 되는 상황을 만드는 것이다.

직장에서 나름 냉철한 사람도 직장을 그만두는 시점에는 자의든 타의든 낭만적으로 변한다. 그래서 현실적인 문제들을 전혀 고려하지 않은 채 '무대뽀'로 직장을 나서는 경우를 많이 보았다. 현실을 고려하지 않은 낭만은 반드시 후회로 돌아오게 마련이다. 퇴사를 하는 순간에도 배수진보다는 탁월한 현실감각을 유지해야 한다. 이것은 비겁한 것도 교활한 것도 아니다. 오히려 현명한 것이다.

돈이 시간이다

기왕 중국 고전을 꺼내 들었으니 계속 중국 고전 이야기로 이어나가보자. '장자'의 이야기는 어떤가? 장자는 중국의 여러 사상가들 가운데 누구보다 자유로운 삶의 중요성을 설파했던 인물이다. 하지만 장자의 《내편》 '소요유' 에는 다소 의아스러운 대목이 등장한다.

가까운 교외의 들판에 나가는 사람은 세 끼만 준비해도 온종일 배부를 수 있지만, 백릿길을 가는 사람은 전날부터 방아를 찧어 식량을 준비해야 하고, 천릿길을 가는 사람은 석 달 전부터 식량을 준비해야 한다.

의아스럽지 않나? 누구보다 자유로운 삶을 살라고 강하게 주장했던 장자가 길을 떠나기 전에 구질구질하게 식량을 준비해야 한다고 말하고 있으니. 배수진 전략에 도취된 사람들은 퇴로를 불싸지르고 전쟁에 임하는 심정으로 '무대뽀'로 여행을 떠날 것이다. 하지만 탁월한 현실감각을 지녔던 장자는 오히려 먼길을 가려거든 먹을 것을 충분히 준비하라고 말하고 있다. 21세기의 우리 역시 장자의 탁월한 현실감각을 빌려올 필요가 있다.

단언하건대 장자가 살아 돌아와서 지금 우리네 직장인들을 본다면 "직장 그만두고 진정한 자유인으로 살도록 하라!"고 이야기할 것은 분명하다. 그 어떤 구속과 속박도 받지 말고 타인과 소통하며 자유롭게 살아야 한다고 끊임없이 이야기했으니까. 그런데 그런 장자가 지금은 용기를 내어 자유롭게 길을 떠나려는 자에게 식량부터 준비하라고 이야기하고 있다.

처음 《내편》을 통해 이 글을 접했을 때는 당황스러웠고 이내 배신감마저 들었다. 자신이 이야기한 대로 용기를 내어 자유롭게 떠나려는 사람에게 격려는 못해줄망정 식량부터 준비하라니……. 초장부터 사기를 꺾어놓는다고 여겨졌기 때문이다. 하지만 이제는 안다. 그가 왜 그런 이야기를 했는지. 진정한 자유는 탁월한 현실감각을 바탕으로 할 때에만 가능하다는 이야기를 장자는 하고 싶었던 것이다. 원하는 삶을 살기 위해서는 언제나 균형 잡힌 현실감각을 유지해야 함을 역설하고 있는 것이다. 장자가 탁월한 사상가인 이유가 바로 여기에 있다.

장자는 삶의 근본적인 변화를 모색하려면 먹을 것을 충분히 비축해두어야 한다고 말하고 있다. 맞다. 전(前) 자본주의 시대를 살았던 장자가 곡식을 빻아야 했다면, 자본주의 시대를 살고 있는 우리는 돈을 모아야 한다. 자본주의 체제 하에서 일정 부분 돈이 곧 시간이다. 돈이 있어야 버틸 수 있다. 배수진을 친답시고 모아놓은 것 하나 없이 덜컥 직장을 그만두고 나오면 얼마 버티지 못한다. 다른 돈 나올 구멍이 있거나 궁핍한 생활의 절절한 스트레스를 견뎌낼 수 있는 높은 인장강도가 없다면 후회만 남긴 채 다시 싫은 일로 돌아갈 수밖에 없다. 내 방식으로 장자를 빌려 말하자면, '행복한 밥벌이를 위해서는 돈을 모아두어야 한다' 정도가 되겠다.

행복한 밥벌이를 위해서는 언젠가는 직장을 그만두어야 할 것이다. 그때가 언제인지는 알 수 없지만 그때를 위해 직장을 다니면서 조금씩이라도 돈을 모아두어야 한다. 아무리 준비를 잘해도 행복한 밥벌이를 하기 위해서는 일정 기간 경제적으로 힘든 시기를 겪을 수밖에 없다. 정말 운이 좋은 경우가 아니라면 분명 그럴 것이다. 그러니 그나마 안정적인 급여가 있는 직장을 다니는 동안 경제적으로 힘든 시기를 대비하는 것이 좋다. 술 한잔 덜 마시는 것도 좋고, 담배를 줄이는 것도 좋다. 사소하지만 불필요한 지출이 있다면 줄여서 돈을 모아두시라.

'매일, 조금씩'의 힘은 생각보다 크다. '쇼생크 탈출'이란 영화를 본 사람들은 다 알 것이다. 그 지옥 같은 감옥을 주인공이 어찌 탈출했는지. 작은 숟가락 하나로 벽을 매일 조금씩 파고, 파고, 또 파서 탈출했다. 우리네 사회, 직장이라는 감옥 역시 '쇼생크'만큼이나 괴롭고 견고하다. 그러니 작은 숟가락으로 벽을 파는 심정으로 돈을 모아두어야 할 것이다. 지긋지긋한 직장이라는 감옥으로 다시 돌아가고 싶지 않다면 말이다.

받을 수 있는 것은 다 받고 나가야 한다

직장에서 시간을 확보할 수 있는 행동수칙을 읽으면서 이런 생각을 한 사람들이 분명 있을 것이다. "그렇게 하다간 잘릴 것 같은데?" 일정 부분 맞다. 다른 사람들은 직장에 모든 것을 걸고 충성하는데 일찍 퇴근하고, 주말에는 무조건 쉬고, 주말에 전화도 안 받고, 매달 연차에, 휴가까지……. 어찌 보면 정리해고 1순위, 맞다. 하지만 조금 시각을 달리해보자. 결국 우리가 원하는 것은 지금의 괴로운 직장을 벗어나 행복한 밥벌이를 하는 것 아니었나?

그럼 정리해고는 우리가 원하는 것 아닌가? 문제는 시기인 셈인데, 앞서 말한 행동수칙은 모두 기본적으로 노동자의 당연한 권리에 근거한 것이다. 그러니 큰 결격사유는 없는 셈이다. 사장이나 상사의 마음에 안 들 수는 있어도 당장 정리해고를 하기에는 애매하다. 정확히 말할 수는 없겠지만 행동수칙을 충실히 따르더라도 짧게는 1~2년, 길게는 3~4년 정도는 지금의 직장에서 버틸 수 있을 것이다. 그 정도면 직장을 다니면서 행복한 밥벌이를 준비하는 기간으로 충분하다.

오히려 우리는 정리해고를 목표로 해야 한다. 자발적으로 퇴사하는 것은 합리적이지 못하다. 어떤 회사든 정리해고를 할 때는 퇴직금 이외에 일정 정도의 위로금을 지급하는 것이 관례처럼 되어 있다. 직장마다 차이는 있겠지만 연차에 따라 6개월, 1년 혹은 그 이상의 급여를 위로금으로 지급한다. 이거, 생각보다 쏠쏠하다. 직장을 그만두고도 한동안은 생계 걱정 없이 하고 싶은 것을 충분히 할 수 있으니까 말이다.

정말 현실적으로 생각해보자. 직장에서 시간을 확보하는 행동수칙을 잘 이행하더라도 적어도 2년 정도는 직장에서 더 버틸 수 있다. 더욱이 자발적 퇴사가 아니라 정리해고를 당하면 정부에서 지원하는 실업급여까지 받을 수 있다. 실업급여는 근무연차에 따라 다르긴 하지만 최장 6개월까지 받을 수 있다. 이제 총 계산해보면, 직장에서 2년 준비하고, 아껴서 생활하면 정리해고된 이후에도 2년 정도는 본격적으로 더 준비를 할 수 있다. 그러니 대략 3~4년 정도는 행복한 밥벌이를 준비할 수 있는 셈이다. 이 정도면 행복한 밥벌이, 정말 한번 해볼 만하지 않은가?

퇴사를 하면서 받을 수 있는 것은 전부 다 받고 그만두어야 한다. 안타까운 것은 대부분의 직장인들이 퇴사를 앞두고 쓸데없는 자존심을 부리거나 과도하게 낭만적이 된다는 점이다. 내가 아는 한 차장은 정리해고 통보를 받더니 "집어치워, 내 발로 나갈 거야! 내가 싫어서 그만두는 거라고!"라며 정리해고 대신 자발적 퇴사를 선택했다. 지금 분명 후회하고 있을 것이다.

우리는 직장에 돈을 벌려고 들어왔으니까 나갈 때도 돈을 벌면서 나가면 된다. 괜한 자존심으로 쓸데없이 위험하게 배수진을 칠 필요 없다.

약자가 강자를 위해 하는 걱정은 허영이고, 자기기만이다

낭만적이 되는 것도 문제다. 간혹 많은 인원을 한번에 정리해고할 때면 인사팀에서 위로금을 덜 주려고 정리해고 대상자들과 협상을 할 때가 있다. 인사팀 멘트는 다들 비슷하다.

"정리해고를 알리게 돼서 정말 유감으로 생각합니다. 그런데 지금 회사가 너무 어렵습니다. 위로금은 이 정도밖에 못 줄 것 같습니다. 정말 미안합니다."

인사팀 입장에서는 위로금을 아끼는 것도 본인들 원가절감 실적이니 당연히 한 푼이라도 적게 주려고 한다. 그럴 때 꼭 이런 대답을 하는 사람들이 있다. "그렇죠. 저야 나가지만 회사는 잘 돼야죠. 위로금은 그 정도만 받을게요."라고.

정말 답답하다. 지금 무슨 짓을 하는 건가? 쥐가 고양이를 걱정하는 꼴이다. 1997년 IMF 이후, 회사가 직원들을 해고하는 것은 회사가 어려워서가 아니다. 단지 더 많은 이윤을 남기려고 하는 것일 뿐이다. 물론 엄살이 아닐 수도 있다. 작년에는 2,000억을 벌었는데 올해 1,500억밖에 못 벌었다면 그들에게는 사정이 어려운 것일지도 모르겠다. 하지만 회사를 그만두는 입장에서 직장이나 사장 걱정할 때인가? 당장 우리 코가 석 잔데. 퇴직금을 더 받을 수만 있다면 회사 정문에 드러누워도 시원찮을 판에 시답잖은 인사팀의 위로에 피같이 소중한 위로금을 퉁치다니, 정말 답답한 노릇이다.

물론 이해는 된다. 퇴사 시점이 되면 직장에서 쌓은 지난 추억이나 상념에 잠기게 마련이다. 그럴 때는 돈 몇 푼에 아웅다웅하는 것이 소중한 추억을 훼손하는 것처럼 느껴질 수도 있다. 하지만 모두 허영이고 자기기만이다. 애초에 직장은 돈을 벌려고 온 곳 아니었던가? 소중한 추억이란 사실 직장을 떠나는 스스로에 대한 연민과 오버랩되어 있는 것이다. 위로금을 가지고 더 이상 말하고 싶지 않은 것은 자신의 초라함, 서글픔을 더 이상 보고 싶어 하지 않는 상태인 것이다.

약자가 어떻게 강자를 걱정할 수 있나? 약자가 강자를 위해 하는 걱정은 모조리 자신의 나약함을 은폐하려는 자기기만이고 허영이다. 진정으로 절절하게 사랑하는 대상이 아니라면 약한 자는 강한 자를 걱정할 수 없다. 오직 강한 자가 약한 자를 걱정할 수 있을 뿐. 여기에 우리가 직장을 걱정하는 근본적인 심리적 메커니즘이 있다. 자신의 나약함을 인정하지 못하고 직장을 걱정하는 제스처를 취함으로써 잠시나마 직장을 걱정할 정도의 강자인 것처럼 느끼려 하는 것이다. 이것이 어찌 얄팍한 허영이고 자기 기만이 아닐 수 있을까.

잊지 말자. 우리는 생활인이다. 직장을 나서는 순간부터 월급은 없다. 그러니 직장에서 받을 수 있는 만큼 다 받고 나가야 한다. 마지막까지 좋은 모습을 보여야 된다느니, 언젠가 다시 만날 사람이라느니 하는 순진한 이야기에 현혹될 필요 없다. 인사팀 직원이 지금 회사가 너무 어렵다고 하거든 시원하게 답해주시라. "회사보다 지금 제가 더 어렵습니다. 그러니 위로금을 더 받아야겠습니다. 제가 더 미안합니다."라고. 직장을 떠나 행복한 밥벌이를 찾는 긴 여행을 떠나야 하는 우리가 지금 사장 걱정할 때가 아니다. 잊지 말자. 우리는 굶어죽어도 사장은 절대 굶지 않는다는 사실을. 퇴사수칙을 잘 지켜서 행복한 밥벌이를 잘 준비하자.

07

행복해지기 위한 정신무장
뻔뻔해지자

이제까지 행복한 밥벌이로 가기 위한 행동수칙에 대해서 알아보았다. 행동수칙을 다 읽고 나서 황당하거나 짜증이 난 사람도 있을 것이다. 내가 말한 행동수칙 중에서 하고 싶지 않은 것은 하나도 없을 테니까. 다들 일찍 퇴근하고 싶고, 주말에는 쉬고 싶고, 휴가는 충분히 즐기고 싶을 것이다. 맞다. 내가 말한 행동수칙은 어쩌면 하나마나 한 이야기인지도 모른다. 일정 부분 인정한다. 우리네 직장인들은 행동수칙대로 하고 싶지만 잘 안 된다.

그런데, 다시 한 번 생각해보자. 행동수칙대로 하고 싶은데 실제로는 왜 잘 안 될까? 직장에서의 첫 단추를 잘못 끼웠기 때문이다. 직장생활의 첫 단추는 직장을 바라보는 태도다. 직장에 대한 태도를 전면 재점검하지 않고는 앞서 말한 행동수칙들은 전부 하나마나 한 이야기다.

이제 행동수칙은 충분히 이야기했으니 그 행동수칙을 직장에서 시행할 수 있도록 정신무장을 다시 하자.

이게 내 회사냐? 네 회사지?

일단 직장에서 시간을 확보하려는 사람이 가져야 할 기본 태도는 뻔뻔함이다. 언제나 사장과 상사에게 주눅들어 있는 우리에게 가장 필요한 덕목 역시 단연 뻔뻔함이다. 무조건 정시에 퇴근하겠노라고 굳게 다짐한 첫날을 나는 아직도 생생하게 기억한다.

"팀장님 먼저 들어가보겠습니다."

"뭐, 이제 7시인데? 일은 다했어?"

"네, 나머지는 출근해서 마무리하면 충분할 것 같아요"

"야, 너무 심하지 않냐? 어제도 일찍 퇴근하는 것 같더니, 주인의식을 갓고 좀 일해!"

팀장의 말에 괜히 주눅이 들어 결심 첫날부터 칼퇴근은 여지없이 실패했다. 괜히 팀장에게 찍힐 것 같고, 주인의식 없는 놈이라고 주위 사람들에게 욕먹을 것이 두려웠다. 그렇게 나는 맥없이 자리로 돌아와 컴퓨터를 다시 켤 수밖에 없었다. 이럴 때 우리에게 필요한 구호는 이것이다.

"이게 내 회사냐? 네 회사지?"

생각해보면 뻔뻔한 것도 아니다. 실제로 회사는 우리 것이 아니지 않나? 회사는 사장이나 주주들의 것이니까 말이다. 우리는 그냥 주인의식을 강요받는 노예일 뿐이다. 그러니 뻔뻔할 정도로 당당하게 요구를 해도 된다. 회사의 수익이 많아질 때는 조금의 인센티브와 사장의 칭찬 한 번으로 끝나지만 수익이 떨어지면 냉정하게 정리해고를 하는 곳이 우리네 직장이니까.

각고의 노력 끝에 나는 뻔뻔해졌다. 그렇게 뻔뻔해지고 난 뒤 팀장과의 대화는 이랬다.

나는 뻔뻔하게 웃으며 대답했다. 팀장의 표정은 무엇인가 못마땅한 듯이 일그러졌지만 별말을 하지 못했다. 나는 그날부터 유유히 7시만 되면 정시 퇴근을 했다. 직장에서 뻔뻔해지지 못하면 팀장과 동료들의 눈치를 보느라 매일 야근을 해야 할 것이다. 생각만 해도 답답한 일이다.

회사가 내 것이 아니라고 확실히 못 박아두는 것은 아주 중요하다. 그 점을 명백히 해두지 못하면 고리타분한 직업윤리를 앞세워 '직장인이면 최소한 이런 것은 해야지.'라는 강요된 주인의식에 말려들어 갈 것이 분명하다. 여기에 말려들면 답이 없다. 허황된 주인의식에 말려드는 순간 이제 눈치 볼 상사가 없어도 일찍 퇴근할 수 없을 것이다. 강요된 주인의식을 내면화화는 순간 우리 마음속에는 사장과 상사가 살게 될 테니까 말이다.

전면전보다는 게릴라전으로

뻔뻔해져야 한다는 의미는 경직되지 말고 유연해져야 한다는 의미이기도 하다. 우리는 직장에서 너무 경직되어 있다. 경직된 사람은 결국 사고를 치게 마련이다.

해병대 출신으로 군대 문화에 익숙한 윤 대리라는 사람이 있었다. 그는 팀장을 마치 군대 상급자처럼 대했고, 팀장 눈치 보느라 일찍 퇴근하는 날이 거의 없었다. 하지만 아무리 군기가 든 사람이라도 매일 늦게 퇴근하는 상황에서 불만이 없을 수가 있나? 하루 이틀은 참을 수 있지만 계속 버틸 수는 없다.

결국 사고가 터졌다. 윤 대리가 일찍 퇴근하는 후배를 향해 갑자기 소리를 지르며 욕을 해대는 것이 아닌가. 평소 팀장에게 쌓였던 울화가 엉뚱한 곳에서 터진 것이다. 그 사건 이후 윤 대리는 '개병대 또라이'가 되어버렸다. 소심한 윤 대리는 그래도 나름 합리적인 편이다. 힘 있는 사람에게 대항하지 않고 자신보다 약한 사람에게 스트레스를 해소했으니.

경직된 사람 중에는 정의로운 사람들이 있다. 그들은 이런 식이다.

"박 과장, 이번 프로젝트도 맡아서 해."
"팀장님, 지번 프로젝트 아직 마무리가 다 안 되었는데요?"
"무슨 말이 그렇게 많아! 시키면 그냥 해. 잔소리하지 말고."
"그렇게 잘하면 팀장님이 하세요. 진짜 더러워서 못해먹겠네."

이런 부류가 진짜 문제다. 상사에 대한 불만을 참고 견디다 어느 날 그 상사에게 직접 터뜨려버리는 사람들. 경직되면 언젠가 부러지게 마련이다. 결과는 보나마나다. 전쟁으로 비유하자면 전면전인 셈이다. 상사와 전면전은 정말 마지막에 던져야 하는 카드다. 순간의 감정으로 전면전을 선전포고하면 죽도 밥도 안 된다. 이건희 아들이 아닌 다음에야 직장이라는 구조 안에서 상사와 싸워 이길 수 있는 사람은 없다. 조직은 언제나 상급자의 편을 들어주기 마련이니까.

감정적으로 격앙되어 뜻하지 않게 사장이나 상사와 전면전으로 가는 경우는 대부분 과도하게 경직되어서 그렇다. 월급쟁이는 직장에서 약자다. 아무리 직급이 높다 해도 약자다. 약자가 강자를 상대로 하는 전면적은 무모

하다. 사장이나 상사와 싸울 필요 없다. 행복한 밥벌이를 위해 해야 할 일
도 많고 신경 써야 할 일도 많은데 별로 중요하지도 않은 사람들과 실랑이
할 여력이 어디 있나? 그들은 가뿐히 무시해주어야 한다.

약자가 강자를 이기는 방법은 게릴라전이다. 칠 때 치고 빠질 때 빠져야
한다. 게릴라전의 최고 덕목 역시 뻔뻔함이다. 뻔뻔해지면 전면전은 할 필
요가 없다.

게릴라는 뻔뻔해져야 한다. 상사가 과도한 업무를 시키려고 해도 화를 내
지 마시라. 그냥 웃으면서 "그건 못하겠는데요. 지금 일도 많아서요."라고
뻔뻔하게 말하면 충분하다. 휴가를 낼 때도 마찬가지다. "내일은 연차 내고
좀 쉬어야겠습니다."라고 태연하게 말하면 된다. 사실 뻔뻔하지 못하다는
말은 과도하게 겁먹고 있다는 것과 정확하게 같은 의미다.

박 과장이 팀장에게 갑자기 화를 낸 것은 팀장에게 늘 쫄아 있었기 때
문이다. 팀장이 두려우니까 평소에 할 말을 못하고 있다가 스트레스 임
계점에서 될 대로 되라는 식으로 화를 내어버린 것이다. 마치 어린 시절
잔뜩 겁을 먹고 밤길을 걷다 갑자기 무언가 튀어나오면 소리를 지르는 것
과 같다.

정리하자면, 사장과 상사에게 경직되었다는 말은 과도하게 그들을 두려
워한다는 의미다. 같은 의미에서 사장과 상사에게 뻔뻔해진다는 의미는 그
들이 별로 대단치 않게 혹은 우습게 보인다는 의미다. 아무런 훈련이나 노
력 없이도 사장이나 상사를 대단치 않게 혹은 우습게 보는 사람도 있다. 드
물기는 하지만 원래 그렇게 생겨먹은 인간들이다. 하지만 평범한 우리는 다
르다. 사장과 상사에게 늘 주눅들어 있다. 그런 평범한 우리에게도 방법이
있다. 눈 딱 감고 몇 번만 뻔뻔해지면 된다. 우리의 뻔뻔한 모습을 보고 당
황하는 그들을 보며 그들이 그다지 대단치 않은 존재임을 확인하게 될 것

이다. 실제로 세상에는 그리 대단한 존재도 없고, 그리 대단치 않은 존재도 없다. 다들 그냥 인간일 뿐이다. 그 사실을 잊지 말자.

자, 이제 게릴라전을 한다는 심정으로 뻔뻔해지자. 직장에서 시간을 확보하는 것뿐만 아니라 직장생활 자체가 지금보다 훨씬 더 '널널해질' 것이다. 직장이 빡센 이유는 직장 자체가 빡세서이기도 하지만 우리가 너무 과도하게 겁을 먹고 경직되어 있기 때문이기도 하니까.

'그러게요.' 정신으로 무장하라

뻔뻔해지기 위한 구체적인 방법을 하나 더 말해보자. 아주 쉽다. 한 단어만 기억하면 된다. '그러게요.' 이 단어에는 묘한 힘이 있다. '그러게요.'는, 무술로 비유하자면 대극권 같은 단어다. 세상에 존재하는 수많은 무술은 힘과 힘이 격돌하는 체계를 갖추고 있다. 상대가 빠르고 강하게 공격하면 더 빠르고 더 강하게 상대를 제압하는 것이 일반적인 무술의 체계다. 복싱을 생각해보면 이해가 편할 것이다. 복싱은 상대가 펀치를 빠르고 강하게 휘두르면 더 강하고 더 빠른 펀치로 상대에 맞설 수 있게 훈련한다.

하지만 태극권은 조금 다르다. 중국에 가면 노인들이 공원에 삼삼오오 모여 느릿느릿 체조를 하는 것처럼 움직이는 장면을 심심치 않게 볼 수 있다. 이것이 태극권이다. 태극권은 힘과 힘이 격돌하는 체계가 아니다. 더 강하고 더 빠르게 공격하는 훈련을 하지 않는다. 상대의 빠르고 강한 공격을 물 흐르듯이 흘려버린다. 강하고 빠른 주먹을 휘두르는 상대의 공격을 마치 춤을 추듯이 무력화시킨다. 아, 이거 매력적이지 않나?

태극권은 게릴라전과 닮았다. 힘과 힘이 격돌하는 것이 바로 전면전 아닌가? 더 강하고 더 빠른 공격을 감행해야 할 때는 전면전을 할 때다. 하지만 이것은 우리가 지향해야 할 싸움의 형태가 아니다. 이런 식으로는 직장

에서 시간 확보는커녕 미처 준비도 갖추기 전에 쫓겨날지도 모른다. 우리
는 사장이나 상사에 비해 형편없이 느리고 힘도 약하니까. 그렇다. 우리가
지향하는 싸움의 형태는 게릴라전이다. 게릴라전을 수행할 때 '그러게요.'
는 아주 유용하다. 이제 '그러게요.'의 실전 사례를 보여주는 것이 좋겠다.

"황 대리, 왜 이거 아직 마무리를 못했나?"
"팀장님, 어떤 걸 말씀하시는지요?"
"(화가 난 듯이) 저번 주에 보고하기로 한 경쟁사 사양 정리 건 말이야!"
"아, 그러게요."

팀장은 아직 납기 기한을 못 맞춘 보고 때문에 본부장에게 한 소리 들은
모양이었다. 단단히 벼르고 나를 찾았다. 왜 업무를 못했냐고 다그치려는
찰나, 나는 팀장에게 '그러게요.'라고 말했다. 순간 분위기는 묘해졌다. 팀장
은 나에게 강한 분노를 휘둘렀지만, 나는 그것을 흘려버린 셈이다.
　사장이나 상사가 우리를 다그칠 때, 우리의 반응은 크게 두 가지 중 하
나다. 우선은 미리 주눅들어버리는 것이다. 이 반응은 전면전은 피할 수 있
게 해주지만 사장이나 상사로 하여금 계속 우리를 공격하게 만든다. 두 번
째 반응은 같이 화를 내는 것이다. 최악의 상황이다. 준비되지 않은 전면
전은 약자에게 얻을 것은 적고 잃을 것은 많은 치명적인 결과를 초래할 수
밖에 없다.
　하지만 주눅들지도 않고, 화를 내지도 않고 뻔뻔하게 '그러게요.'라고 말
해버리면 상황은 희한하게 전개된다. '그러게요.'라는 말은 '일정 부분 잘못
을 인정한다.'는 의미가 내포되어 있으니 더 이상 표독스럽게 화를 내기가
머쓱해진다. 반면에 '그렇기는 하지만 그게 모두 내 잘못은 아니에요.'라는

의미도 내포하고 있다. 그러니 팀장은 모든 것을 우리 탓으로 돌려서 계속 잘못을 질책하기도 어렵다.

직장에서 일이 잘못되면 그건 한 개인이 아니라 시스템의 잘못이 더 큰 법이다. 그렇다고 화를 내는 팀장에게 "상대 부서에서 자료를 안 주는데 어떻게 보고서를 써요?"라고 화를 내며 반박하면 곤란하다. 자칫 전면전으로 갈 공산이 크니까. 하지만 '그러게요.'라고 말하면, 팀장은 화를 누그러뜨리고 왜 보고서 납기를 맞추지 못했는지 상황을 물을 수밖에 없다. 그때 말하면 된다. 상대 부서에서 자료를 안 줬다고.

'그러게요.' 이 한 단어만은 반드시 기억하자. 그리고 적절할 때 잘 써먹자. 사장과 상사가 얼토당토않은 일로 다그치고 짜증내며 업무를 재촉하거나 과노한 임무를 부괴히·려고 할 때 뻔뻔하게 한 마디만 하시라. '그러게요.'라고. 주눅들 필요도 없고 싸울 필요도 없다. 지금보다 조금만 뻔뻔해지면 의외로 직장에서 시간 빼기가 훨씬 수월해진다.

능수능란하게 거짓말하기

직장의 그 복잡 미묘한 이해관계, 그로 인해 발생하는 수많은 상황에서 단 하나의 방법으로 자신만의 시간을 확보하기는 사실상 불가능하다. 이제 뻔뻔함을 활용하여 시간을 확보할 수 있는 방법을 하나 더 말해보자. 사실 '그러게요.'로 시간을 확보하는 데는 한계가 있다. 정말 '또라이' 같은 상사나 사장을 만나면 기본적인 의사소통 자체가 안 되니까.

"왜 보고서 오늘까지 못했어?"
"그러게요."
"장난해? 오늘 퇴근 전까지 다 하고 가!"

팀장이 이런 식이면 끝이다. '그러게요.'를 쓸 수 있는 전제조건은 사장이나 상사가 정상인이어야 한다는 점이다. '무대뽀' 식으로 일을 시키는 상사에게 '그러게요.'는 애초에 먹히지 않는다. 이제 필살기가 필요하다. 능수능란하게 거짓말을 해야 한다. 사람에 따라 잘 되는 사람도 있고, 안 되는 사람도 있지만, 할 수만 있다면 게릴라전에서 이보다 효과적인 무기도 없다.

나는 아침에 일어났는데 갑자기 회사를 가기 싫으면 팀장에게 전화를 걸었다. 그리곤 "팀장님, 애가 많이 아픕니다, 오늘 병원에 있어야 할 것 같습니다."라고 남우주연상까지는 안 되겠지만 아주 리얼하게 연기를 하며 거짓말을 했다. 퇴근도 마찬가지다. 분위기가 안 좋으면 집에 제사가 있다거나 아내가 아프다거나 다양한 거짓말을 하면서 일찍 퇴근을 했다.

물론 팀장도 직장생활을 해봐서 눈치가 백단이다. 몇 번 거짓말을 하면 다 안다. 그리고 팀장이 '내가 거짓말을 한다는 것을 안다는 것'을 나도 안다. 여기서 다시 우리의 소중한 덕목, 뻔뻔함이 필요하다. 우리에게 중요한 것은 팀장이 내 거짓말을 아는지 모르는지가 아니라 내가 직장에서 시간을 확보했느냐 못 했느냐다. 거짓말인 것을 팀장이 알아도 상관없다. 아이가 아프다는데 퇴근시키지 않는 비인간적인 팀장, 조상들에게 제사도 못 지내게 하는 비도덕적인 팀장은 되고 싶지 않을 테니까. 거짓말인 것을 알지만 연차를 쓰게 해줄 수밖에 없고, 일찍 퇴근시켜줄 수밖에 없다.

이 정도면 얻을 것은 다 얻은 셈이다. 노파심에서 말하자면 출근하면서 정직이란 단어는 냉장고에 넣어두어야 한다. 정직이란 소중한 가치는 사랑하는 사람들에게만 보여주어야 한다. '그래도 정직해야지, 거짓말은 안 해야지.'라고 생각하는 사람은 답이 없다. 쓸데없는 사람들에게 정직하면 인생이 피곤해진다. 정직한 대가로 매일 격무와 야근에 시달릴 테니까.

식구로 묻자. 상시의 사장에게 정직한 사람으로 보여서 뭐 할 건가? 회사에서 인정받고 칭찬받고 싶다는 욕심만 버리면 잃을 것이 없는데 왜 사장과 상사에게 잘 보이려고 하나? 전혀 그럴 필요 없다. 적당히 뻔뻔하게 거짓말하면서 자신의 시간을 확보해도 된다. 아니 그래야 한다. 나 역시 뻔뻔하게 말하자면, 직장에서 뻔뻔하게 능수능란하게 거짓말하는 것이 인생의 균형을 잘 잡는 것이라고 말하고 싶다.

직장에 들어온 초심을 잃지 말자. 직장에 돈 벌러 왔으면 돈만 벌자. 괜히 정직한 인간, 바람직한 인간, 모두에게 좋은 인간이 되려고 오버하지 말고. 직장이라는 척박한 공간에서 그런 허영은 필연적으로 우리를 더 피곤하게 만들 테니까. 모두에게 정직하고 바람직하고 좋은 인간은 세상에 존재하지 않는다. 내가 아는 한 그런 존재는 딱 두 명 있다. '예수'와 '부처'. 그러니 정말 부탁인데 오버들 하지 마시라.

08

행복해지기 위한 정신무장
기꺼이 욕을 먹어주자

칭찬이라는 마약

"최 대리, 저번 보고서 아주 좋았어."

"아, 그렇습니까?"

"이제, 월말 사장님 보고서는 최 대리에게 맡겨야겠어."

"네, 감사합니다. 열심히 해보겠습니다."

최 대리와 팀장 사이의 대화였다. 최 대리는 다혈질에 밑도 끝도 없이 일을 시키는 팀장을 전혀 좋아하지 않는다. 하지만 팀장의 칭찬 한 마디에 화색이 돌더니 이제부터는 더 열심히 일을 하겠노라고 다짐했다. 그뿐이 아니다. 그날 이후 팀장으로부터 몇 번의 칭찬을 더 듣고 나서 최 대리는 자신의 팀장이 참 좋은 사람이라고 주위에 말하고 다니기 시작했다.

우리는 칭찬에 굉장히 취약한 편이다. 업무가 잘 마무리되면 상사는 자신이 잘해서 그런 것이라고 생각하고, 업무에 문제가 생기면 늘 부하직원이 잘못해서 생긴 문제라고 여기는 것이 우리네 직장의 현실이다. 그러니 누가 칭찬을 한 마디 해주면 그에게 깊은 호감을 보이게 되는 것은 아주 당연한 일인지도 모른다. 하물며 칭찬을 해주는 사람이 사장이나 상사라면 어찌 감읍하지 않을 수 있을까?

자신의 삶은 자신이 꾸려나갈 수 있다고 믿는 사람은 타인의 인정과 칭찬에 휘둘리지 않는다. 하지만 언제나 눈치를 보는 노예는 다르다. 자신에게 밥을 조금 더 줄 사람을 찾아 두리번거릴 수밖에 없다. 노예들은 본능적으로 아는 것이다. 자신에게 칭찬을 해주는 사람이 밥을 조금이라도 더 줄 가능성이 높다는 사실을.

타인의 칭찬에 목을 매면 직장에서 행복한 밥벌이를 위한 자신만의 시간을 마련하는 일은 이미 요단강 건너갔다고 봐야 한다. 영민한 사장이나 상사 혹은 동료들은 이런 노예의식을 아주 잘 안다. 심지어 그것을 교묘하게 이용할 줄도 안다.

앞서 이야기로 다시 돌아가 최 대리의 근무시간을 팀장을 싫어했던 시점과 좋아하게 된 시점으로 구분해보자. 어느 시점에서 최 대리가 야근을 더 많이 했겠나? 당연히 좋아하게 된 후다. 보고서를 잘 썼다는 칭찬에 기분이 좋아진 데다 앞으로 팀장이 '사장님 보고' 같은 중요한 업무까지 맡긴다고 하니 자신이 무척이나 유능한 사람이 된 것처럼 느껴질 것이다.

나름 행복해 보이는 최 대리를 보면서 차라리 팀장을 싫어했던 때가 더 나았던 것 같다는 생각이 들었다. 눈치를 보면서 일찍 퇴근을 하고, 가끔은 인터넷을 뒤져 여자친구에게 줄 선물을 찾던 최 대리가 훨씬 건강하고 행복해 보였다. 팀장에게 칭찬과 인정을 받고 난 이후부터 그는 자발적으로, 즐겁게, 빡센 업무로 들어갔다. 과연 어떤 삶이 정말 행복한 삶일까? 칭찬받는 삶일까? 그렇지 않은 삶일까?

언젠가 TV에서 마약 중독자의 이야기를 본 적이 있다. 늘 괴로운 현실에 처해 있던 한 남자가 우연히 마약에 손을 대게 되게 되었고, 그 짜릿하고 달콤한 황홀감에 완전히 매혹되어버렸다. 그 이후 그는 마약을 끊을 수 없게 되었다. 왜 마약을 끊지 못하냐는 취재진의 질문에 그 남자는 이렇게 답했다.

"현실에서 나는 '지옷'도 아니지만, 그거(마약)만 하면 세상이 모두 내 것 같은데 어떻게 그걸 끊어요, 못 끊어요."

이해된다. 보잘 것 없는 자신이 마약을 하기만 하면 손쉽게 매혹적인 황홀감에 빠지게 될 테니까. 그는 어떻게 될까? 마약에 삶을 파괴당하게 될 것은 자명한 일이다. 심신은 피폐해져 있을 테고, 최악의 경우 마약을 살 돈을 마련하느라 범죄를 저지르게 될지도 모를 일이다.

조금 비약해서 얘기하자면, 최 대리의 심리적 메커니즘은 마약 중독자의 그것과 아주 유사하다. 보잘것없는 월급쟁이에게 갑작스런 칭찬과 인정은 짜릿하고 달콤한 황홀감을 주는 마약과 다를 바가 없다. 그만큼 우리는 칭찬과 인정에 목을 매고 있으니까 . 만약 워커홀릭이 된 최 대리에게 왜 일을 끊지 못하느냐고 물으면 그는 이렇게 답할지도 모른다. "직장에서 나는 '지옷'도 아니지만, 칭찬받고 인정받으면 세상이 내 것 같은데 그걸 어떻게 끊어요, 못 끊어요." 시간이 더 지나면 최 대리는 어찌 될까? 행복한 밥벌이는 고사하고 과도한 일 때문에 심신은 피폐해지고 여자친구, 가족들과의 관계도 이미 너무 벌어진 자신을 발견하게 될지도 모를 일이다.

칭찬과 인정은 몇 번 받게 되면 나중에는 스스로 그 좋은 이미지를 깨는 것이 매우 어려워진다. 무엇인가 잘못되었다는 것을 알게 되어도 이미 늦었다. 스스로는 그것을 바꿀 수 없다. 그는 이미 상사와 동료에게 항상 인정받고 칭찬받는, 일 잘하는 유능한 사람이어야 할 테니까. 주변사람들의 기대를 저버리는 것은 정말 어려운 일이다. 차라리 더 많은 칭찬과 더 많은 인정을 받기 위해 더 많은 일을 하는 쪽을 선택할 것이다. 한 번 마약에 손을 대면 그것을 끊기보다는 더 탐닉하려는 것처럼. 잊지 말자. 유약한 우리에게 칭찬은 마약이다.

비난이라는 몽둥이

"김 과장, 이런 이야기 해도 되나 모르겠는데……."
"괜찮아요. 뭔데요?"
"영업팀에서 자네 이야기가 안 좋게 돌아."
"네? 무슨 말씀이세요?"
"자세한 건 이야기하기가 좀 그런데, 다들 자네 욕을 하고 다니는 것 같더라고."

우리는 칭찬에 과도하게 목을 매는 그만큼 비난을 과도하게 두려워한다. 누군가 내 욕을 했다는 이야기를 전해 듣기라도 하면 겉으로는 애써 태연한 척하지만 속으로는 하루 종일 그 생각뿐이다. '그 사람이 왜 나를 욕했을까?'라며 원인을 찾으려 하기도 하고, '내가 무슨 잘못을 했지?'라며 자기 검열을 하기도 하고, 불안함을 애써 숨기려 "개새끼들 왜 뒤에서 남 욕을 하고 지랄이야!"라며 욕을 할지도 모른다.

사장이나 상사처럼 직장생활을 오래 한 사람들은 사람을 다루는 법을 잘 안다. 정확히는 노예를 길들이는 법을 잘 안다. 칭찬이 당근이라면 비난과 욕은 채찍이다. 당근으로 길들이는 사람들이 교활한 사람들이라면 채찍으로 길들이려는 사람들은 폭력적인 사람들이다. 가끔 별일 아닌 일로 원색적이고 모멸감을 주는 상사들이 종종 있다.

예산 합계가 잘못된 것은 사실이다. 하지만 수정하라고 간단하게 지시하면 될 것을 과도하게 화를 내는 상사들이 있다. 원래 다혈질인 사람일 수도 있고, 그날 기분이 안 좋아서 그런 걸 수도 있다. 하지만 전략적으로 과도하게 비난하고 화를 내는 경우도 있다. 왜 그런 걸까?

대체로 우리네 월급쟁이들은 욕먹는 것을 두려워한다. 안 그래도 낮은 자존감에 상사로부터 욕까지 먹으면 정말 자신이 하찮고 의미 없는 존재가 된 것처럼 느껴질까 봐 두려운 것이다. 경험 많은 노련한 사장이나 상사들은 이 점을 집요하게 파고든다. 일단 한번 제대로 비난하고 욕을 해놓으면 다음부터는 미리 겁을 집어먹고 알아서 긴다는 것을 알고 있는 것이다.

예산 합계 때문에 온갖 쌍욕을 먹은 직원은 다음부터 어찌할까? 진짜 알아서 긴다. 보고하기 전에 점검하고 또 점검하고 또 점검할 것이다. 오타 하나, 작은 실수 하나라도 잡아내려고 밤을 샐 것이다. 또 다시 상사에게 욕을 먹는 것은 너무 두려운 일이니까. 강한 책임감이 있는 사람이라면 거의 강박증적 증세에 시달리게 될지도 모른다. 그렇게 되면 사장이나 상사는 더 이상 편할 수가 없다. 별것 아닌 일을 핑계 삼아 날 잡아서 노예를 몽둥이로 흠씬 두들기기만 하면 주인은 더 이상 편할 수가 없다. 몽둥이를 들고 어슬렁거리기만 해도 알아서 죽을 둥 살 둥 일할 테니까.

욕먹는 것을 두려워하면 과도한 업무에서 벗어날 수 없다. 내심 두렵더라도 의연한 척이라도 해야 한다. 만약 사장이나 상사 앞에서 쫄아 있는 모습을 보이면 더 심하게 욕하고 비난할지 모른다. 그래야 우리를 길들일 수 있다고 생각하니까. 이 지경이 되면 행복한 밥벌이를 위한 시간 확보는 이미 불가능하다고 봐야 한다. 그때는 시간 확보가 문제가 아니라 오늘 하루 상사에게 욕을 안 먹는 것이 지상과제가 되어 있을 테니까.

욕먹는 것을 두려워하지 말자. 오히려 사장과 상사에게 과도하게 욕을 먹는다면 '내가 노예가 아닌 주인으로 살고 있구나!'라고 자부심을 가지자. 그들이 밑도 끝도 없이 하는 욕과 비난은 결국 우리를 노예로 길들이기 위한 것일 뿐이다. 역설적이게도 그들의 비난과 욕에도 불구하고 당당하게 우리가 원하는 삶을 의연하게 유지한다면 그들은 더 이상 비난도 욕도 하지 못할 것이다. 그때 그들은 우리가 노예가 아니라 주인임을 깨닫게 될 것이다.

욕먹는 양만큼 시간이 생긴다

욕? 먹어주자. 까짓 거 많이많이 먹어주자. 아니 기꺼이 쓰레기가 되어주자. 새로 산 흰 옷을 입고 나가면 우리는 늘 조마조마한다. '혹시 비가 오지는 않을까? 김치 국물이 튀지는 않을까? 커피 마시다가 흘리지는 않을까?' 하고 말이다. 그때 어떻게 하면 편해지나? 옆에 트럭이 지나가다 흙탕물을 팍 튀기면 게임 끝난다. 튀기는 순간에야 '에이 쓰바! 이게 뭐야?!' 하겠지만 이내 마음은 가볍다. 이미 옷이 더럽혀지면 걱정이 없다. 비가 오면? 땡큐다. 김치 국물? 전혀 상관없다. 커피? 흙탕물보다 훨씬 낫다.

정말 재미있는 사실은 욕을 먹는 만큼 자신만의 시간이 생긴다는 점이다. 앞서 예산 합계 에피소드는 사실 나의 이야기다. 나는 그날 팀장에게 욕을 먹은 이후 밤을 새워 보고서를 검증했다. 그놈의 욕을 안 먹기 위해서. 어느 날 근본적인 의문이 들었다. "내일 욕 한 번 먹으면 오늘 일찍 퇴근할 수 있는 것 아닌가?" 이 발상의 전환은 정말 통쾌했다. 할 수 있는 만큼 보고서를 쓰고 일찍 퇴근했다. 그리고 다음 날 결재를 받으러 갔다. 아니나 다를까 오타와 사소한 몇 가지 실수가 있었다. 팀장은 역시 "야 이 새끼야 이걸 보고서라고 갖고 왔냐?"라며 욕을 쏟아냈다. 나는 차분하고 담담하고 뻔뻔하게 말했다. "아이고, 실수했네요. 수정할게요."

보고서의 영원한 미스터리가 하나 있다. 내가 쓴 보고서의 오타나 실수는 내 눈에는 정말 안 보이지만 다른 사람 눈에는 너무나 잘 보인다는 것이다. 특히 팀장의 눈에는. 그러니 욕을 안 먹으려고 했으면 또 야근을 해야 했을 것이다. 나는 쿨하게 욕먹기로 했다. 욕먹기로 마음먹으면 시간이 생긴다. 내가 욕을 먹는 대신 오타 및 수정사항은 친절하게 팀장이 찾아줄 것이다.

노골적으로 묻자. '욕먹는 것 vs 일찍 퇴근하는 것', 둘 중 어떤 것을 선택하겠나? 나는 욕먹는 것을 선택하겠다. 필요하다면 악당 혹은 쓰레기가 되어도 좋다. 뭐 어떤가? 나는 야근하는 겁쟁이보다 여유 있는 악당이나 쓰레기가 좋다. 현실적이고 지혜롭게 생각해보아도 욕먹는 편이 낫다. 퇴근 시간이 되면 보고서 일정을 못 맞췄더라도 그냥 퇴근하자. 내일 쿨하게 욕먹고 "죄송합니다." 하면 된다. 회식은 가고 싶지 않으면 가지 말자. 다음 날 시원하게 욕 한번 먹고 "죄송합니다."라고 말하면 된다. 욕을 견디는 맷집만 좋다면 직장생활이 조금 더 여유로워질 것이다.

욕을 견디려면 사랑하자

물론 안다. 말이야 쉽지만 실제 상사에게 쌍욕을 들으며 인격적 모멸을 견디는 것은 쉬운 일이 아니다. 정말 두려운 일이다. 나 역시 타인의 비난이 정말 두려웠기 때문에 잘 안다. 그러니 무조건 욕을 견디라는 말 대신 어떻게 하면 타인의 비난을 견딜 수 있는지에 대해 구체적으로 한번 말해보자.

타인의 비난과 경멸을 두려워하는 이유는 자존감이 터무니없이 낮기 때문이다. 단단한 자존감을 가진 사람은 의미 없는 인간들이 하는 비난에 단순히 기분이 나쁠 수는 있어도 결코 흔들리지는 않는다. 반대로 말하면 단단한 자존감만 있다면 욕을 견디는 맷집도 좋다는 의미이기도 하다. 즉 욕을 견디는 맷집과 단단한 자존감은 비례관계에 있다.

이제 하나의 질문으로 좁혀졌다. '자존감을 어떻게 회복할 것이냐?' 자존감을 회복할 수 있다면 사장과 상사의 얼토당토않은 욕 공세를 가뿐히 회피할 수 있을 것이다.

자존감의 정체는 무엇인가? 기본적으로 자존감은 내가 충분히 사랑받을 만한 존재라는 자기 확신에서 온다. 그러니 자존감을 높이려면 진정으로 사랑받고 사랑할 수 있는 사람과 많은 시간을 보내야 한다. 먹고 먹히는 직장의 동료는 결코 사랑을 나눌 대상이 될 수 없다. 역설적이게도 직장일을 줄이고 진정으로 사랑하고 사랑받을 만한 존재와 많은 시간을 보내면 자존감이 높아질 것이다.

어린 시절 부모의 사랑을 한껏 받고 자란 아이들은 타인의 비난에 크게 개의치 않으며 스스로 의연할 수 있는 자존감을 갖게 된다. 반면 어린 시절부터 부모나 혹은 그 누구에게도 충분한 사랑을 받지 못한 사람은 항상 의존적이고 타인의 비난을 과도하게 두려워하며 사는 모습을 많이 보지 않았나? 그러니 이렇게 보아도 좋다. 직장에서 욕먹는 것을 과도하게 두려워하는 사람은 아주 많이 외로운 사람이라고 말이다. 어린 시절이나 지금이나 누군가를 충분히 사랑하거나 누군가에게 충분히 사랑을 받지 못해 사람들의 욕과 비난이 정말 두려운 것이다.

나는 '안젤리나 졸리' 라는 여배우를 좋아한다. 그녀가 아주 멋진 삶을 살아내고 있기 때문이다. 하지만 졸리만큼 대중에게 많은 욕을 먹은 사람이 또 있을까? 그녀는 유부남을 홀려 남의 가정을 파탄 낸 비도덕적인 '쓰레기 같은 년'이라고 무던히도 욕을 먹었다. 실제로 졸리가 브래드 피트와 결혼할 당시 그가 유부남이었던 것은 명백한 사실이었다. 하지만 졸리는 그런 대중들의 저주에 가까운 비난과 욕설에 대해 이렇게 응답하고 있다. "내가 나 자신을 바보로 만들든 말든 남들이 무슨 상관인가? 그들이 나에 대해 어떤 생각을 갖든 두렵지 않다." 아, 정말 무릎을 칠 정도로 멋진 말이다. 졸리는 정말 졸라 멋있는 여자다.

그녀는 어떻게 그런 높은 자존감을 갖게 되었을까? 그녀의 행보를 조금이라도 살펴본 사람이라면 어렵지 않게 그 이유를 알 수 있을 것이다. 그녀는 누군가에게는 '죽일년'이지만 동시에 그녀는 캄보디아와 에티오피아에서 어린아이를 입양하여 훌륭히 키우고 있는 아름다운 엄마이기도 하고, UN활동을 포함하여 많은 봉사활동을 하는 사람이기도 하다. 그녀는 누군가를 충분히 사랑하고 있는 사람이고 또 누군가에게 충분히 사랑받고 있는 사람이다. 게다가 사랑을 주고받는 대상이 혈연을 넘어서는 완전한 타자이다. 평범한 사람들이라면 엄두도 내지 못할 높은 차원의 사랑을 하고 있는 셈이다. 그런 높은 차원의 사랑을 하는 사람에게 어찌 높은 자존감이 생기지 않을 수 있을까.

답이 나왔다. 평범한 우리는 피 한 방울 섞이지 않은 아이들을 입양해서 키우고, 많은 봉사활동을 하지는 못할 수도 있다. 대신 소중한 친구가 있다면 그와 함께 우정을 나누시라. 사랑하는 연인이 있다면 그와 뜨거운 연애를 하시라. 가족이 있다면 그들과 행복한 추억을 많이 만드시라. 그 소중한 우정, 연애, 행복한 추억 같은 사랑의 감정이 바로 우리 자존감의 근간이 될 테니까. 역설적이게도 우리가 직장에서 욕을 먹어도 되는, 쓰레기가 될 수도 있는 힘은 우리가 절대 쓰레기가 아니라는 자기 확신에서 온다. 누군가를 진지하게 사랑하고 또 그런 사랑을 받아본 적이 있는 사람은 안다. 절대 자기가 쓰레기가 아니라는 사실을. 그런 자기 확신이 있을 때라야 직장에서 욕을 먹어도 그다지 개의치 않는 의연하고 당당한 멋진 쓰레기가 될 수 있을 것이다.

이제 정리하자. 직장에서 당당한 주인으로 살면서 행복한 밥벌이를 위한 시간도 확보하고 싶다면 우선 타인의 칭찬에 목을 매지 마시라. 그리고 타인의 비난을 두려워하지도 마시라. 필요하다면 기꺼이 악당이나 쓰레기가 되어주시라. 이제 칭찬하는 사람 좋아하지 말고, 좋아하는 사람에게 칭찬을 해주자. 비난하는 사람 싫어하지 말고, 싫어하는 사람을 비난하자. 또 싫어하는 인간들의 칭찬은 당당하게 거부하고, 좋아하는 사람들의 비난은 의연하게 받아들이자. 그럴 수 있다면 채찍이나 당근으로 우리를 길들이려는 교활하고 폭력적인 인간들에 의해 혹사당하는 일 없이 당당하게 삶의 주인으로 살아낼 수 있을 것이다.

그렇게 조금 힘들지만 행복한 밥벌이를 향해서 한 걸음씩 앞으로 나아가자. 그래도 여전히 다른 사람의 시선 때문에 위축된다면 다시 한 번 졸리의 말을 기억하자. "내가 나 자신을 바보로 만들든 말든 남들이 무슨 상관인가? 그들이 나에 대해 어떤 생각을 갖든 두렵지 않다."

09

행복해지기 위한 정신무장
직장 동료를 조심하자

누가 좀비에게 물리는가?

아내는 병원에서 일을 하는 모양이다. 아내는 병원의 고된 일을 끝내고 집으로 돌아왔다. 남편은 침대에 누워 편안하게 TV를 보고 있다. 둘은 서로의 일상을 묻는 간단한 담소를 나눈다. 그리고 보이는 부부는 함께 샤워를 하며 사랑을 나눈다. 그리고 다음 날이다. 침대 옆 시계가 시간을 알려준다. 6:37, 일상적인 그리고 행복한 아침이 시작된다. 부부는 아직 침대에 누워서 달콤한 아침잠을 즐기고 있다. 부부의 침실 문이 스르륵 열린다. 하얀 잠옷 차림의 예닐곱 살 정도 된 귀여운 딸이 문 앞에 서있다. 남편은 잠에서 어슴푸레 깬 채로 몸을 일으키며 딸에게 말한다. "비비안 왔네, 이 시간에 웬일이니?"

어? 무엇인가 이상하다. 딸아이가 평소와 다름을 직감적으로 느낀 남편의 표정은 점점 굳어간다. 문 앞 그늘에 가려져 있던 딸의 모습이 그녀가

방으로 한 걸음 다가서니 선명하게 보인다. 도대체 이게 무슨 일이란 말인가? 딸의 눈에는 이미 초점이 없고, 입 주위에는 피가 흥건하다. 아빠는 '맙소사'라는 외마디 외침과 함께 침대에서 벌떡 일어나 한걸음에 딸에게 다가가 딸의 상태를 살핀다. 바로 그 순간이었다. 딸은 서슴없이 아빠의 목덜미를 물어버리는 것이 아닌가! 아빠는 목 주위 살점이 한 움큼 떨어져 나간 채로 피를 쏟으며 침대에 쓰러져버린다. 그리고 이내 딸은 아내마저 공격하려고 돌진한다.

뒤의 내용이 궁금한가? '새벽의 저주'(Dawn of the dead, 2004)라는 영화를 찾아보면 된다. 위 내용은 그 영화의 도입부를 묘사한 것이니까. 나는 좀비 영화를 좋아한다. 각양각색의 괴물이 등장하는 많은 종류의 비현실적인 영화가 있다. 하지만 그런 영화는 색다르게 느껴질지는 몰라도 웬만큼 잘 만들지 않고서는 쉽게 몰입하기가 어렵다. 당연하다. 우리는 팔은 네 개고 다리는 여섯 개인 무시무시한 외계 생명체나 괴물은 본 적이 없으니까 말이다. 한 번도 경험하지 못한 상황에 감정이입을 하는 것은 좀처럼 쉽지 않다.

비현실적인 괴물 영화라는 범주 안에서 보면 좀비 영화 역시 이색적인 괴물이 등장하는 여타 영화와 본질적으로 차이가 없다. 하지만 좀비 영화가 가지는 유일한 특징이 있다. 그 유일한 특징 때문에 많은 사람들이 유독 더 잘 몰입하고 감정이입을 한다. 미국에서는 '워킹데드'라는 좀비 드라마가 엄청난 흥행몰이 중이고, 좀비를 주제로 셀 수도 없이 많은 영화가 여전히 만들어지고 있는 것이 현실이다.

왜? 유독 왜 좀비 영화가 다른 괴물 영화에 비해 더 현실감 있게 감정이입되는 것일까? 답은 간단하다. 좀비는 형체적으로 늘상 보는 우리 인간과 별반 다를 것이 없기 때문이다. 그러니 듣도보도 못한 괴물이나 외계 생명체보다 더 잘 감정이입이 되는 것은 당연한 일이다. 그래서인지 좀비 영화에는 불문율 같은 공통점이 하나 있다. 좀비에게 물리는 사람은, 좀비로 변하기 전까지 평소 친하게 지냈던 사람이라는 점이다.

아이를 정말 사랑한 엄마는 아이가 좀비로 변했다는 사실을 알고 있지만 아이를 껴안으려 하다가 물리고 만다. 엄마를 정말 사랑한 딸은 엄마가 좀비로 변했다는 사실을 머리로는 알고 있지만 가슴으로 미처 받아들이지 못해 물리고 만다. 진실로 사랑했던 연인들 역시 마찬가지다. 이처럼 우리의 형상을 그대로 간직한 좀비를 통해 우리는 영화 속 인물들의 절절함에 감정이입되는 것이다.

영화를 보는 우리는 아이를 잃은 엄마의 비통함을, 엄마를 잃은 딸의 슬픔을, 연인을 잃은 아픔을 간접적이나마 충분히 느낄 수 있다. 하지만 또 한편으로는 답답하기만 하다. 머리로는 소중한 사람이 좀비가 된 것을 받아들였지만 가슴으로는 받아들이지 못해 자신마저 좀비에게 물려 최후를 맞이하는 그들이 못내 답답하다. 영화에 몰입한 우리들은 엄마를 향해 달려오는 아이 형상의 좀비를 보면서, 딸을 향해 달려오는 엄마 형상의 좀비를 보면서, 남자친구를 향해 달려오는 여자친구 형상의 좀비를 보면서 속으로 외친다. "저것들은 아이도, 엄마도, 애인도 아니야! 저것들은 그냥 좀비야! 도망쳐!"라고 말이다.

누가 좀비에게 물리는가? 그렇다. 불가항력의 상황이 아니라면 평소 좋아했던 사람의 모습을 한 좀비에게 물릴 수밖에 없다. 예전의 그들과 함께했던 추억, 상념, 기억에 사로잡혀 현실을 있는 그대로 보지 못하기 때문이다. 현실을 직시하지 못해 허망하게 최후를 맞이하는 좀비 영화 속 등장인물들을 어리석다고 쉽게 말할 일이 아니다. 만약 좀비 영화가 우리의 현실이 된다면 우리 역시 엄마 좀비, 딸 좀비, 연인 좀비 앞에서 한 발도 움직이지 못할 수 있으니까.

우리는 누구에게 시간을 빼앗기는가?

뜬금없는 좀비 이야기에 의아하게 생각하는 사람도 있을 것 같다. 좀비 이야기를 통해 여러분에게 하고 싶은 이야기가 있다. 직장에서 소중한 시간을 지켜내는 것은 마음만 먹는다고 쉽게 되는 일이 아니다. 이제 '행복한 밥벌이를 위해 나만의 시간을 반드시 지켜내리라' 독하게 마음먹었다고 가정해보자. 그러면 정말 나만의 소중한 시간을 지켜낼 수 있을까? 글쎄, 나는 잘 모르겠다.

정말 독하게 마음먹으면 많은 부분들을 극복할 수 있다. 정시에 퇴근하려는데 동료들이 눈치를 주는 것? 무시할 수 있다. 좋은 강연을 듣기 위해 연차를 내려고 할 때 팀장이 면박을 주는 것? 무시할 수 있다. 1주일 휴가를 가려고 할 때 담당 임원이 "이런 식이면 정말 곤란해."라고 협박하는 것? '어떻게 되겠지 뭐.'라고 생각할 수 있다. 사실 이 정도만 할 수 있어도 꽤 많이 온 것이다. 하지만 그래도 여전히 하나의 문제가 남아 있다.

신입사원 시절부터 함께해온 B라는 선배가 있었다. 도저히 안 될 것 같은 업무를 함께 힘을 합쳐 해낸 적도 있었고, 업무를 떠나 개인적인 시간도 많이 보냈다. 직장을 떠나면서 이제 직장 사람들은 다시는 보지 않으리라 다짐할 때도 B만은 예외였다. 내가 힘들 때마다 나를 도와주었고, 진심으로 위로해주었다. 나는 B가 참 좋았고 고마웠다. 그래서 행복한 밥벌이를 위해 직장에서 시간을 확보하겠다고 다짐한 이후에도 B가 하는 부탁만큼은 거절하는 법이 없었다. 의무로서가 아니라 정말 그가 힘들 때 기꺼운 마음으로 도와주고 싶었다.

그러던 어느 날이었다. 그가 걱정되기 시작했다. 그가 나에게 하는 업무적 부탁이 점점 늘어나고 있었기 때문이다. 우리는 둘 다 주어지는 일을 감당하지 못할 만큼 일을 못하는 편은 아니었다. 오히려 우리는 직장 내에서 일을 잘하는 편에 속했다. 그런 그가 나에게 업무를 자주 부탁한다는 것은 업무에 과부하가 걸린 것임에 틀림없다고 생각해서 그가 정말 걱정이 되었다. B가 후배였으면 팀장에게 너무 많은 일을 시킨 것 아니냐고 따져 물을 수라도 있었건만, 그가 나의 선배였기에 함부로 나설 수도 없었다. 고작 내가 할 수 있는 일이라곤 그가 부탁하는 업무를 도와주는 것밖에 없었다.

그렇게 본의 아니게 잦은 야근에, 간혹 주말 근무까지 하게 되었다. 그런데 점점 이상한 느낌이 들었다. B가 나에게 부탁한 업무는 아무리 생각해도 B가 할 만한 업무가 아니었기 때문이었다. 시간이 지날수록 걱정은 의심으로 변해갔다. 눈치가 빠른 덕분에 얼마 지나지 않아 사건의 전말을 알게 되었다. 당시 팀장은 내게 일을 좀 더 시키려고 욕도 해보고, 타일러도 봤지만 전혀 안 통한다고 B에게 하소연을 했다는 것이다. "그래도 네가 부탁하면 황 대리가 해줄 것 아니냐?" 나와 B의 관계를 알고 있던 팀장은 B를 통해서 나에게 급한 업무를 시킨 것이었다.

직장은 치졸한 권력관계와 첨예한 이해관계가 얽히고설킨 공간이다. 수많은 사람들이 보이지 않는 줄로 얽혀 있는 곳이 바로 직장이다. 직장에서 시간을 확보한다는 것은 그 줄을 최대한 줄여나간다는 의미다. 물론 그 줄이 완전히 없어진다는 의미는 직장에서 퇴출된다는 의미다. 직장에서 퇴출당하지 않는 범위 내에서 나와 얽힌 줄의 수를 최대한 줄이고, 줄의 굵기역시 최대한 얇게 해야 한다. 나와 연결되어 있는 줄이 오직 하나뿐이라고 해서 안심해서는 안 된다. 만약 단 하나의 그 줄이 아주 튼튼하고 두껍다면 더욱 그렇다. 그 튼튼한 줄을 타고 엄청난 업무들이 넘어 들어올 테니까 말이다. 내게 그 줄은 바로 B였던 셈이다.

내가 남겨둔 줄은 B와 연결된 것 하나였지만 그건 어디까지나 나의 이야기다. 나와 연결된 B에게는 엄청나게 많은 수의 튼튼하고 두꺼운 줄이 있다는 사실을 간과했던 것이다. 쉽게 말하면 팀장이 주는 과도한 업무는 거부했지만, 그 업무가 B를 통해 내게 다시 주어진 것이다. 만약 이 사실을 좀 더 늦게 알았으면 나는 매일 야근하고 주말에 출근하느라 아직도 행복한 밥벌이는 꿈속에서나 찾고 있을 것이 분명하다.

이제 좀비 영화를 보면서 등장인물들의 어리석음에 안타까워할 필요 없다. 바로 직장에서의 우리 상황이 그럴 수도 있으니까 말이다. 생면부지의 좀비들은 가차없이 목을 쳐서 제거하지만 가족이었던, 친구였던 좀비는 좀처럼 제거하기가 어렵다. 마찬가지다. 늘 우리를 못살게 굴던 사장과 상사, 동료들의 업무 협조는 가차없이 거절할 수 있지만 누구나 한두 명 정도 정말 인간적으로 친한 사람이 있게 마련이다. 좀비로 변한 엄마에게 물려 안

타깝게 최후를 맞이하듯이 우리는 직장에서 친했던 사람의 부탁을 거절하지 못해 시간을 빼앗기기 쉽다.

물론 직장에서 친했던 사람의 모든 부탁을 매몰차게 거절하라는 의미는 아니다. 행복한 밥벌이만큼 진정으로 좋아하는 동료들을 도와주는 것도 의미 있는 일일 수 있다. 하지만 문제는 직장의 인간관계가 너무 복잡하게 얽혀 있다는 점이다. '내가 거부한 업무가 친한 동료에게 떨어졌을 때 어떻게 할 것인가?' 언젠가는 마주해야 할 질문이다. 직장은 그만큼 교활하고 집요하고 잔인하기까지 하다. 마지막 빠져나갈 구멍까지 다 막아버리는 셈이니까. 우리가 직장에서 시간을 확보하려고 할수록 직장은 점점 더 집요하고 교활하고 잔인하게 우리에게 일을 시킬 수 있는 방법을 찾을 것이다.

선택은 여러분의 몫이다. 친한 동료가 행복한 밥벌이만큼 혹은 그보다 더 중요하다면 기꺼이 소중한 시간을 내어주는 것도 훌륭한 선택이다. 그로 인해 감당할 것이 있다면 감당하면 될 일이다. 하지만 나의 견해를 묻는다면 아프지만 친한 동료의 부탁을 거절하는 편이 낫다고 생각한다. 좀비로 변한 엄마가 우리에게 다가오면 엄마와 함께했던 행복했던 추억, 상념은 눌러놓자. 그리고 아프지만 그 좀비의 숨통을 끊어주자. 이미 좀비는 더 이상 엄마가 아니니까. 어쩌면 숨통을 끊어주는 것이 진정으로 엄마를 위한 것일지도 모른다. 엄마는 본인의 의지가 아니라 좀비에 의해서 조종당하고 있는 것일 테니 말이다.

마찬가지다. 친한 동료의 부탁이나 업무 협조를 무작정 들어주는 것이 능사는 아니다. 친했던 동료들이 과도한 부탁을 하면, 함께했던 추억과 상념은 눌러놓자. 그리고 아프지만 냉정하게 거절하자. 행복한 밥벌이를 꿈꾸는 우리에게 그들은 더 이상 동료가 아니다. 어쩌면 부탁을 거절하는 것이 그들을 진정으로 위한 것인지도 모른다. 사장, 상사에 의해 조종당하고 있는 것일 테니 말이다. 언제나 과도한 업무에 치여 사는 것보다 과도한 업무를 이기지 못하고 한 번쯤은 무너져버리는 경험을 하는 것도 나쁘지 않다. 평범한 직장인이라면 그 정도 충격 없이는 자신의 삶을 되돌아보기 힘드니까 말이다. 정말 친한 동료에게 주어야 할 도움은 업무를 대신해주는 것이 아니라 그런 충격을 주는 것일 게다. 그의 행복한 삶을 위해서.

어찌 보면 너무 극단적이고 냉정하다 생각될지도 모르겠다. 맞다. 친했던 동료의 부탁을 거절하는 것은 아주 아픈 일이 될 것이다. 하지만 우리네 직장이 이미 그렇게 척박하다는 사실 또한 잊으면 안 된다. 배가 난파되었다면 일단 우리부터 뗏목이라도 잡아야 한다. 그렇게 버티면서 옆에 있는 동료들을 구해나가는 편이 낫다. 그것이 현실적인 대안이다. 죽음을 불사하고 타인을 구하는 삶은 위대하지만, 그런 삶을 강요해서도 강요받아서도 안 된다. 난파된 배에서 조난당한 사람을 구해야 할 가장 큰 책임은 선장에게 있는 것이지 조난당한 사람에게 있는 것이 아니다.

우리는 선장도 아니고 예수도 아니다. 직장이라는 난파된 배에서 뗏목 하나라도 붙잡고 버티며 행복한 밥벌이라는 섬으로 힘겹게 가고 있는 평범한 사람들일 뿐이다. 그러니 직장에서 인간적으로 친한 사람들에게 시간을 너무 많이 빼앗기지 않도록 하자. 하나 희망적인 이야기를 하자면 우리가 친한 동료의 부탁마저 거절하며 행복한 밥벌이에 도달하게 될 그때가 되면 직장에서 친했던 그 동료들을 도와줄 일이 분명히 있을 것이고, 그때 그들을 진심으로 도와주면 된다. 그리고 우리가 도와줄 수 있는 그 일은 분명 직장의 업무보다 더 중요하고 의미 있는 일일 것이다.

10

행복해지기 위한 정신무장
외로움을 감당하자

행복한 밥벌이를 가로막는 결정적 원인, 외톨이

"이 대리, 요즘 왜 그래?"
"네? 차장님 무슨 말씀이세요?"
"아니 그렇잖아, 퇴근도 혼자 일찍 하고, 회식 자리도 도통 안 오고."
"네, 상황이 좀 그렇게 됐네요."
"이야기를 좀 하려고 해도 기회가 있어야지, 그러다 주위에 사람 한 명도 안 남아!"

이 대리는 같은 직장 후배였다. 오랜 시간 같이 일하면서 비슷한 고민을 많이 했고, 많은 이야기를 나눴다. 나름 인간적 유대가 있는 친구였다. 항상 직장생활에 숨막혀 하는 이 대리를 위해 행복한 밥벌이를 위해서는 시간이 필요하다, 그 시간을 확보하기 위해서는 몇 가지 행동수칙이 필요하다는 조언을 해주었다. 이 대리는 기특하게도 용기를 내어 한동안 내 조언대로 실천하려고 했다.

안타깝게도 결과는 실패였다. 직장 내에서 시간을 확보하려는 이 대리의 시도가 같은 팀 차장은 못마땅했나 보다. 그리고 직장에 있는 시간을 줄이려는 그에게 한마디를 한 모양이었다. 차장의 이야기에 이 대리는 야근하고, 회식에도 빠지지 않는 충직한 직장인으로 다시 돌아가버렸다. 행복한 밥벌이가 필요하다는 나의 이야기에 절절하게 공감했던 이 대리가 차장의 몇 마디 때문에 예전의 답답한 직장생활로 다시 돌아가버린 것이다. 왜 그런 것일까? 차장의 이야기에 설득이 된 것일까? 아니다. 그의 협박성 회유에 넘어간 것이다. '이 대리'는 "그러다가 주위에 사람 한 명도 한 남아."라는 차장의 마지막 말이 마음에 딕 걸렸던 것이다.

행복한 밥벌이가 좌초되는 결정적인 이유는 외톨이가 되는 것을 감당할 수 없기 때문이다. 이 대리는 하루 대부분을 있어야 하는 직장에서 외톨이

가 될지도 모른다는 두려움을 감당할 수 없었던 것이다.

직장에서 외톨이가 되는 것을 왜 두려워하는 것일까? 우선, 우리네 직장의 패거리 문화 때문이다. 한국 사람들은 유독 다수의 패거리에 끼지 못하는 것을 두려워한다. 패거리에서 벗어나 튀는 행동을 하다가는 혹시 불이익을 당할지도 모른다는 두려움에서 자유롭지 못하다. 다수에 속해 있거나 다수는 아니더라도 자신을 비호해줄 일정 정도의 세력이 없으면 월급쟁이들은 항상 불안하고 두렵다. 씩씩하게 자발적 외톨이를 감당해낼 수 있는 직장인은 드물다. 바로 이것이 행복한 밥벌이를 찾아가는 직장인이 드문 결정적 이유다.

이 대리 역시 마찬가지다. 자신이 옳다고 믿는 길이 있음에도 그 길을 씩씩하게 걸어가지 못하는 이유는 외톨이가 되는 것을 감당할 수 없었기 때문이다.

그는 여전히 답답한 직장에 불평불만만 하며 그 자리에 머물러 있다. 외톨이가 되는 것을 감당하지 못하면 직장에서 행복한 밥벌이를 위해 필요한 그 어떤 시간도 확보할 수 없다. 다 알지만 잘 안 된다는 변명 대신 스스로에게 이런 질문을 던져보자. '직장에서 외톨이가 되는 것'과 '행복한 밥벌이를 하는 것' 중 어느 것이 우리에게 더 중요한 것인가?

'Excommunication', 자발적 외톨이가 되자

영어에 'Excommunication'이란 단어가 있다. '파문'이란 의미다. 무시무시하지 않나? 파문이라니. 파문이 뭔가? 특정 공동체에서 철저하게 배제된다는 의미 아닌가? 당장 직장을 그만두지 않는 한, 우리의 시간을 확보할 가장 확실한 방법은 직장이라는 공간에서 자발적으로 잠정적 '파문'을 당하는 것이다. 말하자면 자발적으로 공동체에서 제외되는 것이다. 말도 안 되는 궤변이 아니다. 찬찬히 한번 들어보시라.

'파문'(Excommunication)이란 단어를 한번 꼼꼼히 살펴보자. '바깥으로 제외된다.'는 의미의 'ex'와 대화를 의미하는 'communication'이 합해진 단어가 바로 '파문'(Excommunication)이다. 이쯤 되면 이제 파문이란 단어가 그다지 무시무시하게 느껴지지는 않을 것이다. 기껏해야 대화에서 제외되는 것 아닌가? 물론 직장에서의 파문은 정리해고나 명예퇴직일 수도 있다. 하지만 자발적 파문은 항상 잠정적이다. 적절한 균형을 잡으면서 셀프 파문을 자초하면 직장을 다니면서도 얼마든지 시간을 확보할 수 있다.

우리가 연차를 맘대로 쓰지 못하는 이유는 상사의 눈치 때문이고, 매일 야근을 하는 이유는 옆의 동료가 아직도 남아서 일을 하고 있기 때문인 경우가 많다. 그렇다면 우리는 왜 상사와 동료의 눈치를 보는 것인가? 파문당하고 싶지 않기 때문이다. 어렵게 말할 것 없이 그들과의 대화에서 제외되고 싶지 않기 때문이다. 유약한 이 대리처럼 말이다.

직장에서 스스로 외톨이가 되자. 이만큼 직장에서 확실하게 시간을 확보할 수 있는 방법은 없다. 직장 동료들과 너무 깊은 관계를 가질 필요 없다. 사실 그들과 친하게 지내는 이유는 그들이 진심으로 좋아서가 아니지 않나? 그냥 매일 보는 사이이니까 불편하지 않기 위해 친하게 지내야 한다고 생각하기 때문 아닌가? 운이 좋아 인간적으로 결이 맞는 사람을 만난 것이 아니라면 셀프 파문으로 자발적 외톨이가 되자. 잃을 것보다 얻을 것이 많은, 훨씬 더 남는 장사다.

냉정하게 생각해보자. 대체 무엇을 불안해하고 두려워하는가? 행복한 밥벌이를 꿈꾸는 순간 직장에서 성공하겠다는 생각은 이미 버리지 않았나? 그런데 직장에서 외톨이가 된다고 해서 무엇이 두렵나? 무엇이 불안한가? 이 대리가 차장의 협박성 회유에도 아랑곳하지 않고 계속 일찍 퇴근하고 회식에도 참석하지 않았다면 어떤 패거리에도 들어가지 못하고 잠정적인 파문을 당해 외톨이가 될 확률이 높다. 부정할 수 없는 사실이다. 직장은 그렇게 이해타산적으로 돌아가는 곳이니까.

하지만 그럼 어떤가? 백 번 양보해서 이 대리가 자발적 외톨이가 되었다고 가정해보자. 그에게 어떤 일이 벌어질까? 작게는 끽해봐야 동료들과 좀 어색해지고, 상사에게 잔소리 좀 더 듣는 것 정도일 것이다. 크게는 승진에서 몇 번 누락되는 것 정도다. 이게 어떤가? 별로 중요한 것도 아니지 않나? 동료와의 어색함, 상사의 잔소리, 승진 누락 같은 것들을 포기한 대가로 우리만의 시간을 확보하고 행복한 밥벌이를 찾을 수 있다면 그게 훨씬 남는 장사 아닌가? 그것이 우리가 정말 원하던 것 아닌가?

외로움을 감당하자

사실 이 대리의 문제는 문제도 아니다. 적나라하게 말하자면 이 대리는 얻을 것과 잃을 것 사이에서 당황한 것뿐이다. 조직이라는 공간에서 외톨이가 되면 손해를 볼지도 모른다는 생각에 사로잡혀 있는 것이다. 이 문제는 직장에서 실패하더라도 인생에서는 반드시 성공하겠다는 노선만 확실히 정하면 애초에 발생하지 않을 문제다. 이 대리는 행복한 밥벌이를 시작하는 기초공사가 부실해서 무너져내린 것일 뿐이다. 모든 일이 다 그렇듯 항상 기본과 기초를 확실히 해야 하는 법이다.

하지만 직장에서 외톨이가 되는 것은 이해관계적인 측면 이외의 또 다른 측면도 있다. 외로움이다. 외톨이가 되면 외롭다. 이것은 간단한 문제가 아니다. 인간은 기본적으로 사회적 동물이다. 누군가와 교감하지 못해서 오는 고독함, 외로움은 정말 우리를 힘들게 한다. 외톨이가 된다는 것은 결국 누구와도 제대로 교감하거나 진지하게 이야기를 나눌 수 없음을 의미한다.

외톨이가 되어서 받아야 하는 조직의 불이익은 기꺼이 모두 받아주겠노라고 강건하게 다짐하고 난 이후에도 나는 여전히 힘들었다. 동료들의 싸늘한 반응에 상처받았고 또 많이 외로웠다.

"민우야, 커피 한잔 할까?"
"지금 바빠요!"
"윤 대리님, 커피 한잔 할래요?"
"됐다, 너 우리하고 같이 있는 거 싫어하잖아."

직장에서 행복한 밥벌이를 찾아가는 과정에서 나를 가장 아프게 했던 것은 좋은 사람들을 잃어야 했던 일들이다. 짧지 않은 직장생활을 하며 좋은 추억을 공유한 동료도 많았고, 정말 인간적으로 좋은 동료들도 많았다. 내가 일찍 퇴근하고, 회식에도 가지 않고, 주말에 전화도 받지 않았던 이유는 그들이 싫어서가 아니었다. 단지 행복한 밥벌이를 찾고 싶었기 때문이었다. 그런데 어느 순간 나는 후배에게는 무책임한 선배가 되어 있었고, 선배에게는 이기적인 후배가 되어 있었다. 그렇게 나는 직장에서 구제불능 외톨이가 되어 있었다.

한동안은 그들을 원망하기도 했다. 나의 진심을 이해해주지 못하는 것이 못내 서운하기도 했다. 짬을 내어 잠시 이야기라도 하고자 했을 때 그들의 싸늘한 반응에 상처를 받기도 했다. 하지만 이젠 안다. 그들은 당연히 그럴 수밖에 없었다는 것을.

당시 팀장은 들으라는 식으로 항상 말했다. "황 대리는 원래 일찍 퇴근하니까 남은 일은 민우가 해." "진규는 주말에 출근 안 하니까 대신 윤 대리가 출근해."라고. 그들은 분명 나 때문에 더 많은 일을 한다고 생각했을 것이고, 나 때문에 주말에도 출근을 해야 한다고 생각했을 것이다. 직원들을 분열시켜 더 많은 일을 시키려는 사장과 상사의 그 흔한 레토릭을 간파하기에 그들은 너무 바쁘게 살고 있었다. 사장과 상사에게 구조적 불합리를 말할 용기가 없는 사람에게 직장의 구조적 문제는 보이지 않는다. 아니 보지 않으려 하는 것인지도 모른다. 그러니 그들은 그저 지금 자신이 처한 상황과 불만을 해소할 간편한 희생양이 필요했을 것이다.

나는 받아들이기로 했다. 직장에서 기꺼이 외톨이가 되기로 했다. 그들이 뒤에서 나를 비난하고 욕하는 것을 알고 있었다. 원래 싫어하는 사람들을 무시하는 것이야 일도 아니었다. 하지만 알고 있나? 한때 좋은 관계로 지냈던 동료들이 어느 순간 싸늘하게 변해버렸을 때의 그 서글픔을. 그렇게 많은 추억을 함께했던 동료들을 원망하지 않으면서 마음속으로 담담하게 떠나보내야만 하는 과정들이 나는 너무 아팠다.

그렇게 그들을 다 떠나보내고 난 후 나는 정말 외톨이가 되었고 참 많이 외로웠다. 하지만 내가 선택한 길을 가는 대가로 받아들여야 하는 것들이었다.

돌아보니 나의 마지막 직장생활 2년은 참 지독히도 외로웠던 시간이었다. 업무적인 대화 이외에는 동료들과 말 한 마디도 하지 않고 일만 한 날들이 대부분이었고, 밥은 혼자 먹었고, 일하다 지치면 혼자 산책을 나왔고, 동료들의 싸늘한 시선을 늘 감당해야 했다. 누구도 나와 대화하려고 하지 않았고, 나 역시 더 이상 동료들과 할 이야기가 없었다. 나는 이미 그들과 다른 길을 걸어가고 있었으니까. 그때 수시로 이런 의문이 찾아들었다. "행복한 밥벌이가 뭐라고 이렇게까지 힘들게 해야 하나?" 절대 흔들리지 않을 거라 생각했던 신념이 외로움이란 놈 앞에서 그렇게 삐걱대고 있었다.

하지만 나는 운이 좋았다. 직장에서의 지독한 외로움을 치유해줄 좋은 사람들이 있었으니까 말이다. 항상 명랑하고 유쾌한 모습으로 내 곁을 지켜준 아내, 보는 것만으로도 행복한 아들과 딸, 그리고 직장을 다니면서도 여러 가지 시도와 도전을 지지하고 도와준 소중한 친구가 있었다. 돌아보니 직장의 그 지독함을 버틸 수 있었던 것은 다 그들 덕분이다. 정말 그들에게 고마움을 느낀다. 그들이 아니었다면 나 역시 다른 월급쟁이들처럼 현실에 무릎을 꿇고 그럭저럭 시간을 때우며 살았을지도 모를 일이다.

나는 여러분도 운이 좋은 사람이었으면 좋겠다. 행복한 밥벌이로 가는 그 외로운 길에서 믿고 의지할 만한 사람 한 명 정도는 있기를 바란다. 그것은 생각보다 큰 힘이다. 지나보니 그렇더라. 아무리 외로워도 진짜 사랑하고 사랑받을 만한 사람이 한 명만 있어도 그 외로움은 버틸 만하더라.

물론 현실은 조금 다를 것이다. 직장을 떠나 새로운 삶을 살겠노라 결심했을 때, 우리를 지지해줄 사람이 곁에 몇 명이나 있을까? 오직 직장 동료만이 우리를 외롭게 만들까? 아니다. 주위 친구들도 "그냥 하던 거 해!"라며 핀잔을 줄 것이고, 우리를 키워준 부모 역시 "네 나이가 몇 살인데 아직도 그러고 있니?"라며 우리의 결심을 지지해주기는커녕 이해하지도 못할 것이다. 더 서글픈 것은 우리를 가장 지지해주고 격려해주어야 할 연인이나 배우자마저 "당신은 왜 그리 이기적이야?"라며 우리를 못마땅하게 여길지도 모른다는 것이다.

정말 운이 좋은 경우가 아니라면 직장 안이건 밖이건 진심으로 이해하고 지지해줄 사람은 거의 없다. 또한 외로움을 치유해줄 소중한 사람들이 있다 하더라도 결국 절대적으로 많은 시간을 보내야 하는 곳은 여전히 직장이다. 이 말은 결국 어쩔 수 없이 감당해야 할 외로움이 있다는 의미다. 운이 좋은 경우건 아니건 간에 행복한 밥벌이를 찾고 계발해야 하는 우리는 결국 일정 부분의 외로움을 감당할 수밖에 없다. 당연한 일인지도 모른다.

행복한 밥벌이를 하려는 이유는 속박하는 직장을 떠나 자유로운 삶을 살고 싶기 때문 아닌가? 하지만 고독 없는 자유는 없다.

고독하지 않고 외롭지 않으려는 사람은 언제나 전체에 매몰되는 삶을 살수밖에 없다. 어쩌면 고독이나 외로움을 감당하지 않기 위해 직장이라는 조직에 매몰되는 선택을 하고 있는 것인지도 모른다. 직장을 떠난 뒤 가끔은 회식 같은 조직 문화가 그립기도 했다. 하루를 온전히 나 혼자 채우는 생활이 외롭게 느껴지면 느껴질수록 그렇게 답답하게만 생각했던 폭력적인 전체주의적 조직 문화가 그리워지기도 했다. 하지만 분명한 사실은 다시 직장으로 돌아가고 싶지는 않다는 점이다. 외롭지만 자유로운 삶과 외롭지 않지만 속박되는 삶 중에 나는 언제라도 전자를 선택할 것이다. 외롭지 않기 위해 노예가 되는 선택은 절대 하지 않을 것이다.

외로움이라는 축복

어찌 보면 외로움은 저주가 아니라 축복인지도 모른다. 그 외로움이 바로 우리가 진정한 자유를 만끽하고 있다는 신호가 될 테니까. 그리고 외로움을 고스란히 감당할 수 있을 때 우리는 정말 소중한 사람들에게 다가갈 준비가 된 것이라고도 볼 수 있을 테니까. 우리는 혼자가 되어 절절한 외로움을 느끼게 되었을 때야 비로소 아내의 외로움, 아이들의 외로움, 부모의 외로움, 친구의 외로움을 알아챌 수 있을 것이다. 그들의 외로움을 공감할 수 있을 때 비로소 그들과 진정한 대화를 할 수 있게 될 것이다. 고독하고 외로울 때에야 진정으로 타인과 대화를 할 준비가 된 것이라 해도 좋다. 그러니 외로움이 어찌 저주일 수 있을까? 그것은 분명 우리에게 축복이다.

나는 이제 알겠다. 외로움이란 녀석과 함께하지 못한다면 직장에서 행복한 밥벌이를 찾고 준비하는 것은 애초에 불가능하다는 사실을. 좋은 사람들 덕분에 일정 부분 외로움이 완화될 수도 있겠지만, 결국 외로움은 우리가 감당해야 할 우리의 몫이다. 그 지독한 외로움을 극복하지 못한다면 행복한 밥벌이는 없다. 외롭지 않으려고 결이 맞지도 않는 사람들과 함께 어울리려고 애쓰는 것은 어리석인 일이다. 직장에서 느끼는 군중 속의 외로움은 결국 결이 맞지 않는 사람들과 억지로 어울리려 할 때 발생하는 감정이니까 말이다.

그러니 이제 우리 당당하고 씩씩하게 외로움을 감당하자. 그래서 행복한 밥벌이를 찾자. 어쩌면 외로움을 감당하는 정도가 우리의 성숙도인지도 모른다. '혼자 있을 수 있음'이 바로 한 사람의 정신적 성숙의 정도라는 어느 철학자의 이야기는 옳은 것 같다. '혼자 있을 수 있음'으로 행복한 밥벌이로 다가서자.

11

행복해지기 위한 정신무장
일은 잘하는 것이 좋다

일을 못하면 '시간'과 '열패감' 중 하나를 택할 수밖에 없다

"내일 연차를 사용해야 할 것 같습니다."

"요즘 퇴근도 빠르던데, 업무는 차질 없는 거지?"

"네? 아마, 그럴 것 같은데요?"

"아마? 지금 장난해? 맡은 일도 제대로 못하면서 연차는 무슨 연차야!"

사실, 뻔뻔해지는 것만으로 직장에서 충분한 시간을 확보하기는 쉽지 않다. 월급을 받고 직장을 다니면 기본적으로 해야 할 일이 있게 마련이다. 물론 기본적인 업무 자체가 너무 과도할 때는 당당하게 거부해야 한다. 하지만 좋든 싫든 월급을 받는 직장인이라면 최소한 해줘야 하는 일이 있게 마련이다. 그 최소한의 일조차 소화하지 못한다면 시간 확보는 고사하고 끊임없이 열패감에 시달려야 할 것이다.

나는 앞서 직장에서 시간을 확보하기 위해서는 뻔뻔해야 한다고 말했다. 하지만 정말 원했던 것은 당당함이었다. 직장에서 최종적으로 지향해야 할 태도는 당당함이지만 늘 과도하게 주눅들어 있는 월급쟁이들에게는 당당함이라는 말이 크게 와닿지 않는다. 바로 이 때문에 뻔뻔해야 한다고 역설한 것이다. 당당해지기 위해서는 일단 뻔뻔해져야 하니까. 복잡한 길을 찾아갈 때 단번에 목적지를 설명하기보다는 일단 찾기 쉬운 중간 경유지를 먼저 말해줌으로써 혼란을 방지하는 것과 비슷하다.

일을 못하면 뻔뻔한 것은 가능할지 몰라도 당당해지기는 어렵다. 자신에게 주어진 기본적인 업무도 처리하지 못하면서 직장에서 시간을 확보하는 것은 현실적으로 어려움이 있다. 최악의 경우에는 행복한 밥벌이를 위한 준비를 미처 끝내기도 진에 정리해고를 당할지도 모를 일이다. 물론 정리해고를 당하지만 않는다면 맡은 일을 잘 처리하지 못해도 일찍 퇴근하거나 연차를 사용해도 좋다. 그러지 못할 이유는 전혀 없다.

일을 능숙하게 잘하지 못할 경우, 개인의 나태함이나 역량의 문제가 전혀 없다고 할 수는 없다. 하지만 일정 부분 직장의 책임도 있다. 대체로 유능한 사람들은 자신에게 어울리는 자리에서 일찍 일할 수 있었기 때문이었고, 무능한 사람은 자신의 재능을 잘 살릴 수 없는 자리에 오래 있었기 때문이니까. 그러니 일을 잘하지 못해도 뻔뻔스러울 정도로 일찍 퇴근하고 연차를 사용해도 된다. 하지만 어떤 이유에서든지 맡은 일을 잘하지 못하는 사람은 스스로에게 당당해질 수 없다는 것만은 명백하다.

어쩌면 일을 능숙하게 잘하지 못하는 사람은 '시간이냐, 열패감이냐?'라는 괴로운 양자택일을 해야 하는 것인지도 모른다. 일을 못하는 사람이 직장에서 시간을 확보하려면 업무는 늘 여기저기 펑크가 나고 마감을 번번이 지키지 못하게 될 것이다. 이런 상황이 반복되면 그 누구라도 열패감에 시달리지 않을 도리가 없다. 그렇다고 열패감을 맛보지 않기 위해 무작정 일을 열심히 하는 것도 문제다. 일을 못하는 사람이 업무를 꼼꼼하게 하고, 마감을 엄수하려고 하면 직장에서 행복한 밥벌이를 위한 시간을 확보하는 것은 이미 물 건너간 일이 될 테니까 말이다. 불행한 일이지만 결국 자신의 업무를 능숙하게 잘 처리할 수 없는 사람은 행복한 밥벌이를 위해 '시간'과 '열패감' 중 하나를 선택해야만 할 것이다.

일을 잘하면 더 많은 시간을 확보할 수 있다

"먼저 퇴근하겠습니다."
"아침에 말했던 거 다 했어?"
"네, 정리해서 관련 팀에 메일 다 보냈습니다."
"메일 못 보는 사람 있으면 어쩌려고?"
"네, 그래서 전자협조전으로도 보냈습니다."
"음, 흠, 그래, 알았어. 가봐."

웬만하면 일을 잘하는 것이 좋다. 주어진 일을 능숙하고 효율적으로 잘 처리할 수 있다면 열패감을 느끼지 않고 직장에서 시간을 확보할 수 있다. 일을 잘하는 사람은 주어진 업무를 능숙하고 효율적으로 처리할 수 있다. 그러니 당연히 일도 빨리 끝낼 수 있다. 일찍 퇴근하고 자주 연차를 쓰는 것에 대해 상사들은 내심 못마땅할 수는 있어도 딱히 뭐라고 할 수는 없을 것이다. "자기 할일 다하면 일찍 퇴근해도 된다."는 마음에도 없는 소리를 자주 한 사람들이 바로 사장과 상사들이니까 말이다.

재미있는 사실은 일을 잘하는 사람은 정말 일을 안 해도 당당할 수 있다는 것이다.

두 사람이 있다. 한 사람은 부자고 또 한 사람은 가난하다. 둘은 공교롭게도 친구를 만나러 가는 길에 똑같이 지갑을 잃어버렸다. 친구에게 한턱 쏜다고 이야기를 해놓은 터라 두 사람이 느낀 당황스러움은 이만저만이 아니다. 어쩔 수 없이 친구에게 저녁을 얻어먹게 된 두 사람의 심경은 어떨까? 우선 가난한 친구는 그 자리가 가시방석일 것이다. 오만가지 생각이 다 들 것이다. '친구가 혹시 내가 돈 쓰기 싫어서 꼼수를 부린다고 생각하면 어쩌지?'라는 생각부터 '이거 너무 비싼 집 아냐? 다음에 나는 얼마짜리를 사줘야 하는 거지?'라는 생각까지, 정말 좌불안석일 것이다.

그런데 부자는 어떨까? 그 자리가 불편할까? 전혀 그렇지 않을 것이다. 부자인 사람은 친구가 자신을 오해하지는 않음까 하는 쓸데없는 걱정은 하지 않는다. 그가 부자인 것은 그도 알고 친구도 알고 있으니까. 지갑을 잃어버린 것이 당황스럽기는 하겠지만 부자는 이내 이렇게 생각할 것이다. '오늘은 얻어먹고 다음에 맛있는 거 사주면 되지 뭐.' 부자는 그까짓 저녁식사 얼마 한다고, 다음에 사주면 된다고 쿨하게 생각할 것이다.

직장에서 일을 능숙하게 잘한다는 것은 앞서 말한 부자와 같은 여유를 갖게 된다는 의미다.

일을 잘하는 사람, 못하는 사람 두 사람이 있다. 팀장이 과도한 업무를 부과할 때 "지금은 일이 너무 많아서 못할 것 같습니다."라고 둘이 같은 대답을 했다고 가정해보자. 일을 못하는 사람은 내심 불안할 것이다. '그래도 시키면 어떻게 하지? 나 정말 그 업무는 못할 것 같은데……'라며 오만 생각이 들 것이다. 하지만 일을 잘하는 사람은 다르다. '일단 못하겠다고 버텨보고, 정 안 되면 후딱 해치우고 퇴근하지 뭐'라고 쿨하게 생각할 것이다.

일을 잘하는 사람은 뻔뻔하게 일을 안 해도 당당할 수 있다. 왜? 그가 일을 잘한다는 것은 그도 알고 주위 사람들도 알고 있을 테니까. 그리고 막상 해야 한다면 그 일을 충분히 잘할 수 있다는 확신이 있으니까. 물론 일을 못하는 사람도 뻔뻔하게 일을 거부할 수 있다. 하지만 그렇게 시간을 확보해도 내심 찜찜한 기분을 떨칠 수 없을 것이다. 게다가 어쩔 수 없이 일을 맡게 되면 그것을 처리하느라 시간도 허비하고, 마무리도 잘하지 못해 열패감을 느낄 수밖에 없을 것이다.

행복한 밥벌이가 저주가 될 때

인간의 가장 큰 불행은 '과거는 바꿀 수가 없다'는 사실 때문에 발생한다. 신입사원 시절에 일을 제대로 배우고, 한동안 일을 열심히 했던 사람은 일을 능숙하게 다루는 법을 자연히 알게 되었을 것이다. 하지만 모두가 그런 것은 아니다. 선배를 잘못 만나 신입사원 시절부터 업무를 '언 발에 오줌 누기' 식으로 배웠거나, 업무를 대충 땜빵 식으로 해왔던 사람들은 항상 일이 두려울 수밖에 없다. 안타깝게도 내가 본 직장인들은 절반 이상이 이런 부류였다.

내가 직장에서 행복한 밥벌이를 찾으면서 직면했던 아이러니가 하나 있다. 그것은 직장에서 일을 안 하려면 역설적이게도 일을 잘해야 한다는 사실이다. 혼란스러울 수 있으니 풀어보자. 직장에서 '일을 안 한다'는 의미는 무엇인가? 과도한 업무를 거부하고, 맡은 일은 최대한 손쉽게 빨리 끝낸다는 의미다. 그럼 어찌해야 하나? 바로 자신의 업무를 능숙하게 잘 다루어야 한다. 그러려면 어찌해야 하나? 어떤 일이든 능숙하게 잘하려면 충분한 시간이 필요하다. 직장의 일에 많은 시간을 써야 한다는 의미다. 바로 여기에서 직장생활의 고질적인 아이러니가 발생하는 것이다.

나만의 시간을 확보하기 위해 직장의 일을 안 하려면, 역설적이게도 직장일에 더 많은 시간을 쓸 수밖에 없다는 것이다. 답답한 노릇이지만 엄연한 사실이다. 업무를 능숙하게 잘 다루려면 싫어도 일정 시간을 그 일에 할애할 수밖에 없다. 신입사원 시절 일을 체계적으로 잘 배우고, 일을 열심히 해본 사람들은 행복한 밥벌이를 위해 시간을 확보하는 데 아무 문제가 없다. 업무의 경계를 명백히 알고 있으니 과도한 업무는 당당하게 거부할 수 있을 것이고, 꼭 해야 할 일은 손쉽고 신속하게 처리할 수 있을 테니까.

하지만 앞서도 말했지만 일을 능숙하게 잘 다룰 수 있는 사람만 있는 것은 아니다. 적지 않은 수의 직장인들은 아무 생각 없이 직장에 왔다가 집으로 가는 생활을 반복한다. 당연하다. '어차피 일찍 집에 가지도 못하는데 일은 잘해서 뭐하나? 일이 많으면 시간으로 때우면 되지.'라고 생각하는 사람이 다수기 때문이다. 이런 생활을 오래 해온 사람이 어느 순간 행복한 밥벌이를 하고 싶다는 깨달음이 든다면, 그것은 깨달음이 아니라 저주일 것이다. 낭패도 그런 낭패가 없다. 행복한 밥벌이를 위해 직장에서 시간을 빼려고 하면 이내 여기저기서 업무적 펑크가 터져나올 테니까 말이다. 지나온 자신의 삶에 대한 뼈저린 후회가 몰려들지도 모를 일이다.

완전히 뻔뻔해지기

지금 일을 잘 다룰 수 없는 사람은 어찌해야 하나? 과거는 바꿀 수 없으니 지금이라도 직장에서 시간을 확보하기 위해 일을 더 열심히 해야 하나? 오도가도 못하는 이런 사람들에게는 두 가지 방법이 있다. 첫 번째 방법은 당당함이고 나발이고 간에 완전히 뻔뻔해지는 것이다. 업무적인 펑크가 나더라도 개의치 말고 지금 할 수 있는 만큼만 일하고 일찍 퇴근하는 방법이다. 나쁜 방법은 아니다. 어차피 행복한 밥벌이를 찾으면 직장을 떠날 건데 어떤가? 상관없다.

또 다른 장점이 있다. 우선, 신속하다. 지금 당장 써먹을 수 있다. 뻔뻔해질 수만 있다면 그리고 약간의 열패감을 감당할 수만 있다면 이 방법을 추천한다. "완전 무책임한 새끼네, 기본이 안 되어 있는 놈이야."라는 동료들의 원색적인 비난을 감당할 수 있다면 이 방법은 직장에서 시간을 확보하는 데 아주 효과적이다. 물론 단점도 있다. 다소 극단적인 방법이다 보니 정리해고의 위험을 감수해야 한다는 점이다. 하지만 당분간 정리해고를 피할 수 있을 정도의 균형만 지키면 이 방법은 당장 일을 능숙하게 다룰 수 없는 사람에게 나름 좋은 대안이 될 수 있다.

업무 호신술

하지만 태생적으로 완전히 뻔뻔해지기 어려운 사람들이 있다. 이런 사람들은 어찌해야 하나? 운이 좋지 못해 현재 스코어, 일을 능숙하게 잘하지도 못하고 또 완전히 뻔뻔해지지도 못하는 사람들은 도저히 방법이 없는 것인가? 아니다. 있다. 이런 사람들에게 나는 '업무 호신술'을 익히는 방법을 추천한다. 호신술이 무엇인가? 힘이 약한 여자나 아이들이 괴한으로부터 최소한 자신을 보호하기 위해서 배우는 무술이다. 방어를 목적으로 하는 무술이 바로 호신술이다.

직장에서도 호신술이 필요하다. 괴한이 여자나 아이들의 돈을 빼앗는다면, 직장의 업무는 우리의 소중한 시간을 가차없이 빼앗는다. 그러니 폭력적인 업무가 우리의 시간을 과도하게 잠식하지 못하도록 최소한 우리의 시간을 지킬 수 있는 업무 호신술을 익힐 필요가 있다. 일을 능숙하게 다루기 위한 최소한의 방법이라고 말하면 무리가 없겠다. 최대한의 방법은 필요 없다. 일을 능숙하게 잘 다루는 최대한의 방법을 익히려면 일에 과도하게 집착하게 되어 스스로를 괴롭힐 테니까. 호신술을 과도하게 배운 아이가 친구들을 괴롭히게 되는 것처럼 말이다.

1. '나는 직장에서 왜 이 일을 하는가?'를 생각해보기

기본적으로 일을 능숙하게 처리하기 위해서는 자신의 업무의 본질을 잘 파악해야 한다. 직장이라는 조직에서 자신이 맡은 업무가 왜 필요한지를 생각해보면 의외로 빨리 일을 능숙하게 할 수 있다. 예를 들면, 영업을 하는 사람은 '나는 왜 우리 상품을 파는 거지?'라는 질문을 할 수 있어야 하고, 설계를 하는 사람은 '나는 왜 도면을 그리고 있는 거지?'라는 질문을 할 수 있어야 한다. 너무 기본적인 이야기라 뜬금없이 들리겠지만, 이것은 아주 중요한 질문이다.

실제로 설계를 잘하지 못하는 엔지니어들을 보면 그 제품을 왜 설계해야 하는지 모르는 사람들이 대부분이다. 그냥 시키는 대로 한다고 생각하는 사람들은 업무 마감도 지키지 못하고, 그나마 해놓은 설계도 여기저기 문제투성이다. 반면에 설계를 능숙하게 잘하는 사람은 그 제품이 왜 필요한지 명확히 아는 사람이다. 본질에서 벗어나는 업무는 과감하게 생략하고 핵심적인 부분만 집중적으로 할 수 있다.

일을 능숙하게 하지 못하는 사람은 엉뚱한 곳에서 많은 시간과 에너지를 쓴다. 승용차를 설계하는 사람이 트렁크 설계에 많은 시간을 쓰고, 화물차를 설계하는 사람이 승차감에 집착하는 것처럼. 이런 식으로는 직장에서 시간을 확보할 수 없다. 일을 능숙하게 하기 위해서는 지금 하는 일을 왜 하는지 집요하고 끈질기게 물을 필요가 있다. 그러다 보면 자신의 일에 능숙해질 것이고 업무 시간은 당연히 줄어들 것이다. 이것이 업무 호신술의 기본 중의 기본이다.

2. 역할(Role&Role) 구분 분명히 하기

일을 능숙하게 하는 것만으로는 부족하다. 일을 능숙하게 잘하면 뭐하나? 팀장이 "이건 왜 안 했어? 이것까지 해."라는 한마디면 여지없이 야근인 것을. 직장일은 언제나 많은 사람들이 함께 진행하기 때문에 역할의 구분이 모호한 지점이 많다. 대체로 모호한 경계의 업무는 직급이 낮고 권한이 적은 사람 쪽으로 몰리게 되어 있다. 그러니 업무를 시작할 때 역할 구분(Role & Role)을 확실히 해야 한다.

'대충 좋은 게 좋은 거지.'라는 분위기가 만연한 직장에서 칼같이 업무 구분을 하는 것이 처음에는 다소 불편하고 비인간적으로 느껴질 수도 있다. 하지만 직장이라는 조직 자체가 계약으로 이루어진 조직 아닌가? 그리고 계약은 기본적으로 상호불신을 인정하고 서로의 안전을 도모하는 행위 아

닌가? 그런데 그런 조직 안에서 정확한 역할 구분(일종의 계약) 없이 일하는 것이 더 이상한 일 아닌가? 계약 없이 일을 진행하는 것은 가족 이상의 신뢰가 있어야 가능한 일이다.

직장에서 업무 역할 구분을 명백하게 하는 것을 불편해 하거나 못마땅해하는 사람이 있다면, 그는 아마 지금의 기득권을 언제까지나 유지하고 싶어 하는 사람일 것이다. 그런 분위기에 말려들면 어김없이 과도한 업무로 내몰릴 수밖에 없다. 그러니 어떤 업무를 시작할 때 "여기까지는 제 업무이고, 여기까지는 당신 업무입니다."라고 명확하게 역할을 구분해야 한다.

3. 책임과 권한 분명히 하기

과도하게 업부에 시달리는 이유는 너무 많은 책임을 지고 있기 때문이기도 하다. 나 역시 그랬다. 규모 있는 프로젝트를 진행할 때면 월급쟁이 주제에 밤에 잠이 안 올 정도의 극심한 부담감에 시달렸다. 과도한 책임감에 눌려 하루 온종일 일만 생각하며 보낸 날이 적지 않았다. 일을 능숙하게 한다는 범위에는 업무의 책임과 권한을 분명히 하는 것을 포함시켜야 한다. 이것 역시 업무 호신술의 필수 과목이다.

대체로 사장이나 상사는 업무를 시킬 때 책임과 권한을 명백히 하지 않으려 한다. 책임과 권한을 대충 얼버무려 놓아야 나중에 부족한 일도 더 시킬 수 있고, 일이 잘못되었을 때 자신의 귀책을 직원에게 떠넘기거나 권위로 대충 뭉갤 수 있기 때문이다. 그래서 책임과 권한을 명백히 하려는 직원은 항상 사장과 상사들에게 미운털이 박히는 것이다.

하지만 책임과 권한의 경계를 예민하게 파악해야 한다. 현재 업무에 대한 나의 책임 범위가 어디까지인지 명백히 하고, 책임에 부합되는 권한이 주어지는지도 집요하게 따져야 한다. 책임을 져야 하지만 권한이 없는 일을 할 때면 그 간극만큼을 우리의 시간과 에너지로 때울 수밖에 없다.

예를 들어 타 부서의 협조를 받아야 하는 업무를 진행한다면 타 부서의 협조를 받을 수 있는 합당한 권한이 주어져야 한다. 하지만 팀장은 언제나 그냥 업무를 진행하라고만 지시할 뿐 아무런 권한도 주지 않는다. 그럼 우리는 어찌 되나? 협조받아야 할 업무를 혼자서 하느라 야근을 하거나, 전화통을 붙잡고 몇 시간씩 타 부서 사람에게 구걸하듯이 부탁을 하지 않을 도리가 없다.

평소에 업무 책임과 권한에 대한 고민을 충분히 한 상황이 아니라면 사장이나 상사가 업무를 줄 때 무조건 바로 오케이를 하지 마시라. 일단 아무 말 없이 듣고, 자리에 돌아와 곰곰이 생각해보자. 그리고 업무를 지시한 사람에게 묻자. "이 업무를 제가 어디까지 책임지고 해야 하는 겁니까?" 그리고 책임의 경계가 명확해지면 분명하고 단호하게 말하자. "이 업무를 하기 위해서는 이런 권한이 필요합니다." 이것은 아주 중요하다. 책임과 권한 부분을 명확히 해두지 않으면 업무량이 늘어날 뿐만 아니라 일을 마무리하는 데 잡음이 많아져서 여간 피곤한 게 아니다. 직장에서 시간을 확보하려면 책임과 권한의 경계를 항상 분명히 해야 한다.

4. 실수 점검하기

사실 일 잘하는 것은 별것 없다. 같은 실수를 반복하지만 않아도 일하는 시간이 훨씬 줄어든다. 일을 못하는 사람은 늘 했던 실수를 반복하느라 시간을 낭비한다. 뭐, 이해는 된다. 어차피 직장에서 시간만 때우면 된다고 생각하는 사람들에게는 실수도 나쁘지 않다. 실수한 것을 수정하느라 시간은 잘 갈 테니까. 하지만 이런 식으로는 곤란하다. 일을 잘할 수도 없고, 직장에서 시간을 확보할 수도 없다.

업무를 하다 보면 늘 같은 실수를 반복해서 하는 지점이 있다. 그 부분을 점검해야 한다. 그리고 실수를 줄일 수 있는 방법을 찾아야 한다. 그 부분만 잘 커버해도 업무 시간을 확실히 절약할 수 있다.

내 경우를 예로 들어보자. 나는 엑셀에 복잡한 수식을 걸어야 하는 업무를 할 때면 어김없이 실수를 했다. 다른 업무에 비해 엑셀 업무를 할 때 처리 속도가 현저하게 느렸다. 어김없이 퇴근도 늦었다. 몇 번 고민을 하다가 나름 방법을 찾았다. 동료 중에 가장 엑셀 수식을 잘 쓰는 사람의 엑셀 시트를 몇 개 받았다. 그리고 다음부터는 엑셀 수식을 써야 할 업무가 있으면 그 동료의 시트를 열어 비슷한 수식을 가져다 썼다. 이후 엑셀 업무의 실수는 줄었고, 처리 속도는 훨씬 빨라졌다.

자주 실수하고, 잘 못하는 업무가 있을 수 있다. 하지만 그 부분을 그냥 덮어두고 가서는 안 된다. 늘 그 지점에서 효율이 떨어지고 많은 시간을 빼앗길 테니 방법을 찾아야 한다. 직장일은 분야와 직무에 따라 너무 다양하기 때문에 정형화된 방법을 말해주는 것은 무의미하다. 각자의 업무에서 스스로 찾을 수밖에 없다. 어쨌든 직장에서 행복한 밥벌이를 위한 시간을 확보하고 싶다면 반복되는 실수를 커버할 수 있는 방법을 찾아야만 한다. 그래야 과도한 업무로부터 우리의 시간을 보호할 수 있다.

5. 업무 프로세스화 시키기

탁월한 경영학자, 피터 드러커는 가장 이상적인 직장은 '무료한 직장'이라고 말한 바 있다. 업무에서 통제범위 밖의 돌발변수가 거의 일어나지 않아 무료할 정도로 정교한 프로세스를 갖춘 직장이 바로 이상적인 직장이란 의미다. 피터 드러커의 이 말에서 우리는 강력한 업무 호신술의 또 하나의 힌트를 얻을 수 있다.

직장의 일이란 것이 아주 다양할 것 같지만 실은 거의 비슷한 일의 반복이다. 작년에 했던 유사한 일을 올해도 하고 있고, 지난 달에 했던 비슷한 일을 이번 달에도 하는 경우가 대부분이다. 일을 능숙하게 잘하기 위해서는 반복되는 업무의 패턴을 찾고 그것을 최대한 빨리 프로세스화 해야 한다. 창의적으로 일을 하는 사람은 소수일 뿐이다. 대부분의 직장인들은 반복되는 일을 그냥 기계처럼 할 뿐이다.

직장일을 하면서 고민하지 말자. 시간 아깝다. 고민은 그 업무를 프로세스화 할 때 딱 한 번만 하면 된다. 그 뒤로는 프로세스를 따라 기계처럼 후딱 해치워버리자.

복잡해 보이고 어려워 보이는 일도 처음부터 끝까지 해보면서 그것을 프로세스화 하면 그 다음부터는 별 고민할 것 없이 기계처럼 빨리 일할 수 있다. 기계적으로 일하는 것이 나쁜 것이 아니다. 싫어하는 일을 할 때는 기계적으로 하는 것이 '장땡'이다. 기계적으로 하는 것보다 더 빨리 더 정확하게 일할 수 있는 방법도 없다. 심지어 나는 일을 하면서 내 일을 대신 해줄 기계를 하나 만들고 싶을 정도였다. 창의적으로 일하는 건 우리가 원하는 행복한 밥벌이를 하면서 충분히 할 수 있다. 창의적으로 일하는 것은 그때를 위해서 아껴두자. 그리고 우리의 행복한 밥벌이를 위해 시간을 챙기자.